HAVRUTA LEARNING

유대인의 하브루타 러닝

최일수

도서출판
청람

머리말

필자가 '하브루타'란 말을 처음 접하게 된 것은 2014년 초로 기억된다. 전성수 교수가 을지로에 위치한 매경출판㈜ 회의실에서 강의한 "최고의 공부방법 '하브루타'"라는 주제의 공개강의에 참석한 것이 계기가 되었다.

하브루타(Chavruta, Chavrusa, havruta)란 히브리어로 '친구, 짝'이라는 의미를 가지고 있다는 말도 그때 처음 들었다. 유대인의 교육방법에 대해 관심을 갖고 있던 터라 하브루타란 단어에 호기심이 발동했다. 이 강의에서 전성수 교수는 '하브루타'는 "말로 하는 공부방법"으로 친구와 짝을 지어 "'질문→대화→토론→논쟁'하는 학습방법"이라고 했다.

또한 그는 하브루타를 단순화시켜 상대와 함께 이야기를 나눈 것도 하브루타에 속한다고 했다. 즉, 부모와 자녀가 이야기를 나누고, 친구끼리 이야기를 나누고, 동료와 이야기를 나누는 것도 하브루타 영역에 속한다고 했다. 특정 주제에 대하여 이야기를 진지하게 주고받으면 질문과 대답이 되고 대화가 된다. 이런 대화가 전문성을 두고 확장되면 토론이 되고 논쟁으로 발전하게 되는 것이다.

유대인들은 수세기 동안 파트너와 함께 토라와 탈무드를 학습해 왔다. 두 사람이 짝을 지어 본문을 큰 소리로 읽고 내용을 분석하고 질문하며 토론한다. 관련 정보를 찾아보고 그들의 삶과 관련지어 생각해 보기도 한다.

질문에 대한 답변이 이해되지 않으면 또 다른 근거를 제시하며 질문은 계속 이어지기도 한다. 유대인들의 배움은 질문으로 시작해서 질문으로 끝난다. 위대한 스승은 질문을 북돋우며 제자들의 질문을 결코 두려워하지 않는다. 그들은 제자들이 질문으로 자신들을 뛰어넘기를 바란다. 스승의 진정한 기쁨은 자기보다 더 나은 제자가 탄생하는 것을 경험하는 것이다.

하브루타는 "친구와 함께 텍스트를 읽고 이를 중심으로 깊이 있는 인격적 대화"를 이어가는 것이다. 대화를 이어가기 위해서는 '듣는 기술과 말하는 기술'이 필요하다. 대화는 말하는 사람의 표현이 듣는 사람에게 정확히 전달되어 느낌으로 공유할 수 있어야 한다. 표현과 느낌이 공유되지 못하면 대화는 지속될 수 없다. 학습도 마찬가지다. 선생님의 설명이나 텍스트의 내용을 학생들이 정확히 이해하지 못하면 성공적인 학습은 이루어질 수 없다. 우리는 삶을 통하여 하브루타를 접할 수 있는 수많은 기회와 직면한다. 하브루타를 할 수 있는 텍스트는 얼마든지 있다. 신문을 읽다가 궁금한 부분이 있으면 상대가 누구라도 질문하면 된다. 이해가 갈 때까지 질문을 이어갈 수도 있다. 하브루타 러닝은 현상을 보는 한 가지의 정답을 찾는 것이 아니라 관점에 따라 서로 다른 수많은 해법이 존재한다는 것을 인정한다(Nancy Fuchs-Kreimer & Nancy H. Wiener, 2005).

유대인은 선민사상(選民思想)을 기반으로 〈토라(모세5경)〉를 경전(하나님의 말씀)으로 믿고 섬기며 이를 실천하는 삶을 살아왔다.

〈토라〉는 하나님이 유대인에게 영적으로 주신 말씀이기에 그 의미를 보통의 일반인이 이해하기 어려웠다. 당시 종교지도자(랍비)는 이를 쉽게 해석하여 유대인들 사이에서 널리 읽히게 하고자 학습하고, 연구하여 의미를 새롭게 정립하는 것이 필요했다. 따라서 구전으로 전해 오던 '토라'와

'율법'을 기록으로 남기고, 랍비들이 그 의미를 쉽게 해설하여 기록하고 책으로 남겼다. 그 책이 바로 탈무드이다.

즉, 〈탈무드〉란 "'토라'의 영적인 말씀을 랍비들이 쉽게 해설해 놓은 토라 해설서"라고 할 수 있다. 토라와 탈무드를 연구하는 곳인 '벧 미드라쉬나 예시바'에서는 아무도 혼자 연구하지 않는다. 랍비 여호수아 벤 페라야는 "너 스스로 교사가 되라, 그리고 함께 연구할 친구를 얻으라"라고 말했다. 스스로 교사가 되어 친구를 가르치고 자신을 가르칠 수 있는 친구를 찾으라는 말이다(변순복, 2006).

탈무드는 스승으로부터 배우는 것보다 친구로부터, 그리고 제자들로부터 배우는 것이 더 많다고 했다. 하브루타는 고립되어 혼자 공부하는 것이 아니다. 탈무드의 해석을 놓고 친구와 짝을 지어 질문 · 대화 · 토론하고 논쟁하며 의미와 교훈을 깊이 있게 파고들어 가는 학습방법이다.

하브루타와 관련하여 탈무드에서 가장 자주 언급되는 제이콥(Jacob Neusner)은 "나에게 하브루타를 달라, 아니면 죽음을 달라(Give me havruta or give me death)"라고 했다. 이 말은 논쟁을 통해 탈무드 공부를 할 수 있는 파트너를 달라는 것이다.

탈무드에서는 하브루타로 짝과 1시간 공부하기 위해 20시간 정도 준비한다고 한다. 이러한 준비과정을 통하여 자기 주도적 학습역량이 길러지게 된다. 하브루타 짝은 서로에게 교사이기도 하며 동시에 제자이기도 한 관계가 형성된다. 서로에게 최상의 아이디어와 생각을 공유하고 질문을 끌어내며 평생지기(平生知己)의 인간관계가 형성된다.

고등학교 2학년을 대상으로 토론학습을 실시했던 경험이 있다. 토론 주제를 정하고 찬반 토론을 하게 했다. 당초 계획대로 활발한 토론이 진행되지 않아 원하는 학습효과를 달성하지 못했다. 그 원인으로 크게 두 가지 요인을 발견할 수 있었다.

첫째, 토론학습의 의미를 이해하지 못하고 정답 찾기에 익숙해 있었다.

토론의 필요성과 중요성은 인식하지만 주입식 교육에 익숙한 학생들은 정답을 빨리 찾고 싶어했다. 자기와 다른 생각을 수용하지 못하고 틀린 것이라고 주장했다. 왜 나와 다른 생각을 하는가에 대하여 의문을 갖지도 않았다. 질문을 이어가지 못했고, 자신의 생각도 논리적으로 설명하지 못했다. 더 이상 토론학습은 진행될 수 없었다.

둘째, 생각하기를 귀찮아하고 질문에 답하기를 꺼렸다.

기본적으로 학생들은 생각하기를 귀찮아했다. 질문 만들기뿐 아니라 질문에 답하는 것도 꺼렸다. 대화 중에 사용되는 단어의 개념을 공유하지 못했으며, 문맥의 흐름을 이해하지 못하고, 문장이나 텍스트가 제시하는 핵심 내용을 종합적으로 파악하지도 못했다. 더 이상 궁금한 것도 질문할 것도 없다고 했다. 말하는 방법은 배웠지만 듣는 방법과 질문하는 방법을 배우지 않은 결과였다. 당연히 더 이상 토론학습을 진행할 수 없었다.

교육현장에서 토론학습을 효율적으로 진행할 수 있는 학습방법으로써의 대안이 필요했다. 교사가 일방적으로 전해주는 지식을 생각 없이 암기하는 주입식 교육은 더 이상 교육으로서의 효과를 기대할 수 없다.

유대인의 교육이 우리나라 교육제도에 비해 모든 면에서 탁월하다고 주장하는 것에는 동의하지 않는다. 다만, 유대인의 학습방법 중 우수하다고 평가되는 것은 교육현장에서 적극적으로 도입하여 적용해 보는 것은 바람직하다고 생각한다. 국민의 정체성과 역사적 사실을 훼손하지 않는 범위 내에서 학습방법의 변화는 필요하기 때문이다.

최근 사교육 시장에서 '하브루타'라는 이름으로 다양한 교육과정이 운영되고 있으나, 변변한 교재 한 권 없이 강사들이 작성한 PPT 자료에 의존하고 있다. 대부분 유초등부 학생을 대상으로 교육과정이 운영되며 걸음마단계에서 자기만족을 추구하는 수준에 머물고 있다.

본서는 약 7년간 우리나라에서 진행되어 온 하브루타 교육의 실태를 분석하고, 보다 수준 높은 하브루타 교육을 위해 다양한 교육과정에서 기본교재로 활용할 수 있도록 편집했다. 본 교재를 활용하여 하브루타 러닝의 기본 이론과 핵심 역량을 익히고, 다양한 교육과정에 활용하면 하브루타 러닝의 강점을 더욱 확산시킬 수 있을 것이라고 확신한다.

한편 본서는 하브루타를 처음 접하는 학습자를 위하여 하브루타와 관련된 다양한 이론과 예화를 텍스트로 제공하여 학습효과와 흥미를 제공하고자 노력했다.

하브루타 러닝에 대한 배경, 프로세스 및 방법을 이해하고 텍스트를 중심으로 학습자가 스스로 참여하여 질문과 대화를 통하여 사용된 단어의 개념(概念)을 이해하고, 문장의 맥락(context)을 파악하며, 텍스트의 포괄적 의미를 이해하여 독해력을 높이는 것이 중요하다고 판단하여 이에 관한 내용을 다루고자 노력했다.

아울러 하브루타방법으로 진행되는 학습과정에서 교사와 학생 모두에게 유익한 지침서가 될 수 있도록 총 7개의 장과 부록으로 구분하여 다음과 같은 내용으로 구성했다.

제1장에서는 유대인과 하브루타를 이해할 수 있는 내용으로 5개 파트로 구분하여 서술했다. 유대인과 하브루타의 이해, 하브루타 러닝의 이해, 하브루타 러닝의 목표, 하브루타의 본질을 세부내용으로 기술했다.

제2장에서는 유대인의 교육목표와 유대인의 4성(性)교육에 대하여 기술하였고, 하브루타 러닝의 프로세스, 하브루타 러닝의 원칙, 하브루타 러닝 스킬에 대하여 기술했다.

제3장에서는 유대인의 창의성교육에 대하여 서술했다. 세부적으로 하나님이 주신 세 가지 선물, 노벨상 수상자 중 유대인이 많은 다섯 가지 이유를 기술하고, 유대인 창의성의 원천에 대하여 일곱 가지 요인을 들어 서술했다.

제4장에서는 유대인의 경제교육에 대하여 기술하였으며, 세부적으로 체다카, 밥상머리 교육, 조기 경제교육, 부모 일터에서의 학습, 성인식 세 가지 선물의 의미, 투자방법에 대하여 기술했다.

제5장에서는 하브루타와 인성에 대하여 기술했다. 성(性)의 본질적 이해와 성도교의 원리를 이해하며 인성의 본질적 의미를 기술했다. 아울러 공부에 대한 논리적 이해와 격물치지의 이해, 가정교육과 하브루타에 대하여 사례와 예시를 들어 기술했다.

제6장에서는 인성인재와 하브루타에 대하여 기술했다. 세부 파트로 인성인재의 덕목, 인성인재의 성장 사이클, 교양교육과 인성, 인성인재의 실천과제에 대하여 기술했다.

제7장에서는 하브루타 러닝의 효과에 대하여 기술했다. 세부적인 파트로 하브루타 러닝의 교육적 효과, 학습효과를 높이는 보완적 방법, 하브루타 러닝의 강점과 목표 등에 대하여 서술했다.

마지막으로 부록을 주가하여 부록 1에서는 하브루타 스토리텔링에 대하여 10가지의 예화를 들어 학습사례를 예시적으로 기술했다. 부록 2에서는 하브루타 러닝학습에 필요한 참고자료로 36가지의 예화를 수록했다. 여기에는 탈무드 예화뿐 아니라 일상생활에서 접할 수 있는 다양한 예화를 제시하고 질문사례를 수록했다. 하브루타 학습 대상에 따라 이 예화를 적절히 활용하면 많은 도움이 되리라 생각한다.

마지막으로 본서의 출판을 기꺼이 허락해 주신 도서출판 청람의 이수영 사장님께 감사드린다.

2021년 1월

최일수

차례

Chapter 01 유대인과 하브루타

Chapter 02 유대인의 교육

Chapter 03 유대인의 창의성교육

Chapter 04 유대인의 경제교육

Appendix 하브루타 스토리텔링

[책을 읽기 전에 알아야 할 주요 개념들]

토라	성경의 창세기에 해당하는 모세5경을 통칭하는 히브리어로 "가르친다"라는 의미를 내포하고 있다.
탈무드	"공부하다. 연구하다"라는 의미가 있으며 동시에 '토라'를 해석한 책이라는 의미도 있다. 토라는 하나님이 모세에게 전한 말로 보통의 인간이 이해하기 어려운 내용이 많았다. 고대의 유대인들도 이를 이해하지 못하고 율법을 어기는 경우가 많았다. 따라서 유대인의 율법자인 '랍비'들이 보통의 사람들이 토라(모세5경)를 쉽게 이해할 수 있도록 사례와 예화를 들어 해설한 글이다.
하브루타	'친구, 짝, 파트너'라는 히브리어로 고 전성수(부천대학 교수)는 "짝을 지어 질문-대화-토론-논쟁을 거쳐 진리를 탐구하고 완전학습에 이르는 학습방법"이라고 정의하고 있다.
티쿤올람	"세상을 개선한다"는 의미로 유대인 창의성의 원천이다.
후츠파	"뻔뻔스러움, 당돌함을 의미하며, 실패를 두려워하지 않는 도전정신"을 의미한다.
탈피오트	"탑 꼭대기, 최고 중의 최고, 끝까지 파고들어 최고의 경지에 오른다"라는 의미다. 핵심 키워드는 상상력, 창의력을 의미하며, 이스라엘 군대에서 최고의 군 엘리트를 육성하는 군인 역량강화 프로그램으로 잘 알려져 있다.

CHAPTER 01

유대인과 하브루타

1. 유대인은 어떤 민족인가?
2. 하브루타는 신이 가르쳐 준 공부방법이다
3. 유대인 자녀교육은 하브루타 러닝으로 시작된다
4. 하브루타 러닝은 학습역량을 높인다
5. 하브루타 러닝의 본질

유대인과 하브루타

1 유대인은 어떤 민족인가?

'유대인(히브리어: 'דוה' 예후딤(Yehudim) 또는 유태인(猶太人), 유다인은 고대 근동의 이스라엘 민족에게서 기원한 민족적, 종교적, 문화적 민족이다.

유대인의 전통적인 학습방법인 하브루타를 이해하기 전에 유대인의 민족적 특성을 위키백과 사전에 기록된 내용을 중심으로 살펴보고자 한다.

유대인의 역사

구약성서에 따르면 고대 이스라엘인과 고대 히브리인은 아브라함의 후예로서 가나안 땅에서 사울을 초대 왕으로 고대 히브리 왕국을 세웠다. 2대 다윗왕은 예루살렘을 정복하여 왕국의 수도로 삼았으며, 사울 왕가와 필리시테인의 전투에서 전사하여 하나님의 기름부으심을 받은 다윗왕이 그 뒤를 이었다. 그의 아들 3대 솔로몬왕이 예루살렘에 성전을 건축하였다. 북의 이스라엘 왕국과 남의 유다 왕국으로 분열되어 북이스라엘은 기원전 8세기 아시리아의 살마네세르 5세에게 멸망하고 남유다는 기원전 6세기 신(新)바빌로니아의 느부갓네살왕에 멸망하였다.

그 후 유대인들의 땅은 페르시아 제국이 알렉산드로스에게 정복당한 후, 시리아지역에서 알렉산드로스 제국을 승계 셀레우코스(Seleucid) 왕조의 지배하에 들어갔다. 셀레우코스 왕조의 안티오코스 4세 에피파네스가 예루살렘의 성전을 제우스 신전으로 바꾸려 하자 유대교 정통파들은 마카비(Maccabees) 가문의 지도로 반란을 일으켜 독립된 유대인 왕국을 세웠는데 당시 에피파네스 왕조의 반유다주의 및 마카비 가문의 반란은 카톨릭 구약성서의 외경 중 〈마카비 상, 하〉에 나와 있다.

마카비 가문의 반란으로 세워진 왕조를 하스모니안 왕조(Hasmonaean Dynasty)라 하는데 기원전 165년부터 기원전 63년 약 100년간 독립을 유지했다. 하지만 기원전 63년 로마 제국의 지배하에 들어가 유다이아(Judaea) 주로 편입되었다.

유대인들은 기원전 68년부터 로마로부터의 독립운동(반란)을 시작했다. 처음에는 성공하는 듯했으나 시간이 지남에 따라 8만 명에 이르는 막강한 로마군을 당할 수가 없었다. 로마군은 유대인들의 최후의 거점인 예수살렘을 포위했다. 남은 유대인들은 예루살렘에 모여 성문을 잠그고 최후의 결전을 준비했다. 그때 성 안에 있는 유대인들은 최후까지 싸우자는 주전파(主戰派)가 장악하고 있었다. 주전파들은 로마군과 협상하거나 항복하러 나가는 유대인들을 보는 대로 잡아 성 밖으로 던져 죽여 버렸다. 그리고 협상하자고 말하는 사람들도 민족 반역자로 몰아 닥치는 대로 죽였다.

이때 민족을 구한 사람이 바로 '요하난 벤 자카이'라는 랍비였다. 요하난 벤 자카이는 70년 로마군이 유대를 포위하고 있을 무렵에 생존했던 인물로 알려지고 있다. 그는 당시 가장 존경받는 랍비로 유대인뿐 아니라 로마인들도 그를 잘 알고 있었다.

로마군에 포위된 예루살렘 성 안의 유대인들은 이제 그 종말이 가까이 왔음을 알았다. 랍비 벤 자카이는 성이 함락되더라도 나중에 다시 유대민족이 승리할 수 있는 방법을 생각했다. 그러나 그것은 군사적인 방법으로는 도저히 바랄 수 없는 상황이었다. 벤 자카이는 유대민족이 살아남기 위해서는 유대의 독립보다 유대인의 정신을 지키는 것이 더 중요하다고 생각했다.

"지금 우리는 로마군에게 무너지더라도 나중에 다시 일어나 최후의 승리를 하려면 저들보다 더 강한 무기를 가져야 한다. 그리고 로마군이 아무리 무너뜨리려고 해도 무너지지 않는 성(城)은 다름 아닌 교육이다. 교육이 결국 칼보다 강하다. 로마인들은 자식들에게 싸우는 무기, 즉 칼을 물려줄 것이다. 그렇다면 우리 유대인은 지식을 물려주면 언젠가는 이길 것이다."

벤 자카이는 유대인의 미래를 협상하기 위해 로마군의 수장을 만나기로 결심했다. 죽은 시늉을 하고 관속에 들어가 우여곡절 끝에 성을 빠져 나가 당시 로마군 사령관 베스파시아누스(Vespasianus) 장군을 만나 그에게 야브네(Yavnch) 지역만 파괴하지 말아달라고 부탁했다. 베스파시아누스는 야브네가 지중해 바닷가에 있는 보잘 것 없는 시골이어서 대수롭지 않게 생각하고 기꺼이 수락했다.

야브네는 〈토라〉를 가르치는 학교가 있고 많은 유대인 학자들이 은거하고 있었다. 로마군은 예루살렘으로 쳐들어가 성전을 비롯해 모든 거리를 파괴했지만 오직 야브네 거리만은 그대로 남겨 두었다. 그래서 벤 자카이의 생각대로 계속해서 토라를 가르칠 수 있었고 그 결과 훗날 유대인은 로마를 이길 수 있었다.

이것이 유대인의 율법학교인 '예시바(Yeshiva)' 대학의 시초가 되었다고 한다.

유대인의 부드러운 교육이 로마군의 강한 칼을 이긴 것이다. 고대 유대에서는 랍비를 양성하는 율법학교인 예시바 1학년을 '현자(賢者)'라 불렀고, 2학년을 '철학자(哲學者)'라 불렀다. 그리고 최고 학년인 3학년이 되어서야 비로소 '학생(學生)'이라고 불렀다. 이러한 사실은 겸허한 자세로 배우는 자가 가장 높은 지위에 오를 수 있으며, 학생이 되려면 수년 동안 학업을 쌓지 않으면 안 된다는 발상에서 비롯된 것이라고 한다.

그래서 율법학교를 졸업한 랍비들은 아마도 스스로 '평생학생'이라는 지각을 품고 살았다고 생각된다. 그래서 랍비를 중심으로 살아가는 유대인 공동체는 '학습공동체'이다. 이러한 학습공동체가 가정을 중심으로 언어와 전통과 문화와 정체성을 2천년 동안이나 간직할 수 있었던 것이다.

오늘날의 유대인

제2차 세계대전 이전에는 전 세계의 유대인 인구가 약 1,800만 명 정도였으나 히틀러가 집권한 나치 독일의 홀로코스트로 약 1,000만 명 정도로 줄어들었다. 오늘날 전 세계 134개국에 약 1,400만 명 정도가 살고 있다.

미국에 약 580만 명, 이스라엘에 약 600만 명 정도가 살고 있다. 그밖에 캐나다, 헝가리, 우크라이나, 프랑스, 아르헨티나, 러시아, 독일 등에 많은 수의 유대인들이 살고 있다. 각각 나치 독일의 홀로코스트를 피해 도망친 유대인의 후손이며 구소련의 경우 자국으로 피해서 들어온 유대인들을 거의 한반도 근처까지 도피시켰는데 그 일대에 유대인 자치주가 형성되었다. 훗날 나치 독일이 패망하자 유대인 자치주에 살던 유대인 대부분이 독일로 되돌아갔다. 유럽의 유대인 인구는 240만 명, 라틴 아메리카는 약 50만 명 이상으로 추정된다.

제2차 세계대전의 종전으로 유엔이 결의하여 1948년 5월 14일 건국된 이스라엘은 유대인이면 누구나 시민권을 발급할 수 있게 허용했다. 이는 귀환법 또는 귀향법이라고 한다. 이 법률상 조부모 중 유대인이 있거나 유대교로 개종한 이들 모두 유대인으로 간주된다. 또 유대인 이민자들과 가족관계인 비(非)유대인들에게도 이스라엘 이민을 허용했다. 이스라엘의 귀환법이 유대교에서 전통적으로 따르는 유대인의 정의보다 일부러 더 광범위하게 정의한 이유는 유대인의 친척들도 외부에서는 유대인으로 여겨 반유대주의의 피해를 입는 경우가 많았기 때문이다.

오늘날 유대인이 다수민족인 국가는 이스라엘뿐이다. 유럽에서 유대인이 가장 많은 곳은 프랑스이고, 그 다음이 영국이다. 그 외 독일, 헝가리, 네덜란드 등이며, 유럽에서 유대인 인구가 가장 빨리 증가하고 있는 국가는 독일과 동유럽으로 현재 많은 유대인이 이주해 온다고 한다.

유대인에 대한 법률적 정의로는 “1950년 귀환법 제4조 b항에 유대인 어머니에게서 태어났거나 유대교로 개종하고 다른 종교를 신봉하지 않는 사람”을 유대인으로 정의하고 있다. 또한 기독교로 개종한 유대인은 법률적으로 유대인으로 인정하지 않는다(폴 존슨, 유대인의 역사, p.905). 이와 같이 유대인은 아버지의 혈통을 중심으로 종족을 구분하는 것뿐 아니라 유대교라는 종교적 특성을 포함하여 구분하고 있다.

2 하브루타는 신이 가르쳐 준 공부방법이다

'하브루타'는 히브리어 '하베르'(동반자, 친구)의 파생어로 '동반의식 혹은 우정'이라는 의미이다. 하브루타는 일반적으로 학습하는 짝, 학습하는 파트너, 혹은 짝을 지어 학습하는 실습 자체를 가리킬 수 있다. 주어진 본문과 두 명의 하브루타 학습 파트너 사이에 일어나는 공생적 상호작용을 가리키는 의미다. 필자는 이 책에서 '하브루타'를 '하브루타 러닝'과 같은 의미로 표현했다. 전성수 교수는 하브루타를 "학생들끼리 짝을 지어 서로 질문을 주고받으며 논쟁하는 유대인의 전통적인 토론교육방법"이라고 정의했다.

'하브루타'라는 말은 (고)전성수 교수(부천대학교)가 처음으로 우리나라 교육제도에 사용한 말이다. 전성수 교수는 유아교육과 교육학, 신학을 공부한 학자로서 목사 안수를 받은 신앙인이기도 했다. 평소 우리나라 교육제도에 많은 관심을 가지고 문제점과 개선방안을 고민해 왔다고 했다.

우리나라는 이스라엘에 비해 지리적 여건, 인구수, 국토면적, 역사적 배경, 부모들의 교육열, 교사들의 학력수준, 국민 IQ수준, 정보화 수준 등 모든 영역에서 객관적으로 우수함에도 국민소득, 노벨상 수상자, 청년층 창업 수준 등에 있어서 뒤처지는 이유는 무엇인가?라는 의문이 있었다.

마침내 유대인 자녀교육과 우리나라 자녀교육 사이에는 현저히 다른 학습방법에 차이가 있음을 발견하였으며, 이를 '하브루타'라는 이름으로 부르게 되었다고 했다.

하브루타는 이스라엘에서도 일반 교육과정에서는 잘 사용되지 않지만 가정교육과 성경공부, 즉 유대교 경전인 '토라와 탈무드'를 공부할 때 주로 사용된다. 나이와 성별, 계급에 차이를 두지 않고 두 명씩 짝을 지어 공부하며 논쟁을 통해 진리(眞理)에 다가가는 완전학습(完全學習)방법이다.

유대인 랍비들이 말하는 하브루타의 정의

유대인 교육전문가 및 랍비들의 주장에서도 하브루타가 다양한 의미의 학습방법임을 확인할 수 있다.

아카데미 설립자 모라샤(Morasha)는 하브루타 러닝은 "사고의 확장과 창의적 아이디어에 도달하는 학습방법"이라고 정의하고 있으며, 교육자인 마르틴 부버(Martin Buber)는 "두사람 사이의 상호 관심을 바탕으로 이루어지는 학습방법"이라고 말하고 있다.

유대교 율법학자이며 랍비인 모데카이 말코비치(Mordechai Malkowitz)는 "하브루타 러닝은 학생들이 스스로 문제점을 찾고, 질문하고 대화하며, 토론하는 과정을 거쳐 스스로 해결하는 역량을 키워감으로써 교사로부터 최종적 해답을 찾기 위한 의존적 태도를 제거해 주는 학습방법이다"라고 설명하고 있다.

스턴(B. Stern) 이스라엘 고등학교 교장은 "하브루타 러닝은 학생들의

하브루타 학습방법

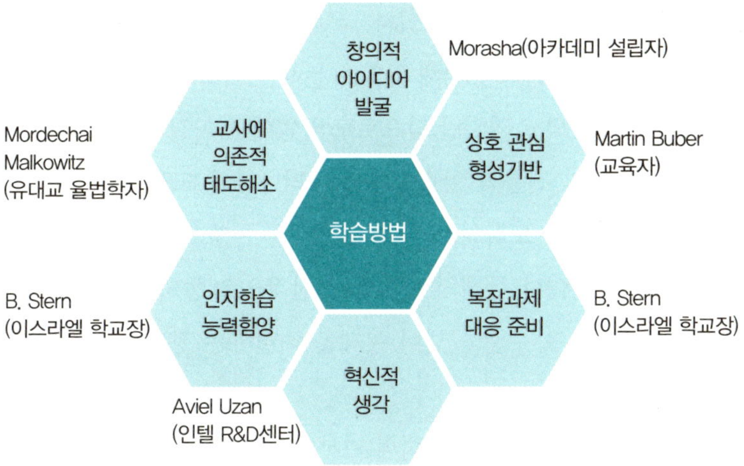

출처: 헤츠키 아리엘리, 탈무드 하브루타 러닝, 2014

자신감과 창의적 사고력을 길러주고, 실제세계에 존재하는 복잡한 과제들에 대면할 수 있게 준비시켜 주는 학습방법이다"라고 설명하고 있다. 또한 그는 "인지학습능력을 키우고 성공적인 과학자, 사업가, 혁신가가 되기 위한 최고의 사고력을 습득할 수 있는 학습방법"이라고 강조하고 있다.

아비엘 우잔(Aviel Uzan) 인텔 R&D센터 소장은 "하브루타 러닝은 전혀 생각하지 않았던 기발한 생각, 혁신적인 생각을 하게 하는 가장 훌륭한 학습방법"이라고 강조하고 있다.

이와 같이 하브루타 러닝이란 '하브루타방법으로 진행되는 학습방법'이라고 정의할 수 있지만, 본서에서는 '하브루타와 하브루타 러닝'을 동일(유사)한 개념으로 간주하고 이를 혼용하는 경우도 있다.

유대인 사회에서 하브루타가 전통적인 학습방법으로 전승되어 온 요인은 〈토라〉학습에서 찾을 수 있다. 유대인들은 하나님이 모세에게 전한 토라의 진리를 확인하기 위해 끝없는 논쟁을 하고 있다. 이러한 논쟁은 3,500년 동안 계속되고 있지만 앞으로도 끝없이 이어질 것이라고 한다.

하브루타 러닝의 전통적 학습방법을 우리나라의 교육에 도입하기에는 한계가 있다. 우리는 토라의 진리에 다가가는 논쟁을 유대인처럼 이어갈 이유가 없다. 토론이나 논쟁의 방법에는 전적으로 동의하지만 논쟁의 수준에 머물지 않고 그 수준을 넘어 문제를 해결하는 정도까지 진행되기를 요구한다.

이 책에서는 하브루타 학습방법의 기본 개념을 활용하여 우리나라 교육환경에 맞도록 다음과 같이 개념을 확장하여 정의하고 있다.

하브루타 러닝은 "짝을 지어 생각(思考)을 바탕으로 '질문(質問)→대화(對話)→토론(討論)→논쟁(論爭)→협상(協商)→정리(定理)→발표(發表)하는 일련의 과정을 통하여 진리(眞理)에 다가가는 완전학습(完全學習)방법"이다.

즉, 토론과 논쟁의 수준에 머물지 않고, 논쟁의 결과를 협상하여 상황에 맞는 문제를 해결하고 정리하여 발표하는 단계까지 확장시키는 학습방법인 것이다. 이는 우리나라 교육현장에서 하브루타 러닝은 학습내용을 이해하고 언어능력 향상을 통한 학습능력 향상에 더 큰 목적이 있기 때문이다.

하브루타는 진리에 다가가는 완전학습이다

행동주의 학습이론에서 블룸(Bloom)은 완전학습(Mastery Learning)을 다음과 같이 정의하고 있다. 완전학습이란 "학습을 통하여 학생 대부분(약 95%)이 수업내용을 약 90% 이상 이해하는 정도에 이르는 수준"을 말한다.

이러한 완전학습의 수준에 다가가기 위해서는 글을 읽거나 말을 듣고 거기에 사용된 단어의 의미, 뜻, 정의 등, 특히 용어의 개념을 정확히 이해하고 문장이나 문맥을 이루고 있는 행간의 흐름, 관련성, 맥락(context)을 합리적으로 이해하고, 텍스트나 글이 제기하는 핵심 주장, 교훈, 과제를 정확히 파악할 수 있는 역량을 갖추는 것이 필요하다. 이러한 역량을 갖추는 데 가장 뛰어난 학습방법이 '하브루타 러닝'이라고 할 수 있다.

따라서 '완전학습'에서 중요한 것은 개념에 대한 정확한 이해라고 할 수 있다. 개념이 공유되지 않으면 소통이 불가능하다. 대화 중에 주고받는 용어에 대한 개념이 공유되지 못하는 경우를 상상해 보자.

구약성서 〈창세기〉 11장 1절~9절에는 하늘에 닿을 만큼의 높은 바벨탑을 쌓고자 하는 인간의 욕망에 분노한 하나님이 본래 한 가지였던 언어를 여러 가지로 분리하여 탑 쌓기에 참여한 노동자들 사이에 의사소통이 되지 않도록 했다. 그 결과 바벨탑을 쌓던 사람들 간에 일대 혼란이 초래되고 바벨탑 건축은 수포로 돌아갔다는 이야기가 있다. 이와 같이 사용되는 용어의 개념을 공유하는 것은 일상생활은 물론 학습과정에서 가장 중요한 시작이라고 할 수 있다.

학습이 이루어지는 일반적 프로세스

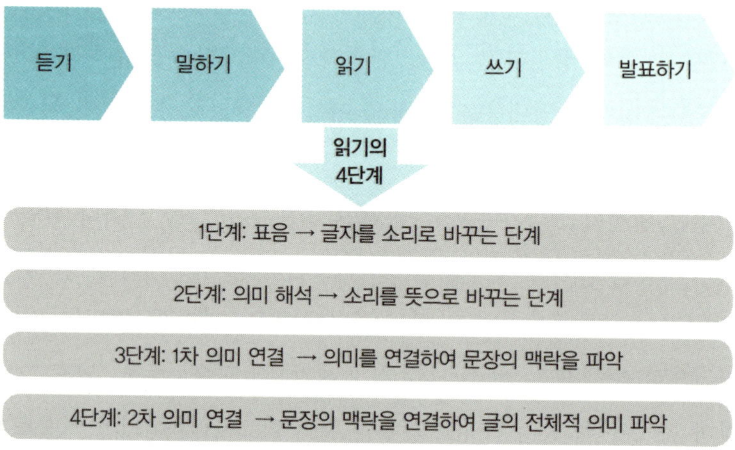

학습이 이루어지는 일반적인 프로세스는 '듣기→말하기→읽기→쓰기→발표하기'의 과정을 거쳐 지식이나 지혜가 형성되는 단계로 진행된다.

태아(胎兒)가 어머니 뱃속에 있을 때와 세상에 태어나 1살 때까지는 크로노스(Chronos)의 시간적 개념으로 스스로 할 수 있는 것은 거의 없다. 오직 어머니의 말을 들으며 내면적 힘을 쌓아간다. 이때의 듣기는 학습방법으로서의 듣기가 아니라 일방적으로 주어지는 훈습(薰習)의 단계로 진행된다. 개체로서의 어떠한 반응이나 선택권도 주어지지 않는다.

아이들이 들은 것을 말로 표현할 때는 대단한 인내와 용기가 필요하다. 듣지 못하면 말을 할 수 없다. 제2차 세계대전 종전시기에 필리핀의 밀림에서 실종된 일본인 병사가 28년간 원숭이들과 생활하다 극적으로 구출된 사건이 있었다. 신기하게도 구출 당시 사람을 보고 말을 하지 못하고, 원숭이들이 하는 소리로 의사소통을 했다는 기사를 읽은 적이 있다.

> 第2차 세계대전이 끝났음에도 여전히 괌 동굴에서 28년간 숨어서 상상할 수 없는 생명력으로 야생의 삶을 살아 온 '요코이 쇼이치'라는 일본군 병사가 발견되었다. 그는 일본이 이미 항복한 줄 모르고 게릴라전을 벌였고, 1974년이 되어서야 투항했다. 사람들에게 발견되자 처음에는 말을 하지 못했다. 아무도 그를 인터뷰할 방법이 없었다. 오랜 기간 말을 하지 않았기 때문에 그는 이미 말하는 법을 잊은 것이었다. 오랜 기간 동굴에 숨어있어서 그는 똑바로 걷지도 못했다. 겉모습을 보면 그는 사람 모양을 한 두더지처럼 보였다. 3개월간 치료를 받자 그는 언어능력을 회복했다.
>
> – 이동철(leeseyha00), 오마이뉴스, 2014. 1. 18. –

제2차 세계대전이 끝났음에도 여전히 괌 동굴에서 28년 간 숨어있던 일본 군인은 사람들에게 발견되자 처음에는 말을 하지 못했다. 이와 같이 어떤 말을 듣고 성장했는가는 대단히 중요하다.

아이들이 '엄마'라는 말을 자기 입으로 말하는 데까지는 3,000번 이상 들어야 가능하다고 한다. 듣기과정이 잘 형성되면 다음에 말하기단계로 접어든다. 글씨를 알지 못해도 말은 할 수 있다. 말로써 자기 의사를 표현하고 전달한다. 이런 과정을 거쳐 글자를 익히면 읽기단계로 접어든다. 글자를 읽을 수 있다는 것은 다른 사람의 생각이나 말을 논리적으로 받아들일 수 있는 단계로 접어드는 것이다.

〈공부머리 독서법〉이라는 책에서는 읽기학습이 가장 중요한 학습방법이라고 기술하고 있다. 읽기단계는 4단계를 거쳐 학습이 진행된다.

제1단계는 표음(表音)의 단계로서 글자를 소리 내어 읽는 단계이며, 제2단계는 의미(意味) 해석단계로서 소리를 뜻으로 바꿔 해석하는 단계이다. 제3단계는 1차 의미 연결단계로서 의미를 연결하여 문장의 맥락(context)

을 파악하는 단계이다. 제4단계는 2차 의미 연결단계로서 문장의 맥락을 연결하여 텍스트의 전체 의미를 파악하는 단계로 진행된다.

하브루타 러닝에서 읽기단계에서는 말하기와 듣기과정이 복합적으로 작용한다. 친구와 짝을 지어 하브루타 러닝을 할 때는 텍스트를 읽고 자기 의견을 말하고, 친구의 반대 의견을 듣고 또다시 자기 의견을 말하는 과정이 반복적으로 이어진다. 이러한 과정을 토론학습이라고 한다.

읽기단계가 진행되면 그 다음 단계가 쓰기단계로서 이전단계의 학습결과를 종합적으로 정리하는 단계가 쓰기단계이며, 마지막으로 발표하기단계는 자기 생각을 최종적으로 정리하여 상대를 설득시키거나 논리적으로 주장하는 완전학습의 단계에 접어들게 된다.

3 유대인 자녀교육은 하브루타 러닝으로 시작된다

하브루타 러닝은 파트너와 함께 학습하는 유대인들의 전통적인 학습방법이라고 정의했다. 랍비 라바 벤 하나(Rabbah ben Hanah)는 하브루타의 어원을 〈토라〉에서 찾고 있다.

> "여호와의 말씀이니라. 내 말이 불같지 아니하냐? 바위를 쳐서 부스러뜨리는 방망이 같지 아니하냐?(예레미야 23:29)라고 기록된 바와 같이, 토라의 말씀을 불에 비유한 이유가 무엇인가? 불이 스스로 점화되지 못하듯 토라의 말씀 또한 혼자 연구하는 사람에게는 오래가지 못한다는 교훈을 알려주기 위해서다."

또한 랍비 하마 벤 하니나(Hama ben Hanina)도 "철이 철을 날카롭게 하는 것같이 사람이 그 친구의 얼굴을 빛나게 하느니라(잠언 27장 17절)의 구절의 뜻은 무엇인가? 철이 철을 날카롭게 하듯 학자도 둘이 상대방의 생각을 연마한다는 교훈을 가르치기 위해서다"라고 말했다.

또 다른 랍비 주석가 오바디야 스포르노(Ovadiah Seforno)는 "두 사람이 한 사람보다 나음은 그들이 수고함으로 좋은 상을 얻을 것임이라. 혹시 그들이 넘어지면 하나가 그 동무를 붙들어 일으키려니와, 홀로 있어 넘어지고 붙들어 일으킬 자가 없는 자에게는 화가 있으리라. 또 두 사람이 함께 누우면 따뜻하거니와 한 사람이면 어찌 따뜻하랴(전도서, 4장 9, 10절)"는 말로 하브루타를 강조하고 있다.

이와 같이 〈토라〉에는 하브루타(친구, 짝, 우정)의 의미가 많이 등장하고 있다. 하브루타 러닝은 유대인들이 종교교육을 위해 3,500년 이상 이어온 유서 깊은 학습방법이다. 기본적으로 두 사람이 짝을 지어 대화하고, 질문하고 토론하는 학습방법에서는 질문을 통한 대화(토론)가 핵심이다. 우리나라 교육과 비교해 볼 때 가장 큰 차이점은 질문에 대한 태도라고 생각된다. 질문을 중요시하지 않는 주입식 교육방법에 비해, 유대인교육은 질문을 매우 중요시한다. 이러한 차이가 교육성과에 큰 영향을 미쳤다고 생각된다.

하브루타는 어떻게 시작되었는가?

하브루타를 알기 위해서는 성경적 배경을 이해하는 것이 먼저다. 하브루타는 유대인의 전통적인 학습방법으로 주로 〈토라〉나 〈탈무드〉를 학습하는 전통적 방법이라는 것을 앞에서 다룬 바 있다. 토라는 하나님이 모세에게 구전으로 전해 준 10계명이 포함된 613가지의 율법을 이스라엘 민족에게 가르치는 방법으로 하브루타에서 활용되고 있다. 구약성경(토라) 〈신명기〉 6장 5~9절에 자녀교육에 관한 구체적인 방법을 제시하고 있다.

> 너는 마음을 다하고 뜻을 다하고 힘을 다하여 네 하나님 여호와를 사랑하라. 오늘 내가 네게 명하는 이 말씀을 너는 마음에 새기고 네 자녀에게 부지런히 가르치며, 집에 앉았을 때든지, 길을 갈 때든지, 누워 있을 때든지 일어날 때든지 이 말씀을 강론(講論)할 것이며, 너는 또 그것을 네 손목에 매어 기호로 삼으며 네 미간에 붙여 표로 삼고, 또 네 집 문설주와 바깥문에 기록할지니라.
>
> – 신명기, 6장 5절~9절 –

마음에 세기고 가르치라는 말은 "본보기가 되라"는 의미이기도 하다. 6절에서 9절까지 자녀교육에 대한 구체적인 방법을 제시하고 있는데 이를 살펴보면 부모가 먼저 배우고 실천하는 본보기를 보이라는 것을 강조하고 있다.

특히 강론(講論)의 강자는 익힐 강(講)자로 "이야기하다, 말하다"라는 의미를 나타낸다. 이야기한다는 의미는 혼자가 아니라 짝(하브루타) 또는 상대가 있어야 가능하다. 전성수 교수는 이러한 학습방법을 '하브루타' 학습방법이라고 정의했다.

유대인은 하브루타 러닝으로 자녀교육을 실시한다. 태어나서 13살 때까지는 부모의 책임하에 인성과 영성의 기본을 학습하게 된다. 13살 때 성인식을 계기로 부모 곁을 떠나 하브루타를 위한 새로운 친구를 찾아야 한다.

성경 〈잠언〉의 27장 17절에는 "철이 철을 강하게 하는 것과 같이 사람이 그 친구의 얼굴을 빛나게 하느니라"라고 말하고 있다. 이는 인간은 사회적 존재로서 인간관계를 통하여 성장하며, 좋은 친구를 만나야 좋은 인간관계를 형성할 수 있으며, 이들과 함께 하는 학습방법이 하브루타 러닝인 것이다.

유대인 자녀들이 고등학교과정을 마칠 때까지 하브루타 러닝을 통하여 질문, 대화, 토론, 논쟁으로 이어지는 짝이 약 100명 정도 된다고 한다. 이러한 친구관계가 사회활동까지 이어져 탄탄한 인맥으로 작용하게 된다.

〈전도서〉 4장 9절~12절에서는 "두 사람이 한 사람보다 낫고, 혼자 있어 넘어질 때 친구가 있으면 붙들어 일으킬 수 있으며, 한 사람이면 패할 수 있으나 두 사람이면 맞설 수 있고, 세 겹 줄은 쉽게 끊어지지 않는다"라는 교훈을 비유로 말하여, 다양한 인간관계를 형성하는 기초가 하브루타 러닝임을 강조하고 있다.

쉐마교육과 하브루타 러닝

유대인교육의 전통적 특징은 쉐마교육(만 3세부터 임종 시까지 3대가 대대로 기상과 취침 전에 신명기 6장 4절~9절 말씀을 암송하는 것)에서 찾을 수 있다. '쉐마'는 '들어라'라는 의미의 히브리어다. 하나님이 유대인 부모들에게 내린 최초의 명령은 네 자녀를 부지런히 가르치라는 교육명령이다. 자녀가 잉태된 때부터 어머니로부터 배우는 말씀이 '쉐마'다. 〈신명기〉 6장 5절~9절에는 교육방법도 구체적으로 제시하고 있다. 특히 말씀을 강론(講論)하라고 한 것을 (고)전성수 교수는 하브루타방법으로 교육하라는 것이라고 해석했다.

유대인은 최소한 하루에 두 번 이 말씀을 외운다. 특히 어린이들은 잠들기 전에 외운다. 이는 만약 아이기 자다가 갑자기 죽을 경우라도 이 쉐마가 아이의 마지막 유언이 되게 하기 위해서다. 어른이 되어 나이가 들어 죽음을 맞이했을 때도 마지막 유언으로 쉐마를 남기며 자식들이 여호와의 말씀을 맡은 자로서의 사명을 영원히 감당하도록 한다.

유대인들이 중요하게 여기는 '쉐마'교육의 핵심 키워드는 "마음, 목숨, 힘을 다하는 삶의 자세"다. 일상적인 삶을 통하여 "마음과 목숨과 힘을 다해" 하나님을 사랑하는 것이 습관화된다면 어느 분야에서도 최선의 결과를 끌어낼 수 있다. 특히 그들은 무엇이든지 최선을 다하여 배우려고 하는 배움의 자세를 신앙과 동일하게 여긴다. 기도보다 배움을 먼저 내세운다. 그런 배움의 자세와 습관을 지니고 있는 사람은 스포츠, 예술, 학문, 연구 등 어느 분야에서도 반드시 최고의 성과를 이룰 수 있게 된다.

또 여기서 놓치지 말아야 할 것은 이 "말씀을 네 마음에 새기고 부지런히(거듭 거듭)"라는 표현이다. 이는 습관화, 체질화를 의미한다. 이는 부모가 먼저 실천하는 삶을 통하여 본보기가 되어 이러한 자세가 몸에 익숙할 때까지 반복적으로 교육하고 훈련해야 한다는 것이다. 즉, 부모는 행하지 않고 자녀들에게만 가르치지 말라는 의미이기도 하다. 쉐마교육은 세대를 이어 전수되는 '격대교육(隔代教育)'의 전통으로 이어져 전인적인 자기계발이 완성된다고 한다.

인간은 '교육적 존재'라는 말이 있다. 교육을 통해서 삶을 영위할 수 있는 지식과 지혜를 습득한다. 우리는 스스로 계획적으로 배우려고 하지 않더라도 의도하지 않는 방법으로 학습되는 경우도 많다.

인간만이 가진 5감(感)기능을 통해서 받아들여진 정보를 본능적으로 수

용함으로써 자신의 삶에 적용하려는 노력에서 의도하지는 않았지만 학습된 모습을 스스로 느낄 수 있다.

인간을 교육적 존재라고 말할 때는 의도하지 않는 교육보다는 의도적인 교육을 지칭하는 경우가 합당하다. 교육이 이루어지는 과정을 의도적 관점에서 바라보면 교육은 '인간행동의 계획적 변화'라고 할 수 있다.

한편 교육은 본질적으로 '가르침(教授)'과 '양육(養育)'의 과정이다. 교육(教育)이라는 한자어의 구성을 살펴보면, '가르칠 교(教)와 기를 육(育)'자가 합쳐서 이루어진 단어다. 교육은 가르치는 교수자(교사, 멘토)와 양육의 대상인 학습자(학생, 멘티)의 상호작용을 통하여 이루어진다. 상호작용 과정에서 '교수자'의 가르치려는 의도와 '학습자'의 배우려는 의도가 만나 소기의 교육목적을 달성하게 된다.

교육에서의 의도성은 시대적 요청을 반영하기 마련이다. 교수자와 학습자는 시대적 니즈(needs)인 지식과 지혜를 가르치며 배우게 된다.

흔히 '4차 산업혁명'이 진행되는 사회를 '지식정보화사회'라고 한다. 정보통신기술의 발달로 지식의 폭발적인 증가와 획득한 지식을 융합하여 공유하는 시대가 되었다. 지식공유와 관련된 특징 중의 하나는 "나에게 필요한 지식이 어디에 있는가(Know-Where)?"를 찾는 것이다.

수많은 정보 중에서 자신에게 필요한 정보를 찾아가는 활동을 '사이버 노마드(cyber nomad)'라고 한다. 현대를 살아가는 대부분의 사람들은 사이버시대의 지식 유목민이 되어 자신에게 필요한 지식과 지혜를 탐색하고 있다. '사이버 노마드'는 제도화되고 고정되고 선형화된 공간에 정착하지 않고 자유롭게, 창조적인 삶과 인간관계를 추구하는 것을 지향한다. 정착민을 이상적으로 여겼던 환경에서는 고정되고 안정적인 것을 덕목으로 여기고, 움직이지 않고 쉽게 변화하지 않는 것을 선호했기에 유목민에 대해서 상대적으로 배타적이었다. 이와 달리 4차 산업혁명시대는 변화를 추구하고 수용할 수 있는 탄력성을 더 요구하기 때문에 변화를 수용할 수 있는 사이버 노마드가 더 중요시된다.

새로운 노마드형 인간이 사회의 주류로 등장함에 따라 인간관계 또한 노마드식으로 전개될 것이다. 지역이나 특정 영역에 의한 한계에 구애받지 않고 상호 연결을 중요시하는 관계가 설정될 것이다. 물리적인 만남의 의미는 갈수록 상실되고 그보다는 미디어에 의존한 연결로 관계가 지탱될 것이다. 미디어를 통한 상호 간의 연결은 더 자유롭겠지만 피상적인 관계로 전개될 가능성이 높아질 수도 있을 것이다(오창기, seriorg, 지식/전문가 SOS, 2017).

특히 코로나19가 전 세계적으로 확산되어 국가사회적으로 물리적 거리라는 장벽이 존재하는 언택트(untact)상태가 정치, 경제, 사회, 교육 전반에 영향을 주고 있다. 이것이 '언택트문화'로 고착화되어 개인 간의 접촉을 피하고 비대면 형식의 사이버 공간에서 새로운 관계가 확산되고 있다. 피할 수도 없고 외면할 수도 없다. 사이버시대에 우리가 찾아내려고 하는 정보는 시대상을 반영하여 시대적 요청에 부응할 수 있어야 지속가능 성장을 할 수 있을 것이다.

이러한 시대에 부응하는 '핵심 역량(competence)'은 '창의적인 사고를 발휘할 수 있는 지혜'와 '인성역량을 실천할 수 있는 생각의 힘'이라고 할 수 있다.

우리나라 교육현장에는 주입식 교육과 자기주도학습방법이 공존했었다. '주입식 교육'은 교사의 일방적인 지식전달 내용을 무비판적으로 받아들이며 암기하는 학습방법이다. 우리나라를 기준으로 할 때 1945년 해방 이후부터 70년간 우리나라 교육제도 전반에서 이루어진 학습방법이라고 할 수 있다.

'자기주도학습'은 호기심을 바탕으로 의문점을 창의적인 사고로 스스로 해결하고자 노력하고, 질문을 통하여 생각하는 역량을 키우며, 인간관계를 중심으로 다른 사람의 생각과 지식의 공유를 확장하는 학습자 주도적 학습방법이다.

이와 같이 주입식 교육은 자기주도학습방법보다 교육효과가 낮게 나타남을 어렵지 않게 짐작할 수 있다. 따라서 교육현장에서 학습효과를 향상시키기 위해서는 자기주도학습방법이 중요하다. 자기주도학습은 사고력(思考力)을 바탕으로 호기심과 질문이 중요한 학습동인이 된다.

어떻게 하면 자기주도학습으로 교육의 효과를 높일 수 있을 것인가? 바람직한 '교수-학습방법'은 무엇일까? 이에 대한 구체적인 해결책으로 '하브루타 러닝'이 최선의 대안으로 대두되고 있다.

교수자의 일방적 지식을 "듣고, 외우고, 시험보고, 잊어버린다"는 전통적 학습방법으로는 더 이상 학습효과를 높일 수 없다. 혼자서 독서를 통해 지식을 획득하려는 공부방법 또한 완전학습에 다가가기에는 한계가 있다.

그러나 독서를 기반으로 질문을 만들고 친구(짝)와 함께 대화와 토론을 이어가며 새로운 지식과 지혜를 습득하는 하브루타 러닝은 가르침과 배움의 즐거움을 제공하기 때문에 학습효과도 높게 나타난다. 유대인들은 하브루타 러닝의 전통적인 학습방법으로 가르침과 배움의 과정을 즐기면서 자기주도학습을 확산하고 있다.

다음의 〈탈무드〉 예화를 통해서 자기주도학습의 중요성을 살펴보자.

어느 날 젊고 명석한 학생이 랍비를 찾아왔다. 그리고 지난 6년 동안 얼마나 열심히 탈무드를 공부했는가에 대해 랍비에게 말하고 자기를 시험해 달라고 했다. 랍비는 탈무드 책장을 넘기면서 어떤 페이지에 실려 있는 내용에 대해서 질문했다. 아주 어려운 논쟁을 하고 있는 부분이었다. 그러자 학생은 논쟁하는 부분에 대해서 정확하게 설명했다. 랍비가 대답했다.

"자네는 아직 안 되겠어!"

그리고 또 다른 페이지를 넘기며 그 학생에게 페이지에 있는 내용에 대해서 다시 문제를 냈다. 그것은 더욱 어려운 문제에 대해서 논쟁을 펴고 있는 대목이었다.

학생은 거침없이 그 페이지에 무엇이 쓰여 있고, 어떤 것이 문제점이 되고, 어떤 의문이 제기되어 왔으며, 어떤 대답이 나왔는가를 설명했다. 이번에도 랍비가 대답하였다.

"자네는 아직도 틀렸네!"

이어서 설명하였다.

"책을 많이 읽어도 단지 읽었다는 것만으로는, 마치 당나귀가 많은 책을 등에 지고 있는 것과 크게 다를 바가 없다네. 나귀는 아무리 많은 책을 등에 지고 있어도 나귀 자신에게는 아무런 쓸모가 없다네. 인간은 책에 의해서 가르침을 받는 것이 아니라 책을 통하여 질문을 얻는 것이라네."

– Marvin Tokayer, 탈무드, 1997 –

영성교육과 하브루타

유대인들은 하나님의 계획에 자기들이 유용한 도구로 동참하는 협력자임을 믿는다. 그들이 이 땅에 태어난 목적은 하나님의 빛을 만방에 보여주기 위함이라고 믿는다. 하나님의 빛을 전달하는 사람이 되기 위해서는 교육을 받아야 하며, 교육을 받지 않고서는 결단코 빛의 전달자가 될 수 없다고 믿는다. 왜냐하면 자신이 무지와 어둠 속에 있으면서 다른 사람들을 빛 속으로 인도할 수가 없다고 믿기 때문이다.

인간이 하나님의 사업에 동참하기 위해서는 먼저 하나님의 섭리를 이해해야만 한다. 열심히 배워 하나님의 위대함을 자신의 몸속에 담아야 한다.

'가르친다는 것과 배운다는 것'이 가장 중요한 예배라고 믿는다. 즉, 가르친다는 것은 하나님을 존경(예배)하는 것이요, 공부하는 것은 하나님께 드리는 최고의 기도라고 믿는다. 그래서 유대인은 하나님의 섭리를 배우는 것을 의무로 여긴다.

히브리어로 "기도하다"라는 말은 '히트 파레루'이다. 히트 파레루는 "스스로 가치를 잰다"라는 뜻이다. 곧 하나님께 맹종하는 것이 옳은 것이 아니라 하나님이 하시는 위대한 일을 먼저 이해하는 것이 인간의 의무이며, 그 후에 스스로 하나님의 의지에 합당하게 살도록 노력해야 한다는 것이다.

유대인에게 교육은 곧 신앙 그 자체이다. 그래서 교회당(시너고그)의 주된 역할도 토라와 탈무드를 공부하는 곳이었다. 유대인이 배우는 민족이라 일컬어지는 것도 바로 이 때문이다. 유대인에게 배움은 인생에서 가장 중요한 가치이다. 그래서 그들은 〈토라〉와 〈탈무드〉를 통하여 평생 공부하는 것을 당연하게 여겨왔다.

인간은 하나님의 형상대로 지음받았기에 하나님이 인간에게 거는 기대가 있다. "하나님의 자녀로서 합당한 삶을 살지 않는 것을 죄로 여긴다. 주어진 가능성에 최선을 다하지 않는 게으름도 죄다. 하나님이 주신 자기 안의 달란트를 찾아내 최선을 다해 이를 향상시키지 않는 '무능력한 사람이 되는 것'"도 죄로 인정한다. 따라서 유대인에게 신앙이란 "자기 자신 속에 내재된 하나님의 형상과 자신의 달란트를 찾아 지속적으로 발전시켜 나가려는 노력"이라고 할 수 있다.

자기가 '잘할 수 있는 일, 좋아하는 일, 하고 싶은 일, 보람을 느끼는 일'이 하나님이 주신 달란트이다. 이러한 달란트를 찾아내 게으름을 부리지 않고 열심히 노력하여 역량을 키우는 것이 죄를 짓지 않고 사는 길이다. 열정을 갖고 자기 일에 매진하다 보면 어느새 자기 분야에서 최고가 된다. 유대인 부모들은 자녀들에게 잘할 수 있는 일, 좋아하는 일, 하고 싶은 일, 보람을 느끼는 일에서 직업을 구하라고 조언한다. 현대사회에서도 하고 싶은 일, 잘할 수 있는 일, 보람을 느끼는 일을 찾는 것이 직업선택기준이 되고 있다.

하브루타 러닝은 통섭역량을 높인다

지식정보화시대는 개별화를 통한 통섭의 원리가 적용된다. 개별화는 개인이 지니고 있는 개성과 능력을 극대화하여 개별적인 속성을 유지하는 현상을 의미한다. '통섭(通攝)'은 "개별화된 개성과 지식을 융합하여 새로운 정보를 창출할 수 있는 역량"을 의미한다.

통섭역량을 함양하기 위해서는 모든 사물과 지식 및 삶의 현장에서 통찰(通察)할 수 있는 '격물치지(格物致知)'의 역량이 필요하다. 통섭역량은 정보를 자기 수준에 맞게 해석해서 자신의 지식으로 이해할 때 나타나는 역량이다.

지식의 통섭적 의미를 견지하고 있는 대표적인 책이 〈탈무드〉라고 할 수 있다. 탈무드는 5천년 유대인의 역사가 간직하고 있는 모든 분야를 통섭적으로 제시하고 있다. 유대인의 유구한 역사에서 비롯된 지혜를 통해서 오늘과 미래에 필요한 통섭의 원리를 배울 수 있다. 탈무드는 통섭의 원리를 적용하여 사물과 삶의 현장에 대한 이해를 통해 삶의 지혜를 찾게 하는 학습자료로 활용된다. 탈무드는 유대인의 삶 전반에 대한 정보를 통해서 새로운 지혜를 얻게 하기 때문이다.

랍비 마빈 토케이어(Marvin Tokayer)는 탈무드를 다음과 같이 설명하고 있다.

> 탈무드는 책이 아니다. 이것은 하나의 학문이다. 1만 2천 페이지는 기원전 5백년에서 기원후 5백년까지의 구전(口傳)을 10년 동안 2천명의 랍비들이 편집한 것이다. 탈무드는 과거 유대민족의 생활을 지배했듯이 현대에도 유대인의 생활을 지배하고 있다. 탈무드는 유대인의 5천년 역사이며 지혜다. 모든 지식의 저수지라고 할 수 있다. 그러나 이것은 정치가, 관리자, 과학자, 철학자, 부호, 저명인 등이 만든 것이 아니다. 랍비들에 의해서 문화, 도덕, 종교, 전통 등이 종합되어 전해져 내려오는 것이다.」
>
> – Marvin Tokayer, 탈무드, 1997 –

'하브루타 러닝'은 두 사람이 짝을 이루어 진행하는 토론학습과정이기 때문에 적극적인 참여가 필수적이다. 토론에 참여하는 과정에서 집중도와 효과성을 극대화할 수 있다. 동시에 상대방의 주장에 대한 반박을 통해서 새로운 방법을 탐색할 수 있는 기회를 제공하기도 한다.

찬성과 반대 입장을 상대방과 번갈아 해봄으로써 상대방의 입장을 이해할 수 있어 이해의 폭을 넓히게 된다. 두 사람이 토론을 할 때는 토론자의 역량차이에 따라 서로 다른 토론능력을 나타내기도 한다. 이는 각자가 가진 지적 역량에 따라 자신의 의견을 표현하는 방법과 태도도 다르기 때문이다.

'하브루타 러닝'은 토론 자체에서 지식과 지혜를 얻는 과정이지만 동시에 토론을 통해서 상대방을 이해하는 과정도 중요시하고 있다. 상대방을 이해하기 위해서는 자신의 심력을 길러야 된다. 하브루타 러닝을 통해서 인성역량이 향상될 수 있기 때문이다. 하브루타 러닝을 위한 '심력(心力=마음의 힘)'으로 '자존감, 감성지능, 인성, 리더십, 발표능력 등'의 다섯 가지 하위역량이 대두되고 있다.

토론은 학습방법의 한 가지로서 습득된 정보를 가공하여 자신의 것으로 내면화하고, 자신의 의견으로 재해석하여 다른 사람들과 함께 대화하는 방법이다. 아울러 토론은 복합적인 개인의 능력을 표현하는 방법이기도 하다. 토론역량을 향상시키기 위해서 '독서역량, 생각하는 역량, 표현역량, 반응역량, 학습동기와 집중력, 창의적인 질문 만들기 등'의 다양한 역량개발이 필요하다. 토론을 하기 전에 자신은 어느 정도의 토론역량이 있는지를 파악해 보는 것도 중요하다. 개인별 토론역량 수준을 파악하기 위하여 '토론역량 진단'을 위한 항목들을 별도로 제시하고 있다.

하브루타 러닝은 토론역량을 높인다

토론학습의 교육적 효과성은 이미 잘 알려져 있다. 하브루타 러닝을 적용하려는 의도는 하브루타 러닝이 토론에서 우수성을 보장하는 학습방법임을 인정하는 것이다.

토론학습의 대표적인 사례로 '필립스 아카데미 토론교육'을 들 수 있다. 필립스 엑시터 아카데미(Phillips Exeter Academy, 뉴햄프셔주 엑시터시)는 미국의 명문 사립 고등학교로서 '하크니스 테이블(Harkness table)'이라는 토론교육으로 널리 알려져 있다.

'하크니스(Harkness)'라는 말은 미국의 석유재벌이자 자선사업가인 에드워드 하크니스(Edward Harkness) 이름을 차용한 것이다. 1931년 당시

하크니스는 필립스 엑시터 아카데미에 "새로운 교육방법을 고안해 내면 거액을 기부하겠다"고 제안했다. 이에 대해 학교는 커다란 타원형 탁자에서 교사와 학생 10명이 둘러앉아 토론식으로 수업하는 방식을 제시했다.

하크니스 테이블 수업을 통해 학생의 '비판적 사고력(critical thinking)'을 바탕으로 의사 표현능력을 향상시키는 데 중점을 두었다. 동시에 "공부는 각자의 지식을 나누는 것"으로서 이를 구체화할 수 있는 방안으로 질문을 활성화하도록 했다. 학교의 교육방침으로 "사고하라, 토론하라, 그리고 질문하고 분석하라!"를 채택했다.

필립스 엑시터 아카데미의 '하크니스 테이블' 토론식 교육방법은 음악이나 수학도 토론학습을 통해서 이루어지고 있다. 하크니스 테이블 교육방법은 탁월성으로 인해서 하버드대학과 같은 명문대학에서도 인정하고 있다.

출처: KBS 명작다큐, 공부하는 인간 4부에 나온 하크니스 장면

생각을 꼬집어 내는 '마따호쉐프'

토론은 자신이 받아들인 정보를 가공하여 자신의 의견을 발표하는 복합적 과정이다. 토론의 복합적 과정을 단계별로 구분하면 다음과 같다.

- 1단계: 생각하는 단계(호기심 키우기, 생각하기, 질문 만들기)
- 2단계: 표현하는 단계(대화하기, 질문하기, 협상하기, 연설하기)
- 3단계: 반응하는 단계(경청하기, 칭찬하기, 몸으로 표현하기)
- 4단계: 합의를 이루는 단계(정리하기, 발표하기, 실천하기)

토론과정의 제1단계인 생각하는 단계에서의 '질문 만들기'는 하브루타 러닝에서 가장 핵심적인 역할이다. 질문할 수 있는 능력에 의해서 토론의 양과 질이 결정되기 때문이다. 한편 토론과정에서 '생각하기'의 중요성은 유대인의 학교현장에서도 찾아볼 수 있다. 수업시간에 교사는 학생들에게 마따호쉐프라는 말을 자주 사용한다.

'마따호쉐프'는 "네 생각은 어때?(What do you think?)"라는 의미다. 생각하지 않고는 어떤 것도 말로 표현할 수 없다. 생각하지 않고는 어떤 글도 쓸 수 없다. 따라서 교사는 학생들에게 질문을 할 때 학생이 생각하고 있는 것을 발표하도록 유도한다. 교사가 특정한 답을 제시해 주기보다는 학생이 어떠한 생각을 하고 있는지를 발표하게 한다. 이때 학생이 생각하고 있는 것을 충분히 발표할 수 있는 동기(動機)를 부여해 줄 때 마따호쉐프라는 말을 사용한다.

토론은 자신의 생각을 말로 표현하는 과정이다. 자신의 생각을 말로 표현함으로써 자신의 의견을 주장할 수 있다. 동시에 자신의 생각을 통해서 말하는 자와 듣는 자 사이에 생각의 공유를 이루어 갈 수 있다.

하브루타 러닝에서는 '마따호쉐프(네 생각은 어때?)'라는 말을 자주 사용해야 한다. 학생들에게 토론의 효율성을 함양시키는 가장 유용한 질문이기 때문이다. 동시에 토론에 참여하는 학생들도 마따호쉐프라는 말을 자주 사용하며 활발한 토론을 이어갈 수 있도록 해야 한다.

나의 토론역량은 어느 수준인가?

다음의 문항에서 자신에게 해당되는 정도에 체크한다.

번호	내용	점수
1	나는 내 자신을 좋은 사람이라고 생각한다.	1 2 3 4 5 6 7 8 9 10
2	나는 책읽기를 좋아한다.	1 2 3 4 5 6 7 8 9 10
3	나는 알고 싶은 것 또는 궁금한 것이 많다.	1 2 3 4 5 6 7 8 9 10
4	나는 말을 잘한다.	1 2 3 4 5 6 7 8 9 10
5	나는 대화할 때 상대방의 말에 귀를 기울인다.	1 2 3 4 5 6 7 8 9 10
6	나는 나의 꿈을 이루기 위해서 공부한다.	1 2 3 4 5 6 7 8 9 10
7	나는 이루고 싶은 꿈(비전)을 가지고 있다.	1 2 3 4 5 6 7 8 9 10
8	나는 책을 읽기 전에 먼저 책의 목차를 살펴본다.	1 2 3 4 5 6 7 8 9 10
9	나는 새 물건을 보면 어떻게 만들어졌는지 궁금하다.	1 2 3 4 5 6 7 8 9 10
10	나는 사람들이 좋아하는 말버릇(음성, 속도, 높이)을 갖고 있다.	1 2 3 4 5 6 7 8 9 10
11	나는 대화할 때 상대방을 바라보면서 말을 주고받는다.	1 2 3 4 5 6 7 8 9 10
12	나는 다른 사람들이 시키지 않아도 공부를 하고 싶다.	1 2 3 4 5 6 7 8 9 10
13	나는 짜증(화내기)을 잘 내지 않는다.	1 2 3 4 5 6 7 8 9 10
14	나는 책을 읽으면서 책내용과 관계가 있는 질문들을 생각해 본다.	1 2 3 4 5 6 7 8 9 10

15	나는 다른 사람들이 어떻게 살아가고 있는지 궁금하다.	1 2 3 4 5 6 7 8 9 10
16	나는 대화하는 것을 좋아한다.	1 2 3 4 5 6 7 8 9 10
17	나는 다른 사람들을 칭찬하는 것을 좋아한다.	1 2 3 4 5 6 7 8 9 10
18	나는 공부 중에 어려운 문제가 나오면 끝까지 풀어 본다.	1 2 3 4 5 6 7 8 9 10
19	나는 친구들이 많은 편이다.	1 2 3 4 5 6 7 8 9 10
20	나는 책을 읽으면서 중요한 내용과 중요하지 않은 내용을 구분해 본다.	1 2 3 4 5 6 7 8 9 10
21	나는 모르는 것이 있으면 누구에게라도 질문해서 알고 싶다.	1 2 3 4 5 6 7 8 9 10
22	나는 대화할 때 상대방의 느낌(감정)이 무엇인지를 생각한다.	1 2 3 4 5 6 7 8 9 10
23	나는 다른 사람들의 나쁜 점보다는 좋은 점을 보려고 한다.	1 2 3 4 5 6 7 8 9 10
24	나는 공부시간표를 만들어서 계획대로 공부한다.	1 2 3 4 5 6 7 8 9 10
25	나는 다른 사람들을 잘 이끌어 갈 수 있다.	1 2 3 4 5 6 7 8 9 10
26	나는 책을 읽으면서 배워야 할 점이 무엇인지를 생각하면서 읽는다.	1 2 3 4 5 6 7 8 9 10
27	나는 주변에 있는 사람들을 살펴보면서 여러 가지 생각을 한다.	1 2 3 4 5 6 7 8 9 10
28	나는 토론하는 것을 좋아하는 편이다.	1 2 3 4 5 6 7 8 9 10
29	나는 나의 의견을 잘 나타내기 위해서 몸동작을 하기도 한다.	1 2 3 4 5 6 7 8 9 10
30	나는 공부하는 중에는 공부에 방해가 되는 생각을 하지 않는다.	1 2 3 4 5 6 7 8 9 10
31	나는 어른들(부모, 선생님)의 말을 잘 따르는 편이다.	1 2 3 4 5 6 7 8 9 10
32	나는 책을 읽을 때 어려운 단어가 나오면 사전을 찾아본다.	1 2 3 4 5 6 7 8 9 10
33	나는 내가 생각하고 있는 것을 마음속에서 그림으로 나타낼 수 있다.	1 2 3 4 5 6 7 8 9 10
34	나는 토론할 때 나의 찬성의견과 반대의견을 분명하게 한다.	1 2 3 4 5 6 7 8 9 10
35	나는 얼굴표정으로 나의 느낌(감정)을 다른 사람들에게 표현한다.	1 2 3 4 5 6 7 8 9 10
36	나는 시끄러운 곳에서 공부를 해도 방해를 받지 않는다.	1 2 3 4 5 6 7 8 9 10
37	나는 다른 사람들이 나 때문에 불편하지 않게 하려고 한다.	1 2 3 4 5 6 7 8 9 10

38	나는 책을 읽고 다른 사람들과 토론하는 것을 좋아한다.	1 2 3 4 5 6 7 8 9 10
39	나는 여러 개의 물건에서 공통적인 것이 무엇인지를 찾아낼 수 있다.	1 2 3 4 5 6 7 8 9 10
40	나는 다른 사람들이 나의 의견을 잘 따르게 할 수 있다.	1 2 3 4 5 6 7 8 9 10
41	나는 다른 사람들이 어떠한 느낌(감정)을 가지고 있는지를 알고 싶다.	1 2 3 4 5 6 7 8 9 10
42	나는 수업시간에 선생님의 설명에 집중한다.	1 2 3 4 5 6 7 8 9 10
43	나는 내가 해야 할 일을 알아서 잘하는 편이다.	1 2 3 4 5 6 7 8 9 10
44	나는 책을 읽고 나서 책내용과 관련이 있는 다른 자료를 찾아본다.	1 2 3 4 5 6 7 8 9 10
45	나는 상대방의 느낌(감정)이 무엇인지를 생각하면서 대화한다.	1 2 3 4 5 6 7 8 9 10
46	나는 다른 사람들의 생각과 의견을 존중해 준다.	1 2 3 4 5 6 7 8 9 10
47	나는 영화를 보다가 슬픈 내용이 나오면 울게 된다.	1 2 3 4 5 6 7 8 9 10
48	나는 공부를 하다가 모르는 것이 나오면 질문을 한다.	1 2 3 4 5 6 7 8 9 10
49	나는 기분이 나쁜 때보다는 좋은 때가 더 많다.	1 2 3 4 5 6 7 8 9 10
50	나는 내가 읽은 책을 사람들에게 설명해 줄 수 있다.	1 2 3 4 5 6 7 8 9 10
51	나는 책을 읽으면서 나라면 어떻게 하였을까를 생각한다.	1 2 3 4 5 6 7 8 9 10
52	나는 발표하는 것을 좋아하는 편이다.	1 2 3 4 5 6 7 8 9 10
53	나는 대화할 때 상대방의 기분이 나빠지지 않게 하려고 한다.	1 2 3 4 5 6 7 8 9 10
54	나는 공부가 잘 되는 장소를 알고 있다.	1 2 3 4 5 6 7 8 9 10
55	나는 어려운 일이 있어도 잘 될 것이라고 생각한다.	1 2 3 4 5 6 7 8 9 10
56	나는 책에서 배운 훌륭한 교훈을 생활 속에서 실천하려고 한다.	1 2 3 4 5 6 7 8 9 10
57	나는 내가 읽은 책을 옛날이야기 형식으로 만들어서 말해 줄 수 있다.	1 2 3 4 5 6 7 8 9 10
58	나는 훌륭한 연설가가 되기 위해서 노력하고 싶다.	1 2 3 4 5 6 7 8 9 10
59	나는 친구가 어려운 일을 당하면 잘 도와주는 편이다.	1 2 3 4 5 6 7 8 9 10
60	나는 공부하는 것이 즐겁다.	1 2 3 4 5 6 7 8 9 10

※ 낮은 수준 1점 → 중간 수준 5점 → 높은 수준 10점

토론역량 검사 점수표

구분		생각의 힘		독서력		사고력		표현력		반응력		학습의욕		창의력
영역별	점수	1		2		3		4		5		6		창의력 점수를 적으시오.
		7		8		9		10		11		12		
		13		14		15		16		17		18		
		19		20		21		22		23		24		
		25		26		27		28		29		30		
		31		32		33		34		35		36		
		37		38		39		40		41		42		
		43		44		45		46		47		48		
		49		50		51		52		53		54		
		55		56		57		58		59		60		
	합계													
	수준													
전체	점수													
	수준													

※ 수준

① 영역별: 하(0~30), 중(31~70), 상(71~100)

② 전체: 하(0~200), 중(202~500), 상(501~700)

토론역량 영역별 해석

영역	해석
생각의 힘	**의미: 자신을 다른 사람에게 보여줄 수 있는 정신적인 능력** (과정) 자신의 생각을 겉으로 표현하는 말과 행동 (구성) 자존감, 비전, 감정, 인간관계, 리더십, 자기관리, 낙관성
독서능력	**의미: 책을 읽고 이해하며, 판단(평가)할 수 있는 능력** (과정) 글의 의미 파악과 필요한 지식과 정보의 획득 (구성) 책을 좋아하기, 읽기능력, 정보수집능력, 의미파악능력
사고력	**의미: 사물의 이치와 원리를 깨달을 수 있는 능력** (과정) 자신이 받아들인 정보를 해석하여 새로운 정보 만들기 (구성) 호기심, 질문 만들기, 상황파악능력, 감정인식
표현력	**의미: 말과 행동으로 자신을 다른 사람들에게 보여주는 능력** (과정) 자신에 대한 타인의 평가와 사회적 위치와 영향력 (구성) 대화능력, 상대방 이해능력, 토론능력, 연설능력
반응력	**의미: 상대방의 의사표현에 대한 자기표현능력** (과정) 상대방의 의도에 따른 자신의 적절한 말과 행동 (구성) 경청력, 칭찬하기, 비언어적인 표현의 이해와 반응
학습의욕	**의미: 공부를 하려고 하는 의지** (과정): 자신의 마음의 힘과 지적인 능력을 활용하는 과정 (구성): 목표지향, 학습계획과 실행, 학습집중, 학습흥미도
창의력	**의미: 새로운 정보(사물)를 만들어 낼 수 있는 능력** (과정) 자신이 알고 있는 정보를 활용하기 위해서 생각하는 과정 (구성) 상상력, 확장성, 시간과 공간 적정성, 활용성, 호응도

토론역량 향상

- 일곱 가지 영역에서 '중' 또는 '하'로 판정받은 영역을 살펴본다.
- 영역별 참고자료를 활용해서 토론능력을 향상시키는 노력을 한다.

■ 생각의 힘

- 나의 장점과 단점이 무엇인지를 생각해 본다.
- 나는 다른 사람들의 사랑을 받을 수 있다.
- 다른 사람들이 힘들어할 때 도와준다.
- 나의 감정이 어떠한지를 살펴본다.
- 다른 사람들의 감정을 생각해 본다.
- 나의 꿈이 무엇인지를 결정한다.
- 나는 다른 사람을 잘 이끌어 갈 수 있다.
- 나의 생각과 감정을 표현한다.
- '좋은 사람'이라는 소리를 들으려고 노력한다.
- 다른 사람들과 친하게 지내기 위해서 노력한다.

■ 독서역량

- 책을 읽으려는 노력을 한다.
- 책이 있는 장소에 자주 간다.
- 나이에 따라서 꼭 읽어야 하는 책을 읽는다.
- 읽은 내용에 대해서 질문을 만들어 본다.
- 책에 있는 내용과 관련이 있는 정보를 찾아본다.
- 책의 내용과 반대로 생각해 본다.
- 어려운 내용에 대해서 깊이 생각해 본다.
- 감동받은 내용을 설명해 준다.
- 책을 읽은 다음에 함께 토론한다.
- 책에서 얻은 교훈을 실천한다.

■ 사고력

- 주변에 있는 사물들을 관찰한다.
- 볼 수 없는 것을 마음속에 그림을 그려 본다.
- 복잡한 것을 단순하게 표현해 본다.
- 일정한 규칙이 있는지를 찾아본다.
- 두 가지 이상의 것에서 관계를 찾아본다.
- 하고 싶은 말을 몸으로 표현해 본다.
- 다른 사람의 감정이 무엇인지를 살펴본다.
- 눈에 보이지 않는 것을 물건으로 만들어 본다.
- 물건의 형태를 변화시켜 본다.
- 알고 싶은 정보를 많이 찾아본다.

■ 표현력

- 말을 시작하기 전에 무슨 말을 할지를 생각한다.
- 목소리의 속도와 크기를 적절하게 변화시킨다.
- 다른 사람들 앞에서 말하는 연습을 한다.
- 6하원칙(누가, 언제, 어디서, 무엇을, 어떻게, 왜)에 의해서 말을 한다.
- 몸으로 나의 생각을 표현한다.
- 공통의 관심사를 가지고 대화를 한다.
- 자기소개를 잘할 수 있도록 노력한다.
- 나의 말을 들어준 것에 대해서 감사한다.
- 감정적인 언어표현을 적절하게 활용한다.

- 부드러운 태도로 다른 사람을 설득한다.

■ 반응력

- 상대방과 대화하려는 의지가 있음을 보여준다.
- 상대방 말을 잘 듣고 있는 모습을 보여준다.
- 상대방의 의견에 관심이 있다는 것을 보여준다.
- 질문하고 싶은 내용을 분명하게 표현한다.
- 상대방이 싫어하는 말과 행동을 하지 않는다.
- 안정감이 있는 말과 행동을 한다.
- 상대방이 하는 말을 끝까지 듣는다.
- 중요한 말을 메모하는 습관을 갖는다.
- 상대방의 질문에 분명한 대답을 해준다.
- 대화와 관련이 없는 말을 하지 않는다.

■ 학습의욕

- 공부를 통해서 실현하고 싶은 꿈을 결정한다.
- 공부를 통해서 얻을 수 있는 좋은 경험을 생각한다.
- 낮은 시험점수에 대해서 실망하지 않는다.
- 공부를 열심히 하는 사람과 대화를 한다.
- 공부에 방해가 되는 것이 무엇인지를 알아본다.
- 공부를 할 수 있는 환경을 만든다.
- 공부시간과 휴식시간을 정해서 실천한다.
- 공부해야 하는 내용을 목록으로 작성한다.

- 전문가가 될 수 있는 한 가지 분야를 결정한다.
- 자신에게 필요한 정보가 무엇인지를 적어본다.

■ 창의력

- 주변 상황이 어떻게 변화하는지를 살펴본다.
- 평소와는 다르게 생활해 본다.
- 자신의 생각과 행동의 결과에 대해서 예측해 본다.
- 서로 다른 사물을 결합시켜 본다.
- 규칙과 법을 지키지 않는 결과를 생각해 본다.
- '왜'라고 하는 질문을 한다.
- 알고 있는 지식을 활용하는 방안을 찾아본다.
- 앞(위, 오른쪽)과 뒤(아래, 왼쪽)를 바꾸어 본다.
- 여러 가지를 물건(사건, 감정) 하나로 통합해 본다.
- 어떤 일을 이야기형태로 만들어 본다.

4 하브루타 러닝은 학습역량을 높인다

유대인들이 하브루타를 하는 목적은 〈토라〉와 〈탈무드〉를 이해하는 도구로서의 공부방법이다. 인쇄기술이 발달되기 전에 구전으로 전해 오던 토라와 탈무드를 이해하기 위해서는 대화와 토론이 유일한 공부방법이었다. 인쇄술이 발명되고 1522년 처음으로 탈무드 본문이 그 본문을 둘러싼 해설들과 함께 출판되면서 시간과 지역의 경계를 넘어 서로 언급하거나 논쟁을 벌일 수 있게 되었다. 하브루타가 토라와 탈무드 학습의 범주를 넘어 일반 학습영역에까지 확장되었으며 세 가지 궁극적인 목적을 가지고 확산되기 시작했다(엘리 홀저, 하브루타란 무엇인가?, 2019).

첫째, 두 사람이 짝을 이루어서 하브루타 러닝으로 수업시간에 배운 내용을 복습하고, 수업시간에 학습한 내용을 다시 읽고 설명하기도 하며, 교사와 다른 학자들의 해석에 대해 공부하는 복습의 목적이 있다. 둘째, 다음 시간에 공부할 탈무드 본문을 함께 읽어보고 짝과 각자가 이해한 내용에 대해 대화와 토론을 하는 예습의 목적이 있었으며, 마지막으로 스스로 공부하는 자기주도적 학습을 실천하는 학습방법으로 활용되었다.

우리나라의 학습 특성에 견주어 볼 때 하브루타 러닝은 복습과 예습 및 자기주도적 학습을 추구하는 동시에 다음과 같은 열 가지 목적을 설정하고 있다.

생각하는 힘을 향상시킨다

생각하지 않고 말을 할 수 없다. 겉으로 드러나는 우리의 행동은 우리의 내면에서 존재하는 생각의 표현이다. 어떠한 생각을 하고 있는지에 의해서 우리의 말과 행동이 결정된다. 자신의 말과 행동을 적절하게 표현하기 위해서는 생각의 힘을 키워야 한다. 생각은 말과 행동으로 표현된다. 생각의 힘에 의해 자신을 표현하는 방식도 다양해지기 마련이다

하브루타는 생각의 힘을 키우는 공부를 하는 것을 목표로 한다. 이를 통하여 자신의 자존감을 높이고, 감정을 조절할 수 있으며, 인성(人性)역량

을 함양할 수 있는 학습을 할 수 있다.

독서역량을 향상시킨다

우리는 독서를 통해서 필요한 지식과 정보를 획득하게 된다. 독서하는 능력의 차이는 개인의 역량을 결정하는 기본적인 요건으로 작용한다. 효과적인 독서는 책을 읽는 방법과 함께 책의 내용에서 의미를 찾아내는 데서 결정된다.

하브루타 러닝은 텍스트 예화를 통해서 책을 좋아하며, 읽기능력을 향상시킬 수 있으며, 내용을 이해할 수 있는 방안을 학습할 수 있다. 하브루타 독서토론역량이라는 전문과정을 통해 새로운 학습역량을 함양할 수 있다.

사고력을 향상시킨다

하브루타 러닝은 사고를 확장시킬 수 있는 원동력이 된다. 사고력(思考力)은 자신이 받아들인 정보를 해석하며 가공하는 능력이다. 하브루타 러닝을 하기 위해 사전에 많은 준비를 해야 한다. 하브루타 러닝의 효과성은 생각하는 능력을 함양하는 정도에서 결정된다.

하브루타 러닝은 호기심을 키울 수 있는 방안, 질문을 만들어 낼 수 있는 발산적(發散的) 사고, 스토리텔링(story telling)을 만들어 낼 수 있는 상황파악능력, 창의력을 향상시킬 수 있는 방안을 통합적으로 함양할 수 있다.

표현력을 향상시킨다

자신의 의견을 표현하는 것은 자신의 존재를 외부로 나타내는 과정으로서 자신에 대한 타인의 평가를 불러일으킨다. 효과적인 자기표현은 자신에 대한 사회적 위치와 영향력을 결정하는 데에 커다란 영향을 미친다. 많이 알고 있고, 깊은 생각을 하고 있다고 하더라도 효과적으로 표현하지 못하면 자신의 존재감을 유지할 수 없다. 동시에 타인에게 자신의 영향력을 행사할 수 없는 상황을 맞이하게 된다.

전성수 교수는 하브루타는 '말로 하는 공부'라고 했다. 자신의 의견을 주장하는 데는 말로 표현하는 것과 동시에 온몸을 사용해서 표현하게 된다. 전통적인 주입식 교육과는 다른 상황이 전개된다.

하브루타는 대화할 수 있는 능력, 자기 표현과 상대방 말을 이해하는 소통능력, 상대방과 토론하는 능력, 토론과정에서 협상하는 능력, 자신의 견해를 최종적으로 주장하는 발표능력 등을 향상시킨다.

반응역량을 향상시킨다

상대방의 의사표현에 대한 효과적인 반응은 상대방과의 소통(疏通)에 중요한 역할을 한다. 상대방의 표현에 대한 반응은 자신의 존재에 대한 표현이다. 상대방의 의사표현에 대한 적절하지 못한 반응은 원만하지 못한 소통이 원인이 된다.

하브루타 러닝은 토론을 하는 과정에서 상대방의 의견을 적극적으로 경청하는 능력, 상대방의 의견을 존중하며 칭찬할 수 있는 능력, 언어적인 표현과 함께 온몸으로 반응을 표현할 수 있는 능력을 향상시킨다.

설명역량을 향상시킨다

토론하는 과정 전반을 통하여 자신의 의견을 적극적으로 설명할 수 있어야 한다. 자신의 의견에 대한 적극적인 설명은 자신의 의견이 무엇인지에 대한 체계적인 이해를 통해서 가능하다. "내가 선생님이다"라는 인식은 자신의 의견을 적절하게 표현할 수 있는 원천이 된다.

하브루타 러닝은 텍스트 예화에 대한 내용 이해와 묵상을 통해 예화의 의미를 설명할 수 있는 능력, 예화에서 질문을 만들어 내는 능력, 상대방의 질문에 적절하게 답변할 수 있는 능력을 향상시킨다.

토론역량을 향상시킨다

토론문화가 익숙하지 못한 우리나라의 교육 현실에서 토론교육의 중요성은 학교교육뿐 아니라 일상적인 삶속에서도 강조되고 있다. 모든 교육주체(학생, 교사, 학부모)는 토론교육의 중요성에 대해서 이의를 제기하지 않는다. 2016년도부터 시작된 제6차 교육개혁 실천방안에도 토록교육이 강조되고 있다.

텍스트 예화를 통한 두 사람 사이의 토론은 하브루타 러닝의 가장 대표적 학습방법이며 효과적인 방법이다. 두 사람 사이의 토론의 질(質)에 의해서 학습효과가 결정된다. 토론을 하기 위해서는 토론을 할 수 있는 역량을 갖추어야 한다. 하브루타 러닝은 토론을 할 수 있는 가장 구체적인 요건인 질문 만들기, 자신의 의견을 주장할 수 있는 능력, 두 사람이 주장하는 의견에서 창의적인 해결방안을 마련해 내는 능력을 향상시킬 수 있다.

좋은 인간관계를 형성한다

상대방과 토론을 하는 과정에서는 다양한 장면이 연출될 수 있다. 자신의 의견을 상대방이 원만하게 수용함으로써 상대방에 대한 호감을 가질 수 있다. 자신의 의견을 상대방이 원만하게 수용하지 못하는 상황이 있을 수도 있다. 이때의 토론은 상대방이 자신의 의견을 수용할 때까지 주장할 수 있다.

자신의 의견을 끝까지 주장하는 과정에서는 적지 않은 심리적인 불편감을 느낄 수도 있다. 심리적 불편감은 상대방에 대한 부정적인 인식으로 변화될 수 있다. 상대방에 대한 부정적인 인식은 두 사람 사이의 인간관계에 영향을 미칠 수 있다. 부정적으로는 인간관계의 갈등으로 표현될 수 있다. 그러나 하브루타 러닝은 토론하는 과정 자체를 중요시하는 학습방법이기 때문에 부정적인 갈등을 인간관계의 심화로 승화(昇華)시킬 수 있다.

하브루타 러닝 진행과정에서 발생하는 심리적 불편감을 해소함으로써 상대방에 대한 깊은 이해를 할 수 있다. 상대방에 대한 깊은 이해는 상대방과의 인간적인 유대감을 강하게 한다. 이러한 인간관계는 평생 동안을 함께 할 수 있는 인간관계로 발전된다.

하브루타 러닝은 '토론을 위한 사전 예비교육'을 시행하여 토론에서 나타나는 심리적 불편감을 인간관계로 심화시킬 수 있는 능력을 교육한다. 동시에 "다른 사람과 소통하라"는 프로그램을 통해서 인간관계를 심화시킬 수 있는 교육을 한다.

공동체의식을 함양한다

유대인은 민족적 정체성을 유지하는 데 있어서 탁월한 역량을 보여주고 있다. 이는 유대인의 '선민의식(選民意識)'에서 시작된다. "야훼 하나님으로부터 선택받은 민족이기 때문에 하나님의 보호하심과 인도하심이 자손대대로 이어진다."

유대인은 강한 종교적 신념을 지니고 있다. 유일신사상(唯一神思想)에 대한 굳건한 믿음이 민족적인 공동체의식을 갖게 하였다. 선민의식에 대한 계승은 〈토라(tora)〉를 교육하는 데서 시작된다. 하브루타 러닝은 공동체의식을 향상시킬 수 있는 교육방법으로 활용된다. 유대인들과 종교적 신념이 다른 경우에는 유대인의 공동체의식의 내용에 해당되는 선민의식 교육이 아닌, 유대인의 공동체의식 향상을 위한 교육방법을 채택하였다.

한 개인이 사회생활을 하기 위해서는 공동체의식이 필요하다. 우리에게 필요한 공동체의식을 주제화(主題化)해서 하브루타 러닝으로 토론할 수 있다. 동시에 인성리더십의 "다른 사람을 배려하라", "사회적으로 헌신하라"는 프로그램을 통해서 공동체의식을 향상시킬 수 있는 교육을 한다.

리더십을 함양한다

인성과 리더십의 관계는 바늘과 실의 관계로 비유할 수 있다. 온전한 인성을 통해서 바람직한 리더십을 발휘할 수 있다. 리더십을 통해서 자신의 인성을 표현할 수 있다.

하브루타 러닝은 한 인간으로서 온전한 인성을 함양하여 다른 사람에게 좋은 영향을 미치는 리더십을 향상시킨다. 텍스트 예화를 토론을 통해서 학습하는 자체가 인성과 리더십의 두 마리 토끼를 지향하고 있기 때문이다. 인성리더십은 하브루타 러닝에서 도출된 인성을 리더십과 연계하여 실천할 수 있는 교육을 실시한다.

> **하브루타 러닝을 통하여 학습하고자 하는 인성역량의 핵심 가치는 '동기부여, 인내력, 감수성, 호기심, 창의력, 열린 사고, 낙관, 전문성, 겸손, 정직' 등 열 가지를 들고 있다.**
>
> – 헤츠키 아리엘리, 유대인의 성공 코드 Excellence –

5 하브루타 러닝의 본질

생각과 질문

지금까지 하브루타에 대한 개념과 다양한 정의를 살펴보았다. 우리나라에 하브루타가 소개된 이후 여러 사람들이 하브루타와 관련된 저술활동을 이어가고 있다. 대표적인 작가로 전성수, 이일우, 김정완, 김금선, 양동일 등을 들 수 있다. 유대인 중에서는 헤츠키 아리엘리를 들 수 있다.

헤츠키 아리엘리(정통 유대인)가 저술하고 김진자가 번역한 〈탈무드 하브루타 러닝〉과 〈유대인의 성공 코드 Excellence〉는 한국인이 유대인의 시각에서 하브루타를 이해하는 대표적인 저서로 읽히고 있다.

국내의 정규교육과정이나 사교육시장에서 하브루타를 강의하는 많은 강사들 사이에서 '하브루타'라는 이름이 붙은 저서들이 다양하게 출판되기도 했다. 정확한 통계는 없지만 대략 30여 종에 이를 것으로 추정된다. 이러한 저서들의 특징은 독자층을 구분하여 '유아교육, 독서토론, 초등교육,

인성교육, 탈무드 등'이 주를 이루고 있다.

대부분의 책에서 하브루타에 대한 개념을 다루고 있으며, 최근에는 '하브루타 본질'에 대한 논의가 대두되고 있다. 유대인인 헤츠키 아리엘리의 책에서는 하브루타 본질이라는 어휘를 사용하지 않지만, 하브루타를 우리나라 교육현장에 적용하고, 활용하기 위해서 하브루타 본질에 대한 논의가 이루어져야 한다고 생각한다. 헤츠키 아리엘리는 '하브루타 러닝'이라는 표현을 하고 있으며 엘리 홀저는 하브루타 본문(Text)학습이라는 단어를 사용하였다. 하브루타 러닝을 〈토라〉나 〈탈무드〉 학습에서 일반학습에까지 확산시키는 '학습방법'으로 표현하고 있다.

전성수 교수는 '하브루타'를 친구나 짝이라는 명사적 의미를 넘어 이들이 함께 '질문하고 대화하고 토론하고 논쟁하는' 학습활동의 행위적 의미를 표함하는 개념으로 설명하고 있다.

하브루타 러닝의 본질은 '쉐마교육'에서 찾을 수 있다. 신명기 6장 4절~9절 말씀으로 하나님이 유대인 부모들에게 명령한 자녀교육방법이 하브루타 러닝의 핵심이라고 할 수 있다.

제1장에서 살펴본 바와 같이 '하브루타'는 '친구, 짝'이라는 명사형 어휘다. 따라서 그 자체로서는 학습의 의미가 없다. 하브루타가 동사형 어휘와 연결될 때 비로소 행동의 변화를 수반하게 된다. 따라서 '하브루타'가 '러닝'이라는 동사형 어휘와 연결될 때 학습이라는 개념이 자연스럽게 수반되어 친구와 짝을 지어 '질문–대화–토론–논쟁'으로 이어지는 유대인의 전통적인 학습방법이라는 개념과 명확하게 어울리게 된다.

하브루타 러닝을 하기 위해서는 구조적으로 '짝 또는 친구'가 있어야 한다. 짝 또는 친구가 공통의 주제나 텍스트를 대상으로 학습활동을 하는 것이 하브루타 러닝이라고 정의했다. 따라서 하브루타 러닝의 핵심 가치로 '생각과 질문'을 들 수 있다.

생각하지 않고 말할 수 없으며, 생각하지 않고 글을 쓸 수도 없다. 뿐만 아니라 생각하지 않고 질문을 할 수도 없다. 필자는 하브루타 러닝의 프로세스를 '질문→대화→토론→논쟁→협상→정리→발표'를 통하여 진리에 다가가는 완전학습이라고 정의했다. 물론 프로세스의 모든 과정에 생각하는 것은 기본이다.

질문도 배워야 한다

유대인 부모들은 아이들이 학교에 다녀오면 "공부 잘했니?"라는 질문보다 "선생님께 질문했니?"라는 말로 아이들을 맞이한다. 질문은 그들의 학업생활 속 문화로 자리 잡고 있기 때문이다. 또한 학교에서 돌아온 아이들에게 '오늘 학교에서 잘한 일'과 '잘하지 못한 일'을 물어본다. 또 왜 그렇게 생각하는지 다시 물어본다. 이러한 과정을 통하여 아이들은 어떻게 대답해야 하는지를 깨닫게 된다. 특히 잘하지 못한 일에 대하여는 '무엇을 어떻게' 잘하지 못했는지를 성찰(省察)하는 질문을 한다. 실수를 통하여 깨달은 지식은 장기 기억 속에 남아 잘 잊혀지지 않기 때문이다.

부모와 함께하는 가정교육이 아이들의 창의성을 향상시키는 최고의 학습방법이다. 학교에서 질문 없는 조용한 교실은 "교사들이 잘 가르쳐서가 아니라 학생들의 생각과 학습에 대한 호기심을 자극하지 못하는 교수법 때문이다." 학생들은 교사들이 가르치는 내용을 완전히 다 이해할 수는 없다. 질문이 없는 교실의 책임은 전적으로 교사에게 있다. 학생들이 주저

없이 질문할 수 있는 학습 분위기를 만드는 것은 교사의 역할이다.

2015년 10월 이스라엘 정부 산하 울프재단의 '리타 벤 데이비드' 대표가 한국을 방문하여 "이스라엘에서 세계적인 과학자와 예술가가 많이 배출되는 것은 이스라엘의 질문중심 교육방법과 밀접한 연관이 있다"고 말했다.

좋은 질문을 하면 대화시간이 길어지고 대화내용이 알차며 효율적으로 진행된다. 많은 사람들이 유대인 교육의 핵심은 질문중심의 하브루타 러닝이라는 것은 잘 알고 있다. 그러나 학생들이 질문이 많고, 호기심이 많은 것은 가정교육과 학교교육의 결과라는 것은 잘 알지 못한다. 태어날 때부터 우수한 아이가 없듯이 처음부터 질문 잘하는 아이도 없다. 질문하는 것도 배워야 하고 학습해야 한다.

아이들이 질문하지 않는 것은 가정이나 학교에서의 학습방법이 잘못되었기 때문이다. 질문을 직접 해보지 않고, 선생님의 질문에 정답만을 찾기 위해 고민하는 수준에 머물기 때문이다. 사춘기 아이들이 부모님 말씀을 잘 듣지 않고 대화를 기피하는 것은 "7살 전에 아이의 간절한 요구가 세 번 이상 거절당한 경험이 있었다"는 아동심리학자의 말이 생각난다.

말로 하는 공부

말을 한다는 것은 결코 쉬운 일이 아니다. 어린아이가 '엄마'라는 말을 정확히 하기 위해서는 3천 번을 들어야 입 밖으로 표현할 수 있다고 한다. 이와 같이 말을 한다는 것은 어려운 것이다. 자기 의사를 상대에 전달하는 수단으로서의 말하기는 여러 사람에게 유익한 것이 될 수 있지만 말을 듣는 사람이 혹여 잘못 이해하거나 곡해(曲解)라도 한다면 재앙이 될 수 있기 때문이다.

> 어떤 왕이 광대 두 명에게 지시를 내렸다. 한 사람은 이 세상에서 "가장 악한 것을 찾아오라" 하고, 다른 사람에게는 이 세상에서 "가장 선한 것을 찾아오라"는 명령을 내렸다. 얼마의 시간이 지난 후 두 광대가 답을 찾아왔다. 그런데 두 광대의 대답은 같은 것이었다. 그것은 사람의 '혀'라고 답을 했다.
>
> – 탈무드 –

혀는 어떻게 사용하는가에 따라 약이 될 수도 있고 독이 될 수도 있다. 우리 속담에 "말 한마디로 천냥 빚도 갚는다"는 말도 있다. 한마디의 말이 사람을 살리기도 하고 죽이기도 한다. 〈토라〉에는 하나님은 말씀으로 세상을 창조하셨다고 했다. 〈탈무드〉에도 "새장으로부터 도망친 새는 붙잡을 수 있으나, 입에서 나간 말은 붙잡을 수 없다"라는 말도 있다. 말이 "입 안에 있을 때는 내가 말을 지배하지만, 말이 입 밖으로 나오면 말이 나를 지배한다"라는 말도 있다.

사람의 혀는 입안에 있고, 입은 말이 나오는 통로다. 구화지문(口禍之門)이라는 말이 있다. 말이 나오는 입이 모든 재앙을 불러들이는 문이라는 의미다. 말조심을 하라는 대표성어로 잘 알려진 고사성어다. 항상 몸가짐을 바로 해서 다섯 왕조의 재상을 지낸 풍도(馮道)의 설시(舌詩)에서 유래했다. 우리 속담에 혀와 관련된 이야기로 "사람의 혀는 뼈가 없어도 사람의 뼈를 부순다"는 말이 있다. 말랑한 혀에서 내뱉은 말이 다른 사람을 파멸로 이끌 수도 있다는 뜻이다.

말을 하지 않고 살 수는 없으므로 항상 조심은 하되 직설적이 아니고 속에 담는 경우도 있다. "말 속(言中)에 뜻이 있고 뼈가 있다(有骨)"는 의미로 겉에 드러나지 않는 숨은 뜻이 있다는 말이다. 하브루타 러닝에서 말하기의 중요성을 단정적으로 표현한 것이다.

두 사람이 짝을 지어 "질문하고 대화하고 토론하고 논쟁한다는" 것은 결국 자기가 생각하는 것을 말로 표현한다는 것이다. 인간의 뇌를 발달시키는 데 가장 중요하게 기여하는 것으로 '손과 발, 그리고 입(말)'이라고 한다.

그중에서 인간과 동물을 구분하는 것은 역시 손과 입(말)이다. 그 사람이 쓰는 언어는 그 사람의 인격을 나타낸다. 사람이 생각하고 있는 것은 말로 표현된다. 말로 표현되면 행동으로 옮기게 된다. 결국 사람은 자기 말의 열매를 스스로 거두게 되는 것이다. 긍정의 말을 하면 긍정의 열매를 따고, 부정의 말을 하면 부정의 열매를 수확하게 된다. 독이든 열매를 먹으면 죽게 되고, 생명의 말씀을 먹으면 영원히 산다. 이렇게 우리가 사용하는 말은 사람을 죽이기도 하고 살리기도 한다.

우리들이 일상적으로 사용하는 말 중에 "죽겠다"라는 말이 있다. 배고파 죽겠다. 배불러 죽겠다. 힘들어 죽겠다. 머리가 아파 죽겠다 등 일상적으로 많이 쓰는 말들이다. 정말 죽겠다는 말을 하는 순간 어깨가 축 늘어지고, 힘이 빠지는 순간을 느낀다. 죽겠다는 말을 듣는 순간 우리 몸의 모든 조직과 세포와 신경계는 죽을 준비를 한다고 한다. 반대로 "살 수 있다. 나는 살아야 한다. 살아낼 거야"라고 말하는 순간 우리 몸의 모든 조직과 세포와 신경계는 살 준비를 한다고 한다.

아동 심리학자들의 말에 의하면 부정적인 말에 장시간 노출된 아이들은 학습능력이 떨어지고 행동이 산만하고 성격이 차분하지 못하다고 한다. 어른들도 부정적인 말을 들으면 업무능률이 떨어지고, 실수가 잦아질 뿐 아니라 자기 의사결정능력이 현저히 떨어진다고 한다. 인간관계에서도 다툼이나 실망 등을 통해 경험하는 심리적 충격이 실제 물리적인 충격과 같은 강도로 몸에 영향을 미치게 된다.

플라시보효과와 말의 위력

긍정적 효과를 의미하는 플라시보효과(Placebo effect)는 치료에 전혀 도움이 되지 않는 가짜 약제를 심리적 효과를 얻기 위하여 환자가 의학이나 치료법으로 받아들임으로써 실제로 치료효과가 나타나는 현상을 말한다. 의사가 환자에게 가짜 약을 투여하면서 진짜 약이라고 하면 환자 스스로 좋아질 것이라고 생각하는 믿음 때문에 병이 낫는 현상을 말한다. 마음을 먹는 게 중요하다는 이야기는 수도 없이 들었다. “잘 될 거야”라고 마음먹고 말로 선포하면 진짜로 일이 잘 된다고 믿게 된다.

플라시보효과의 반대현상인 노시보효과(Nocebo effect)는 믿음이 사라지고 “잘 안 될 거야”라는 생각이 지배하고 입에서 말로 표현하면 그것이 온 육체와 신경계에까지 안 좋은 영향을 미친다는 생각에서 출발해 몸에 부정적 효과가 전달되는 것이다.

1950년대 포르투갈 리스본의 항구에 도착한 선박의 냉동창고에서 한 선원의 시체가 발견됐다. 그 배는 영국의 항구에서 와인을 하역한 후 되돌아온 선박이었다. 선원의 사망 원인은 냉동창고의 벽에 상세히 기록되어 있었다. 하역 작업 후 동료 선원의 실수로 냉동창고에 감금된 그는 엄청난 추위와 고통 속에서 몸이 점차 얼음덩이처럼 굳어져 가는 상황을 벽에 적어놨던 것이다. 그런데 사건 현장을 조사하던 선장은 이상한 사실을 하나

발견했다. 선원이 얼어죽은 냉동창고의 실내온도는 영상 19도였던 것이다. 영국에서 와인을 하역한 뒤 리스본으로 향할 때 냉동창고의 전원을 꺼놓았기 때문이다. 냉동창고는 공간이 넓어 공기도 충분했으며, 심지어 식량도 있었다. 선원을 죽게 한 원인은 바로 자신이 추운 냉동창고 안에 갇혔다는 부정적인 생각밖에 없었다.

이처럼 부정적인 생각이 부정적인 결과를 낳는 현상을 두고 심리학에서는 노시보효과라고 한다. 위약효과를 뜻하는 플라시보효과와는 정반대되는 개념으로 약효에 대한 불신 또는 부작용에 대한 염려로 인해 실제로 부정적인 결과가 나타나는 현상을 일컫는다. 노시보효과는 한 사람에게만 나타나는 게 아니라 다른 이들에게 급속한 속도로 전염되기도 한다.

1998년 미국 테네시주의 한 고등학교에서 일어났던 사건이 대표적인 사례다. 당시 한 교사가 휘발유 냄새 같은 것을 맡았다며 두통과 호흡곤란 등을 호소하자 학생과 동료 교사 100여 명이 비슷한 증상을 보여 학교에 긴급 폐쇄조치가 내려졌다.

1929년 노벨문학상을 받은 독일의 토마스 만(Thomas Mann)은 '언어는 문명 그 자체'라고 했다. 말은 문명을 받아들이기도 하지만 문명을 파괴하기도 한다. 말은 마음을 치유하기도 하지만 마음에 씻을 수 없는 상처를 주기도 한다.

사람은 혀를 활용하여 선한 말도 할 수 있고 악한 말도 할 수 있다. 위로의 말도 할 수 있고 고통을 주는 말도 할 수 있다. 축복의 말도 할 수 있고 저주의 말도 할 수 있다. 한마디의 말을 하는 데는 10초도 걸리지 않지만, 일평생 가슴에 못을 박고 고통을 주기도 한다. 말을 어떻게 하는가에 따라 그 사람의 인격이 결정된다.

사람의 '얼굴은 간판이고, 눈은 마음의 창이고, 말은 인격'이라는 말이 있다. 이와 같이 좋은 인격을 가진 사람은 좋은 말을 하게 된다. 반대로 '나쁘고, 흉악하고, 타락하고 방탕한' 인격을 가진 사람은 하는 말도 험악하다. 말은 엄청남 위력을 가지고 있다. 말이 글이 되어 전쟁에서 싸우지 않고 승리한 사례는 말의 위력을 여실히 나타낸다. 대표적인 사례로 최치원의 '격황소(檄黃巢)'를 들 수 있다.

당나라시대 반란을 일으켜 조정과 황제를 쫓아내고 낙양을 함락하고, 수도 장안까지 점령한 '황소'에게 마지막 격문을 쓴 최치원의 글을 읽고 황소의 군대가 전의를 상실하고 창과 칼을 버리고 항복했다는 것은 '말이 글이 되고 글이 말이 되어' 전쟁에서 승리를 이끈 대표적 사례라고 할 수 있다.

질문과 의문

질문(質問)과 의문(疑問)은 어떻게 다른가? 둘 다 똑같은 물음표(?)를 달고 있다. 하지만 질문은 느낌표(!)로 이어지는 답을 찾아 앞으로 나아가는 과정이지만, 의문은 계속해서 물음표(?)를 달고 의문만 낳는 제자리걸음일 뿐이다. 질문을 멈춘 사람은 내 인생이 어쩌다 이렇게 됐지?라는 의문만 머릿속에 맴돌며, 남는 것은 후회뿐이다.

질문이란 한자를 풀이해 보면 질(質=바탕)자와 문(問=묻다)자가 합쳐서 생긴 단어다.'질(質)=근(斤=도끼)+근(斤=도끼)+패(貝=조개), 문(問)=문(門=문)+구(口=입)'로 구성되어 있는 단어다.

따라서 질문은 '도끼 2개로 조개의 닫힌 문(=입)을 말로 여는 것'이라는 의미다. 질문의 질(質)자에 도끼가 2개인 것은 "두 사람이 도끼를 들고 있다"는 의미로 해석할 수 있다. 또한 질문의 문(問)자는 닫힌 대문을 열기 위해서 밖에서 큰소리로 말을 해야 하는 의미로 해석할 수 있다. 한편 입을 꽉 닫고 있는 조개를 '문제점, 미스터리, 해결해야 할 과제, 미지의 진리'라고 보면, 이러한 것들을 알기 위해서 하브루타가 필요하다는 의미로 해석할 수 있다. 즉, 질문이란 굳게 닫힌 조개의 입을 열듯이 "두 사람이 마음을 열고 서로 입으로 말을 하며 묻는 것"이라고 할 수 있다.

일상생활에서 질문(question)이 멈추면 어떻게 될까?

- Q1 초등학생과 유치원생 중 누가 더 질문을 많이 할까?
- Q3 중학생과 고교생 중 누가 질문을 더 많이 할까?
- Q3 질문이 멈추면 어떤 일이 일어날까?

질문을 멈추면 생각을 더 이상 진행시킬 수 없다. 질문을 멈추면 더 이상 대뇌의 신피질을 자극하지 않게 된다. 대뇌 신피질(neo cortex)은 학습, 감정, 의지 등의 고등 정신작용이나 지각, 언어, 사고, 판단, 이해 등을 담당한다(위키 백과사전). 질문을 멈추면 '생각하고 상상'하는 '창조의 힘인 동력'을 잃게 되며. 결국 발전도 멈추게 된다. 질문을 하는 순간 대뇌 신피질이 가동하기 시작하고 마침내 답을 찾아낸다.

왜 질문하지 않을까?

■ 우리 아이들은 질문을 안 하는 것인가? 못 하는 것인가?

EBS에서 방영된 〈왜 우리는 대학에 가는가?〉라는 프로그램에서는 우리 아이들이 질문을 하지 못하는 이유를 다음과 같이 설명하고 있다.

- 권위에 도전하기를 겁내기 때문이다. 질문을 하면 허점이 드러나서 불리한 위치에 놓일 것이라고 생각한다.
- 질문하는 것은 내가 부족하다는 것을 남들 앞에서 드러내야 하는 부담감 때문에 몰라도 아는 것처럼 행동한다.
- 다른 사람들이 뭐 저런 질문을 하느냐고 말은 하지 않지만 비아냥거리거나 눈치를 준다.
- 학생들에게 질문 그 자체는 답이다. 어떤 상황에서 어디까지 질문이 용인되고, 어떤 질문을 할 수 있을까? 어떻게 하면 질문을 잘할 수 있을까?를 알지 못한다.
- 다 같이 질문을 안 하는 분위기니까 질문을 하면 자신에게 시선이 집중되는 것을 부담스러워한다.
- 혹시 내가 질문을 해서 수업 분위기를 망치지는 않을까 하는 생각이 든다.

이와 같이 우리 아이들은 질문에 대하여 구체적으로 학습하지 못한 것으로 나타났다. 질문이 왜 중요한가? 어떻게 질문하는가? 질문은 어떤 효과를 가져오는가? 등에 대하여 학습하지 못했기 때문에 수업시간에 질문을 하지 못하는 것으로 분석되있다.

학생들에게 "질문이 없으면, 학습도 없다"는 말을 인식시켜 줄 필요가 있다. 자신이 궁금한 것을 직접 질문하여 해답을 찾는 것이 훨씬 기억에 오래 남고 진정한 지식으로 기억되기 때문이다.

질문의 유형

질문의 유형은 '보편적 질문과 수사학(修辭學)적 질문'으로 구별할 수 있다.

보편적 질문은 '정답을 기대하고 던지는 질문, 실력을 측정하기 위한 질문, 잘못과 무식을 꾸짖는 질문' 등이 이에 속하며, 주입식 교육에서 이루어지는 대부분의 질문이 이에 속한다.

수사학적 질문은 '정답을 요구하지 않는 질문, 스스로 생각하고 자신만의 해답을 찾도록 유도하는 질문, 질문 의도를 묵상하고, 유일한 답을 찾고자 노력할 때 답을 찾을 수 있는 질문'이 이에 속하며, 토론을 통하여 대화를 이어갈 때와 하브루타 러닝에서 다루는 대부분의 질문이 수사학적 질문에 속한다.

질문의 중요성

〈네 안에 잠든 거인을 깨워라〉는 책에서 앤서니 라빈스는 다음과 같은 말을 남겼다.

> 질문은 보다 나은 방향을 제시한다. 질문은 새로운 방향을 제시한다. 질문은 삶과 생활에 중요한 변화를 가져온다.
> 변화를 원하지 않는 사람은 운명이 있다고 믿고, 변화를 원하는 사람은 기회가 있다고 믿는다.
> 질문은 우리가 상상하는 것 이상으로 강력한 도미노효과를 유발한다. 우리가 부딪히

는 한계에 대해 제기하는 질문은 삶의 장벽들(비즈니스, 대인관계)을 무너뜨린다. 나는 모든 인간의 진보가 새로운 질문에서 비롯된다고 믿는다.

-앤서니 라빈스, 네 안의 잠든 거인을 깨워라, 2017 -

연암 박지원(1737~1805)은 "지나가는 어린이에게라도 배울 것이 있다면 서슴지 말고 물어라"라고 했으며, 공자는 "물어라! 물어라! 질문하기를 좋아하라!"라고 했다. 이는 학습을 위해 질문의 중요성을 강조하는 말이다.

좋은 질문이란?

좋은 질문이란 끊임없이 가슴을 열고 다른 사람에게 자문(諮問)을 구하며, '앎'을 위해 나의 존재를 규정하는 모든 격식을 타파하고, 겸손하게 가슴을 열고, 타인의 '앎'을 질문을 통하여 나의 것으로 만드는 덕성(德性=능력과 성품)을 갖추고 던지는 질문이다.

좋은 질문이 갖춰야 할 조건으로 다음과 같은 것을 제시할 수 있다.

- 상대가 한 말, 상대의 이야기로부터 나올 수 있는 질문
- 다른 시각에서 바라볼 수 있도록 하는 질문
- 생각할 수 있도록 하는 질문
- 내면적 변명과 저항을 일으키지 않도록 하는 질문
- '헉' 하는 질문보다는 한 걸음씩 앞으로 나아가게 하는 질문
- 열린 질문(주관식 질문): 닫힌 질문과 A 또는 B형태의 질문은 피한다.
- 비평가적 질문(중립적 질문)을 할 수 있는 질문
- 한 번에 하나씩만 묻는 질문

- 간단명료한 질문: 질문이 길어지면 묻고자 하는 핵심이 흐려진다.
- 유도질문은 하지 않는다.

위대한 질문의 힘

■ 첫 번째 힘은 호기심이다.

질문은 자신이 당연하게 생각하고 있는 모든 사실, 모든 현상, 모든 진리와 법칙에 대해 호기심을 갖게 한다.

■ 두 번째 힘은 비상식이다.

> 콜럼버스의 위대한 업적은 목적지에 도달한 것이 아니라 목적지를 향해 닻을 올렸다는 것이다. 나는 콜럼버스의 가장 위대한 업적은 비상식적인 질문을 하였다는 점이라고 말하고 싶다.
>
> – 빅토르 위고(프랑스의 대문호) –

■ 세 번째 힘은 도전하는 것이다.

실패란 어떻게 성공을 할 수 있는지 더 묻지 않고 도전할 때 찾아온다. 에디슨이 전구를 발명하기까지 147번 실패를 했으며, 라이트 형제가 비행에 성공하기까지 무려 805번 실패를 했다. 이를 147/805 실패의 법칙이라 한다.

질문의 일곱 가지 특성

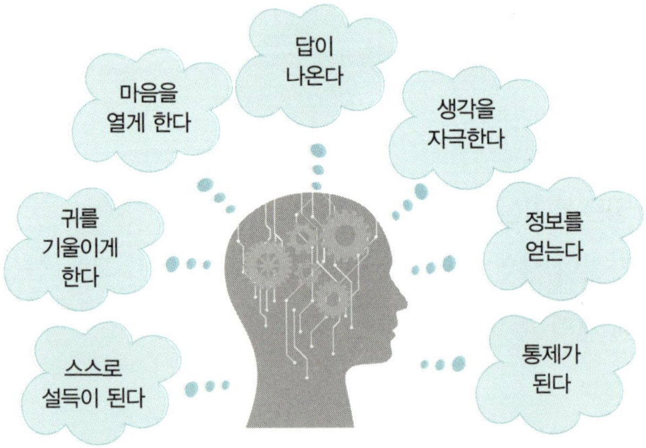

질문을 하면 답이 나온다(Questions Demand Answers)

법정에서 증인은 질문을 받고 "그냥 넘어갑시다"라는 대답을 할 수 없다. 태초에 하나님은 산 위에서 모세를 만나 11계명을 전달할 예정이었다. 그런데 시간이 늦어서 서두르다가 그만 서판(書板) 하나를 떨어뜨려 산산조각이 났다. 하나님은 모세에게 나머지 계명을 주었다(물론 모세는 10계명으로 만족했다). 그런데 하나님은 어떤 계명이 빠졌는지 궁금했다. 그래서 조심조심 부서진 서판의 조각들을 주워 맞춰 보았다.

열한 번째 계명은 무엇이었을까? 그것은 "질문하라. 그리고 그것에 답하라"였다.

질문을 하면 생각을 자극한다(Questions stimulate thinking)

■ 모든 발명이나 발견은 질문(質問)이 사고(思考)를 자극한 결과이다.

> "생각이 사람을 만든다"라는 속담이 있다. 하지만 나는 "질문이 사람을 만든다"라고 생각한다. 질문은 생각을 결정하고, 생각은 마음가짐을 결정하고, 마음가짐은 행동을 결정한다. 끈질기게 생각해서 해결되지 않는 문제는 없다. – 볼테르 –

폴라로이드 카메라의 발명 (에드윈 랜드, 1943)	포스트 잇 메모지 발명 (아스 프라이, 1974년)	제록스 복사기의 발명 (체스터 칼슨, 1938년 즉석 복사기)
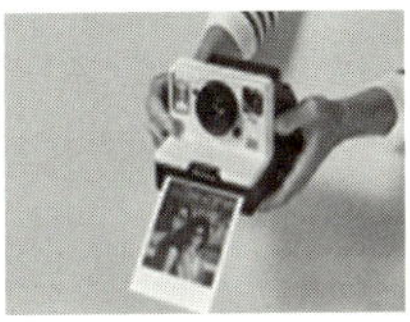		
사진은 바로 볼 수 없냐고 묻는 딸의 순진한 질문을 듣고 사진을 찍은 후 수초 만에 볼 수 있는 '랜드 카메라'를 발명했다.	찬송가에 표시를 해두는 종이조각이 책장을 넘길 때마다 떨어지는 것을 보고 자신에게 질문한 결과로 포스트잇이 탄생했다.	쉽고 빠르게, 또한 특수용지가 아닌 보통용지로 복사할 수 없을까에 대한 칼슨의 질문에서 즉석 복사기가 발명되었다.

질문을 하면 정보를 얻는다(Questions give us valuable information)

■ 책 두 권 읽는 사람이 책 한 권 읽는 사람을 지배한다.

정보를 얻기 위해서는 두 가지 방법밖에 없다. '보고 읽는 것과 질문하고 듣는 것'이다.

수업시간에 질문을 할 수 없다면 어떻게 될까?

A4 용지 1장을 나눠주고 두 눈을 감고, 내가 말하는 대로 따라 하세요.
절대로 눈을 뜨지 말고, 말도 하지 말고, 지시에만 따라야 합니다.
- 종이를 반으로 접으세요.
- 모서리를 조금 찢어 내세요.
- 종이를 펼쳐 보고 친구와 비교해 보세요.

이 게임을 해보면 필요로 하는 정보를 얻는 일에서 질문이 얼마나 큰 차이를 만들 수 있는가를 직접 확인할 수 있다. 역사 이래로 정보는 돈과 권력과 관련이 있다. 보다 나은 정보를 가진 자가 보다 많은 돈을 갖거나 보다 높은 위치에서 권력을 움켜잡았다. 정보(information)는 '주체와 외부 객체 사이의 사정이나 상황'이다.

이 정보가 특정한 목적이나 문제해결을 위한 자료(data)로서 얼마나 효과적으로 편집 가공되느냐가 관건이다. 이것이 발전하면 지식(知識)이 되고 지혜(智慧)가 된다.

고대는 물론이고 현대로 오면서 더욱 고도의 정보를 장악한 사람들이 최고의 지식인이 되고, 최후의 승자가 되며, 결국 세계의 지배자가 되는 것이다.

질문을 하면 통제가 된다(Questions put you in control)

정복하기는 쉽다. 통제하기란 어렵다.

– 커크 선장, 〈스타트랙〉 –

■ 감정 통제하기

통제는 기본적으로 자신의 감정상태를 조절하고 곤란한 상황에 대처하는 방법과 관계가 있다. 질문은 감정이 우세한 우뇌에서 벗어나 이성적인 사고가 우세한 좌뇌를 사용하도록 도와준다. 대화나 토론 중에 자기 감정을 조절 못 하는 경우를 자주 접하게 된다. 그때 필요한 기능이 감정통제 기능이다.

일례로, 고객이 계속 마음을 바꾼다고 해서 감정을 드러내며 화를 내면 일을 그르칠 수 있다. 이때는 "지금 저는 마감일에 맞추어야 합니다. 당신이 원하는 것을 분명히 결정한 후에 내일 다시 이야기할까요?" 또는 "제 시간에 일을 끝낼 수 있도록 최종적인 결론을 내릴까요?"라고 질문을 해 본다.

■ 상황 통제하기

사람들은 누군가로부터 통제를 당한다고 생각하면 기분이 나쁘고, 무기력해지기도 한다.

이러한 상황에서도 질문을 하면 상대방과 동등한 입장에 서게 된다. 이는 질문을 하면 상대방이 대답을 하게 되고, 적절한 질문을 하면 그 질문이 이끄는 대로 따라오게 된다. 한편 질문은 정보를 제공하며, 정보는 힘의 원천이기 때문이다. 이러한 힘 때문에 질문은 어떤 상황에서도 자기가 필요로 하는 통제력을 제공한다. 질문을 하게 되면 자기가 원하는 방향으로 대화를 이끌어 갈 수 있다. 대표적인 사례가 면접시험이다. 면접시험은 구인자가 구직자에게 필요한 질문을 하고, 구직자는 이에 맞는 대답을 해야 한다. 이런 질문과정을 통해 구인자는 구직자의 특성을 파악하게 되고,

자기 기업에 필요한 인재인가를 판단하게 된다.

질문은 통제를 위한 이상적인 방법이지만 아무 질문이나 다 효과가 있는 것은 아니다. 오히려 상대방을 방어적으로 만들거나 깎아내릴 수 있다. 이런 질문은 상대에게 상처를 줄 뿐 아니라 통제효과도 없다.

■ 효과적인 질문사례

문제해결을 유도하는 질문	정보를 구하는 질문
• 사고(思考)를 자극하는 질문 • 변명과 해명을 피하고 행동지향적 사고 – 어떻게 하면 이 일을 더 잘할 수 있을까? – 우리가 잘하지 못하는 것은 무엇인가? – 우리가 잘하고 있는 것은 무엇인가? – 만일 이렇게 하면 어떻게 될 것인가? – 누가 다른 아이디어를 갖고 있는가?	• 분명한 의도를 갖고 묻는 구체적인 질문 • 사실지향적인 사고를 유도한다. – 이 상품의 장점은 무엇인가? – 나는 왜 이 상품을 사면 안 되는가? – 이것은 나에게 어떤 도움이 될까? – 이것은 저것과 어떻게 다른가? – 누구와 관련이 있는가?

질문은 마음을 열게 한다(Questions get people to open up)

우리는 다른 사람의 마음을 열기 위해 질문을 한다. 어떤 때는 누구에 대해 무엇인가를 알아내기 위해서 또는 그의 태도나 성격이나 기질을 이해하기 위해 질문을 한다. 대표적인 질문이 신입사원 채용면접시험에서 지원자의 숨겨진 특성을 알기 위해 다양한 질문을 하는 것이다.

■ 사람들은 자기 이야기를 좋아한다.

사람들의 마음을 열게 하는 질문이 효과가 있는 한 가지 이유는 대부분의 사람들이 자기 자신과 자신이 좋아하는 것에 대해 이야기하고 싶어 하기 때문이다.

- 사람들은 자기 자신에 대해 가장 잘 알고 있다.
- 사람들은 마음의 짐을 덜고 싶어 한다.
- 사람들은 자신만이 알고 있는 특별한 메시지를 전달하고 싶어 한다.
- 사람들은 특별히 편안하고 익숙한 분위기가 아닌 한 침묵을 불편하게 느낀다.

▪사람들은 왜 마음을 열지 않을까?

사람들의 마음을 열게 하려는 이유는 첫째 그 사람을 통해 새로운 정보를 얻기 위해서 그 정보는 내가 알지 못하는 기술적인 문제이거나 감정적인 문제일 수 있기 때문이다. 두 번째 이유는 문제를 해결하기 위해서다. 만일 상대가 말을 하지 않고 마음을 닫는다면 근본적인 문제점을 알 수 없기 때문이다.

▪사람들이 마음 열기를 망설이는 다섯 가지 이유

첫째, 문제를 분명히 알지 못하기 때문이다.

둘째, 과거에 상처를 받은 경험이 있다.

셋째, 진실을 말하면 대가를 치르게 된다고 느끼기 때문이다.

넷째, 다른 사람들로부터 비판을 받는 것을 두려워하기 때문이다.

다섯째, 다른 사람들로부터 인정을 받지 못하기 때문이다.

질문은 귀를 기울이게 한다(Questions lead to quality listening)

> 오늘날 사람들에게 가장 필요한 것은 새로운 백신이나 새로운 종교나 새로운 생활방식이 아니다. 달이나 태양계에 가야 하는 것도 아니다. 더 크고 더 좋은 폭탄과 미사일은 필요하지 않다. 진정으로 필요한 것은 '환자'가 아닌 한 인간에게 귀를 기울여주는 사람이다.
>
> – 테일러 콜드웰, 귀를 기울이는 사람 –

경청의 네 가지 도구는 첫째, 귀로 듣는다. 둘째, 눈으로 듣는다. 셋째, 두뇌로 듣는다. 넷째, 가슴으로 듣는다 등이다.

다른 사람보다 더 잘 듣는 사람들은 왜 그런가? 그리고 다른 때보다 잘 듣게 되는 때가 있는 것은 왜일까?

첫째, 자기중심적이기 때문이다. 둘째, 화제나 주제가 자기 자신과 관계가 깊기 때문이다. 셋째, 자신에게 흥미롭고 의미가 있을수록 좀 더 귀를 기울이게 된다. 귀를 기울이기 위해 분명한 목적이나 동기를 필요로 하는 경우의 사례를 다음과 같이 들 수 있다.

- 정보를 얻기 위해서
- 정보를 확인하고 증명하기 위해서
- 결정을 내리거나 입장을 세우기 위해서
- 문제를 해결하도록 도와주기 위해서
- 조언이나 반응을 얻기 위해서
- 상대방이 자신을 이해하는지 알기 위해서
- 상대방의 태도나 감정상태를 알아내기 위해서
- 친구나 조언자의 도움을 청하기 위해서

내가 얼마나 잘 듣고 있는가? 내가 얼마나 귀담아듣기를 잘하고 있는지 진단해 보자. 다음 질문에 그렇다(○), 아니다(×)를 사용하여 질문지를 체크해 보자. 너무 오래 생각하지 말고 즉각적으로 떠오르는 답을 솔직하게 기술해 보자. 진단결과를 짝과 비교하여 하브루타를 통하여 보통 이하의 지표를 향상시킬 수 있는 방안을 토론한다.

■ 진단결과 해석: 정답의 개수에 따른 경청지수

18~20개	14~17개	11~13개	10개 이하
경청 습관이 탁월함	경청 습관이 양호함	경청 습관이 보통 정도임	경청하는 기술을 공부할 필요가 있음

■ 경청역량 진단지

번호	질문내용	그렇다	아니다
1	나는 대화에 참여할 때마다 구체적인 듣기전략을 세운다.		
2	사람들은 종종 내가 딴 생각을 하면서 귀를 기울이지 않는다고 말한다.		
3	나는 조급하게 앞질러서 상대방이 할 말을 대신한다.		
4	나는 들으면서 상대방의 눈을 똑바로 쳐다본다.		
5	나는 듣고 있지 않아도 듣는 척할 수 있다.		
6	사람들은 종종 내가 관심을 갖고 교감을 하면서 듣는다고 칭찬을 한다.		
7	상대방의 이야기에 충분히 주위를 기울일 수 없을 때는 양해를 구한다.		
8	종종 사람들로부터 "너는 지금 듣고 있지 않아!"라는 말을 듣는다.		

9	여러 사람이 모여 있는 자리보다 일대일로 만나면 좀 더 귀를 기울인다.		
10	대화를 하면서 적절할 때 확인 질문을 한다.		
11	누군가 이야기를 하면 주의를 집중하려고 노력한다.		
12	나는 대화에 자유자재로 끼어들었다가 나갔다가 하면서 한 가지도 놓치지 않는다.		
13	처음 사람을 만나면 항상 그들의 이름을 기억한다.		
14	어떤 문제에 대해 테스트를 받을 거라고 생각하면 좀 더 열심히 귀를 기울인다.		
15	신체 언어로 관심을 보여주기 위해 노력한다.		
16	어떤 사람이 한 말에 동의할 수 없거나 첨가하고 싶은 말이 있으면 그 생각에 매달려서 다른 말은 귀에 들어오지 않는다.		
17	나는 무엇이든 기억을 하므로 절대 메모를 하지 않는다.		
18	나는 귀를 기울이지 않아서 몇 번 큰 실수를 저지르고 오해가 생긴 적이 있다.		
19	다음 사람의 생각을 들어보고 내 의견과 전략을 바꿀 준비가 되어 있다.		
20	나의 듣기기술은 지난 5년 동안 더 나아진 것이 없다.		

■ 정답

1	2	3	4	5	6	7	8	9	10
O	X	X	O	X	O	O	X	X	O
11	**12**	**13**	**14**	**15**	**16**	**17**	**18**	**19**	**20**
O	X	O	X	O	X	X	X	O	O

질문에 답하면 스스로 설득이 된다(Questions get people to persuade themselves)

> 모든 인생 경험은 크거나 작거나 어떤 교훈을 가르쳐 준다.
> 질문은 교훈을 가르쳐 주기보다는 자기 스스로 깨닫게 한다.
> – 뉴욕타임즈, 1999. 9. 29. –

사람은 하루에 400번 설득당한다. 말뿐만 아니라 몸짓, 눈짓으로 무의식중에 이뤄지는 것을 포함한 결과다. 상황이 이렇다 보니 사람들은 최대한 설득당하지 않으려고 무장한다. 사람들은 상대방 말보다 자신의 말을 믿는다. 자신이 옳고 자기 자신에 대해서는 자신이 제일 잘 안다고 생각한다. 그래서 누군가가 이래라 저래라 하면 본능적으로 저항을 한다. 상대방이 논리적(좌뇌기능)으로 설득하면 감정적(우뇌기능)으로 저항하고, 상대방이 감정적(우뇌기능)으로 설득하면 논리적(좌뇌기능)으로 저항한다. 따라서 남을 설득하기란 쉬운 일이 아니다.

> 질문은 평범함 의사와 훌륭한 의사를 구분한다.
> 평범한 의사는 질문만 하고 대답을 듣지 않는다.
> 훌륭한 의사는 질문을 하고 대답에 귀를 기울인다.
> 비범한 의사는 환자 스스로 질문하고 답을 찾아가도록 새로운 질문에 답하도록 한다.
> – 존 스트라우스, 의학박사 –

CHAPTER 02

유대인의 교육

1. 유대인의 교육목표
2. 유대인의 4성(性)교육
3. 하브루타 러닝의 프로세스
4. 하브루타 러닝의 원칙
5. 하브루타 러닝스킬
6. 본문(text) 하브루타 러닝

CHAPTER 02

유대인의 하브루타 러닝
Havruta Learning

유대인의 교육

1 유대인의 교육목표

하나님은 온 인류에게 '사랑하는 능력과 질문하는 능력'의 두 가지 선물을 주셨으며, 유대인에게는 세 가지 은혜를 더하여 주셨다고 한다.

첫째, '결핍(부족함)이다.

둘째, 기록(책)이다.

셋째, 배움(학습)이다.

결핍은 '창의력'의 원동력이 되었고, 기록은 〈토라〉와 〈탈무드〉를 기록으로 남기는 기초가 되었으며, 배움(학습)은 토라와 탈무드를 학습하고, 영성과 인성을 함양하는 계기가 된 것이다.

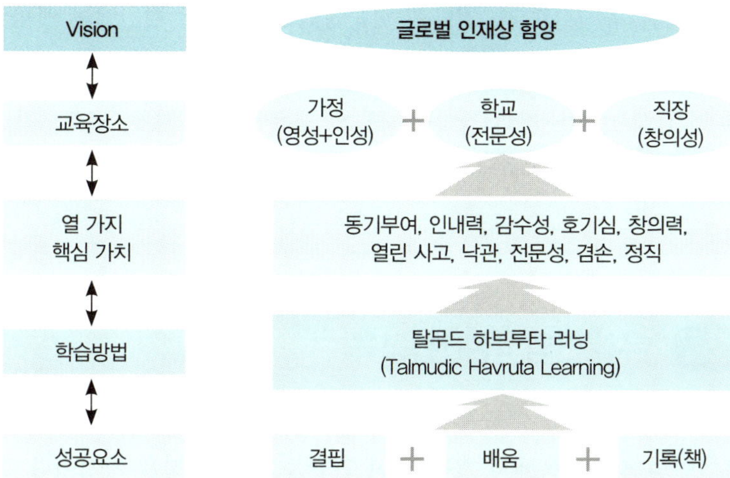

배움(학습)의 시작은 가정을 중심으로 이루어진다. 부모의 책임으로 하브루타방법에 따라 체계적으로 진행된다. 가정교육은 격대교육(隔代教育)이 핵심이다.

할아버지→아버지→손주로 이어지는 격대교육은 이스라엘의 역사적 동질성, 공동체의식 함양, 국가의 정체성을 유지하고 전통으로 이어지는 중요한 역사교육이기도 했다. 학습의 핵심 가치는 '동기부여, 인내력, 감수성, 호기심, 창의력, 열린 사고, 낙관, 전문성, 겸손, 정직'의 열 가지를 들고 있다. 가정교육에서 중요시하는 첫 번째 덕목은 '정직'이다. 아무리 우수하고 뛰어나도 정직하지 못하면 모든 성과가 제로(0)가 된다고 가르친다.

두 번째로 '전문성'을 강조한다. 이스라엘은 역사적으로 수많은 침략을 받았다. 특히 애굽(이집트)으로부터는 430년간 노예생활을 하며 생명을 유지해 왔다.

이때 삶을 유지시켜 준 역량은 전문성이었다. 유대 격언에는 자녀들에게 "한 가지 이상의 전문기술(기능)을 가르치지 않으면 자녀들이 도둑질하는 것을 묵인하는 것과 같다"고 했다. 교육장소는 '가정, 학교, 직장'이 상호 협력하여 글로벌 인재양성을 위한 노력을 함께하고 있다.

2 유대인의 4성(性)교육

유대인의 자녀교육에서 가장 중심 역할을 하는 조직은 가정이다. 가정교육을 기반으로 '가족, 사회(일터), 국가, 인류에 선한 영향력을 행사하는 인재상(영성, 인성, 전문성, 창의성)을 함양'한다.

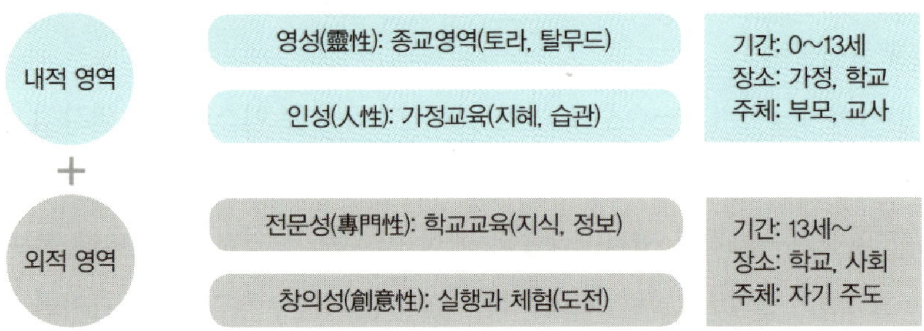

유대인의 자녀교육내용은 '내적 영역과 외적 영역'으로 구분되며, '영성, 인성, 전문성, 창의성'의 4성 교육이 핵심이다.

'내적 영역'은 가정교육을 통하여 이루어지며 신앙생활과 밀접하게 연결되는 '영성과 인성'교육이 핵심을 이룬다. 신앙생활은 배움을 가장 소중한 가치로 여긴다. 배움은 부모와 함께하는 독서와 대화로 시작된다. 특히 안식일에는 온 가족이 함께 모여 독서와 대화하는 것이 생활화되어 있다. 이러한 전통은 3,500년 전부터 이어져 오는 유대민족의 관습이기도 하다.

유대인들은 그들의 삶 전체가 종교와 연결되어 있다. 태어나서 7일이 지난 후에 할례를 받고 7개월이 지나면 안식일 행사를 처음 배우게 된다. 이후 매주 금요일에 진행되는 안식일 행사에 어머니와 함께 참석한다. 아침식사는 가족과 함께하며 주로 〈탈무드〉에 관한 이야기를 듣는다. 아침 식사가 끝나면 기도하고 각자 일터로 나간다. 오후에는 해지기 전까지 5분 정도 기도를 하고 저녁 때는 또다시 탈무드를 공부한다. 탈무드 학습은 시간이 정해져 있는 것은 아니지만, 하루 일과 가운데 꼭 한 번은 해야 하는 과제다.

영성교육의 핵심은 〈토라(모세5경)〉와 〈탈무드〉를 학습하는 것이다. 탈무드는 유대민족의 뿌리문화를 전승시키며 관습과 전통을 학습하는 가장 중요한 교재이기도 하다.

유대인 자녀교육의 핵심은 어머니와의 대화로부터 시작된다. 랍비 허쉬는 "어머니란 자녀에게 육체적 생명만이 아니라 영적인 신앙도 주어야 하는 사명이 있다"고 말한다. 〈신명기〉 6장 7절에 네 자녀를 부지런히 가르치라는 말씀도 있다.

이러한 성경적 가르침에 근거하여 유대인 어머니들은 최초의 교육자이며, 자녀들을 가르치는 의무가 어머니에게 주어졌다는 자부심을 가지고 있다. 유대인 속담에 "하나님은 엄마의 손을 빌어 사랑을 베푸신다"라는 말이 있다. 또 유대인 격언에 "신은 언제 어디서나 존재할 수가 없어 어머니를 만들었다"라는 말도 있다. 어머니의 애정은 아이들에게 신처럼 절대적인 가치를 갖고 있는 것이다. 어머니의 손은 아이들을 돌보고 일하는 손이며, 어머니의 입은 지혜를 말하는 입이며, 어머니의 마음은 영원한 사랑을 담고 있다. 이러한 자녀 사랑을 기반으로 한 유대인교육의 핵심은 대화로부터 시작하는 하브루타 러닝이다. 아이를 가르쳐야 할 대상이 아닌 동등한 인격체로 대하여 어른과 똑같이 대화하고 토론하여 결론과 진리에 다가가도록 노력하는 것이다. 하브루타 러닝으로 아이에게 논리적 사고를 할 수 있는 바탕을 길러 주며, 나아가 자신의 의견을 당당하게 말할 수 있는 자신감을 고취시켜 준다.

하브루타 러닝은 자녀에 대한 강한 믿음으로부터 시작된다. 따라서 부모에게 상당한 인내와 끈기를 요구한다. 유대인은 기본적으로 자녀를 믿는다. 자녀들의 마음에도 하나님이 역사하고 있다는 것을 믿기 때문이다.

아이가 태어나서 5살까지는 어머니가 중심이 되어 아이와의 감정을 교류하는 감성교육을 담당한다. 6살부터 성인식을 치르는 13살까지는 아버지가 가정에서 자녀들에게 이성적인 논리교육을 담당한다. 어머니가 EQ교육을 담당한다면, 아버지는 IQ교육을 담당하는 것이다.

내적 영역은 아이를 잉태하는 순간부터 어머니와 태담(胎談)을 통하여 학습이 시작된다. 학습의 대상은 〈토라〉와 〈탈무드〉와 관련된 내용이다. 아이들은 교육내용이 유대교의 교리인 줄도 모른다. 내용을 이해하려고 하지도 않는다. 어머니로부터 받아먹는 모유와 같은 일용할 양식으로 인식하고 무조건 따라 들으면서 학습하게 된다. 5살 때까지는 듣기교육이 가장 중요한 학습방법이다.

질문을 통하여 자기 주장을 말할 수 있을 때까지 대화는 이어진다. 모르는 것은 그냥 넘어가지 않는다. 자신의 생각과 다를 때는 확실히 이해될 때까지 질문을 통하여 의미와 개념(概念)을 이해하고자 노력한다. 이러한 과정을 거치며 진리에 다가가는 완전학습이 시작된다. 이와 같이 먼저 들음으로써 몸과 마음에 반복된 행동의 습관으로 체화(體化)되는 것이 유대인 자녀교육의 핵심이다.

외적 영역은 학교를 중심으로 이루어진다. 학교교육에서는 내적 영역에서 형성된 영성과 인성을 기반으로 지식과 정보를 주로 다루는 '전문성'과 실행과 체험을 기반으로 하는 '창의성'교육을 담당하게 된다. 대학교육을 이수한 청년층 중 70% 이상이 창업에 참여한다는 통계는 시사하는 바가 크다.

유년에 배워야 할 20가지 덕목

바바라 유넬은 유년기에 배워야 할 20가지 덕목을 아래와 같이 제시하고 있다.

> 자립정신(自立精神), 정직(正直), 충실(忠實), 지혜(智慧), 공감(共感), 인내(忍耐), '이해(理解)', 용기(勇氣), 책임감(責任感), 봉사(奉事), 관용(寬容), 배려(配慮), 협동(協同), 협상력(協商力), 표현(表現), 존경(尊敬), 신뢰(信賴), 예의범절(禮儀凡節), 동기부여(動機附輿), 자제력(自制力)
>
> – 바바라 유넬, 내 아이에게 꼭 가르쳐야 할 20가지 덕목 –

하브루타 러닝을 통하여 이들 미덕의 정확한 개념을 이해하게 한다. 그냥 "이해할 수 있겠지"라는 정도의 수준에 머물면 완전학습(完全學習)에 다가갈 수 없다.

하브루타 러닝을 통하여 유년에 배워야 할 20가지 덕목 중에서 가장 강조하는 덕목은 "이해(理解)한다"는 의미다. 일생생활이나 학업단계에서 가장 많이 사용되는 단어이지만 정확한 개념을 알고 사용하는 것은 아닌 것 같다.

하브루타 러닝은 진리를 탐구하는 완전학습방법이라고 앞에서 정의했다. 완전학습방법은 학습자들의 95%가 학습내용을 90% 이상 이해하는 수준이라고 했다. 완전학습의 수준에 이르기 위해서는 사용하는 용어의 개념을 이해하는 것이 중요하다. 이해의 여섯 가지 특성을 위긴스(Grant Wiggins)와 맥타이(Jay McTighe)는 다음과 같이 정의하고 있다.

이해한다는 것은 첫째, 단어나 글의 의미, 사용방법 등을 정확히 설명할 수 있어야 한다. 둘째, 정보나 자료, 텍스트의 의미, 추론, 행간의 의미를 해석할 수 있어야 한다. 셋째, 다른 상황에 적용하고 비교하여 응용할 수 있어야 한다. 넷째, 객관적 관점과 다양한 관점을 고려하여 비판적 사고를 견지하는 판단력을 갖춰야 한다. 다섯째, 역지사지(易地思之)의 관점에서 상대와 공감할 수 있어야 한다. 마지막으로 학습으로 습득된 인지능력을 스스로 향상시킬 수 있어야 한다.

구분	행동사항
1. 설명하기(explain)	왜(know why), 어떻게(know how)
2. 해석하기(interpret)	정보, 자료, 텍스트의 의미, 추론, 행간의미
3. 적용하기(apply, adjust)	다른 상황과 비교 및 응용
4. 관점 갖기(perspective)	관점전환, 다양한 관점고려, 비판적 사고(critical thinking)
5. 공감하기(show empathy)	역지사지(易地思之)하기
6. 인지능력 향상하기(self-knowledge)	학습에 대한 성찰과 반영

지식, 정보, 사고, 행동의 관련성

하브루타 러닝과정에서 활용되는 중요한 네 가지 용어의 개념을 이해할 필요가 있다. 학습을 하기 위해서는 "지식이 있어야 하고, 정보를 획득하고 이를 해석하여 행동으로 옮겨야 완전학습수준에 이를 수 있기 때문이다."

지식이란 학습이나 경험을 통하여 이미 내 안에 가지고 있는 '암묵지(暗默知)나 형식지(形式知)'를 말한다.

'암묵지'는 경험과 학습을 통하여 개인에게 체화되어 있지만 명료하게 공식화되거나 언어로 표현할 수 없는 내면적 지식을 말한다.

'형식지'는 정형화되고 문자화된 지식(데이터베이스, 업무매뉴얼 등)을 말한다. 사람들은 대부분의 지식(95% 이상)을 암묵지로 가지고 있으며 이를 다른 사람과 공유하기를 꺼린다. "지식이 많다, 지혜롭다"라는 말은 암묵지 형태의 지식을 의미한다. 하브루타 러닝을 통하여 암묵지를 계발(啓發)하여 형식지로 바꾸고 이를 공유하여 인간관계의 폭을 확장시키는 것도 중요하다.

'정보'란 내가 가지고 있지 않은 내 밖에 있는 다른 사람이 가진 지식이나 데이터를 말한다. 인간관계가 좋다는 것은 친구나 다른 사람이 가진 지식(나의 정보)을 나의 지식으로 바꿀 수 있는 기회가 많다는 것을 의미하기도 한다.

'사고'란 내가 가지고 있는 내면적 지식과 다른 사람이 가지고 있는 외면적 지식(정보)을 합리적으로 가공하여 바람직한 결론을 끌어내기 위한 행위(일)라고 할 수 있다.

지식(知識)	학습이나 경험을 통해 '이미 내 안에 가지고 있는 암묵지(暗默智)와 형식지(形式智)'
정보(情報)	'내가 가지고 있지 않은 내 밖에 있는 데이터', 다른 사람이 가진 지식
사고(思考)	지식과 정보를 합리적으로 해석하여 '바람직한 결론을 끌어내기 위한 행위(일)'

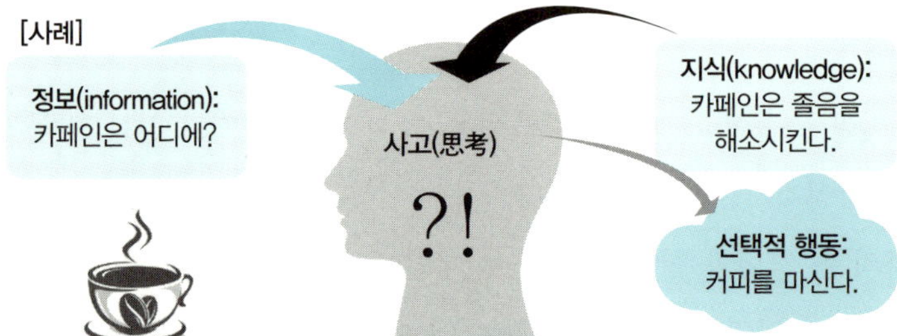

졸음 올 때 나타나는 사고의 변화

3 하브루타 러닝의 프로세스

하브루타 러닝은 "내가 가지고 있는 내면의 지식과 친구가 가진 외면적 지식(정보)을 해석하는 사고과정을 거쳐 질문을 통하여 서로의 견해를 교환하며 진리를 찾아가는 학습방법이다." 반복적인 질문을 이어가기 위해서는 다른 생각을 하는 것도 중요하다. 하브루타 러닝 프로세스는 생각을 기반으로 '질문하고, 대화하고, 토론하고, 논쟁하고, 협상하고, 정리하여 발표하는 과정'을 거쳐 문제해결에 다가가는 프로세스를 거치게 된다.

'질문-대화-토론-논쟁'을 반복하는 수준에서 머무는 것이 아니라, 협상을 통하여 결론(대안)을 찾아내고 이를 논리적으로 정리하여 발표하는 과정을 거쳐 진리에 다가감으로써 학습의 일단을 마무리하는 프로세스를

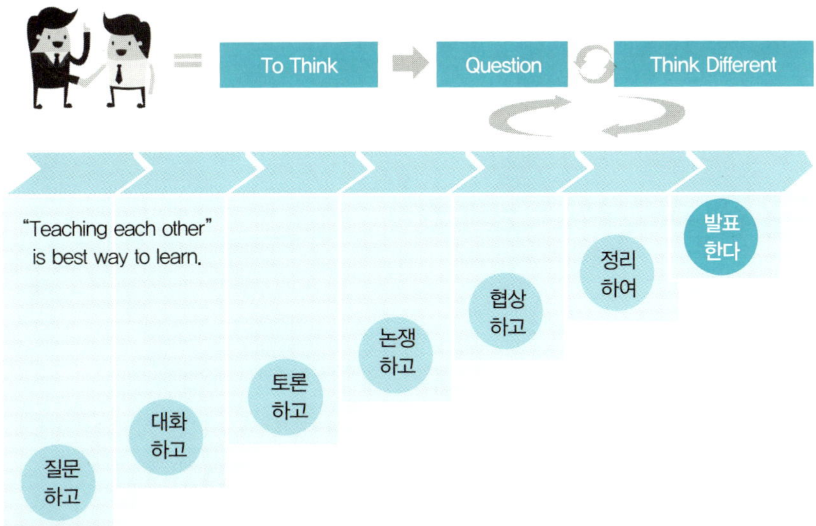

밟는다. 물론, 이후에 다른 의견이나 생각이 있으면 다시 질문을 통하여 문제해결을 위한 토론과 논쟁을 하고 새로운 협상결과를 끌어내는 과정을 밟아갈 수 있다.

하브루타 러닝을 위해서는 관련분야 지식과 정보를 기반으로 사고하며, 항상 다른 생각을 할 수 있는 열린 마인드가 있어야 한다. 하브루타 러닝이 유대인의 학습방법이기에 우리나라의 제도나 특성에 부합하기 위해서는 본질적 특성에 변화가 없는 범위 내에서 새롭게 정의할 필요가 있다.

하브루타 러닝을 통하여 이루고자 하는 궁극적인 목표는 상황에 따라 다르게 나타날 수 있다. 학생인 경우 무엇보다 언어능력과 학습역량의 향상을 기대할 수 있다. 끊임없는 사고를 통하여 질문을 이어가며, 상대방과의 정보를 공유하며 문제해결역량을 향상시킬 수 있다. 친구 가르치기를

통해 학습시간을 단축시키며, 효율적인 학습을 추구할 수 있다.

4 하브루타 러닝의 원칙

The Havruta: Pair learning	반드시 2명이 한 팀이 되어 진행한다. • 찬성과 반대의 주장을 바꾸어 짝과 토론한다.
The Thumb: Argumentation	엄지를 상징으로 사용하여 자신의 주장에 대한 확신을 표현한다. • 상대 주장을 조목조목 반론할 경우 엄지를 아래로 내린다.
The Music: Adding a tune to the words	음악과 리듬이 있는 분위기가 중요하다. • 몸을 움직일 때 두뇌가 함께 움직인다.
The Atmosphere: The effective noise	개방된 공간에서 동시 다발적으로 실시한다. • 시끄러운 소리, 어수선한 상황에서 상대방에게 집중한다.
The Interactive Experience: To be an active player	하브루타 러닝을 할 때마다 짝을 바꾼다. • 다른 사람의 지식과 경험을 공유하면 시너지를 높인다.
The Repeating: Never ending story	탈무드 하브루타 러닝은 끝도 없이 진행된다. • 합의나 결론이 난 경우라도 새로운 사실과 논리가 있으면 관련 주제에 대해 논쟁을 재개할 수 있다.

하브루타 러닝은 기본적으로 두 사람이 짝을 지어 말로 토론하는 학습방법이다. 찬성과 반대의견을 서로 바꿔가며 논리적 의견을 제시하며 자신이 가진 암묵지(暗默知)와 형식지(形式知)를 동원하여 상대를 설득시키는 토론학습방법이다. 따라서 하브루타 러닝을 진행할 때 반드시 지켜야 할 원칙이 있다.

첫째, 하브루타 러닝을 할 친구(짝)를 찾아야 한다. 탈무드에는 친구가 없으면 돈을 주고서라도 찾아야 한다고 말한다.

둘째, 하브루타는 말로 하는 학습방법이므로 표정, 제스처 등 몸동작 언어 표현이 중요하다. 엄지를 상징적으로 사용하며 자신의 주장에 대한 확신을 표현한다. 상대의 주장을 조목조목 반론할 경우에는 엄지를 아래로 내린다.

셋째, 음악이나 리듬이 있는 분위기가 중요하다. 아무 소리도 없는 조용한 분위기는 하브루타 러닝에 적합하지 않다.

넷째, 개방된 공간에서 동시 다발적으로 실시한다. 시끄러운 소리, 어수선한 상황에서 상대방에게 더 집중한다. 예시바대학의 경우 천 명 이상의 학생들이 오픈된 공간에서 하브루타 토론학습을 한다. 이를 떠드는 도서관이라는 표현을 쓰기도 한다.

다섯째, 하브루타 러닝을 할 때마다 짝을 바꾼다. 다른 사람의 지식과 정보를 공유하면 시너지효과가 발생하기 때문이다.

여섯째, 탈무드 하브루타 러닝은 끝도 없이 진행된다. 합의나 결론이 난 경우라도 새로운 사실과 논리가 생각나면 관련주제에 대해 토론이나 논쟁을 재개할 수 있다. 이렇게 볼 때 하브루타 러닝은 상대방을 설득시키거나 자신의 암묵지를 계발하고 언어능력 향상은 물론 궁극적으로는 학습역량을 높이는 데 좋은 학습방법이라고 할 수 있다.

5 하브루타 러닝스킬

하브루타 러닝은 친구와 짝을 지어 서로 번갈아 질문하며 토론하는 학습방법으로 즐겁게 진행되어야 한다. 하브루타 러닝을 하기 위해서 요구되는 세 가지 기술적 역량으로 다음과 같은 스킬이 요구된다.

반응스킬 (Reactive Skill)	능동적인 자세로 창의적인 생각을 하며 반응하는 스킬 • 경청(listening), 열린사고(open mind), 호기심(curiosity), 질문(questioning)
+	
창의적 표현스킬 (Creative Skill)	상대가 주장하는 내용에 논리적 반론을 제기하며 자신의 주장을 강조하는 스킬 • 지식창조(knowledge building), 발표(presentation), 협상(negotiation)
+	
코칭스킬 (Coaching Skill)	하브루타 러닝을 진행하거나 운영하는 사람은, 부모, 교사, 리더 등이다. • 칭찬(praise), 모션(motion)

반응스킬(Reactive Skill)

상대방이 주장하거나 설명할 때, 능동적인 자세로 창의적인 생각을 하며 적극적으로 반응을 보여야 한다. 이때 필요한 역량은 '경청(listening), 열린 사고(open mind), 호기심(curiosity), 질문(questioning)'스킬 등이다.

특히 경청역량은 대화를 이어가는 중요한 스킬이다. 경청스킬에는 '소극적 경청, 동의적 응답, 적극적 경청'이 있다. 소극적 경청과 동의적 응답은 이야기를 시작하게 하는 데 도움을 주지만, 말하는 사람의 표현을 듣는 사람이 정확하게 느낄 수 있는 것은 아니다. 듣는 사람은 자신의 느낌이 말하는 사람의 표현과 확실히 일치하게 하기 위해서 반드시 적극적 듣기를 해야 한다.

창의적 표현스킬(Creative Skill)

상대방이 주장하는 내용에 논리적으로 반론을 제기하며 자신의 주장을 강조하는 스킬이다. 이때 필요한 역량은 '지식창조(knowledge building), 발표(presentation), 협상(negotiation)'스킬 등이다.

코칭스킬(Coaching Skill)

하브루타 러닝을 진행하거나 운영하는 사람 중에 부모, 교사, 리더, 상사 등이 있다. 이런 경우에는 코칭스킬이 필요하다. 아는 것을 직접 가르치기보다는 함께한다는 자세로 아이들의 의견을 존중하고, 끝까지 잘 들어주며, 격려하고, 스스로 답을 찾을 때까지 기다리는 것이 필요하다. 당면과제나 문제에 대한 해답을 직접 가르쳐 주지 않는다. 관련질문을 이어가며 아이 스스로 생각과 고뇌를 통하여 해결방안을 찾아갈 수 있도록 지도한다. 이때 필요한 역량은 '칭찬(praise), 모션(motion)'스킬 등이다. 이 외에도 멘토링스킬(mentoring skill), 퍼실리테이팅스킬(facilitating skill) 등이 하브루타 러닝에 활용되기도 한다.

6 본문(Text) 하브루타 러닝

유대인들이 〈토라〉나 〈탈무드〉를 배우기 위하여 활용하는 하브루타 러닝이 우리나라에서는 일반 교육과정에서 보편적인 공부방법으로 활용되고 있다. 질문하고 대화하고 토론하는 수준을 넘어 본문을 읽고, 의문을 갖고 스스로 답을 찾아보고, 해결되지 않는 내용은 질문을 만든다. 이러한 과정은 개인으로서 새로운 통찰과정을 거쳐 지식을 확장하며 텍스트의 의미를 해석하고 핵심을 파악하는 학습에 활용되기도 한다.

상대방도 동일한 과정을 거친다. 각각 이러한 과정을 충분히 거친 후 상대방과 학습결과를 비교하는 상호작용과정을 통하여 심층적인 하브루타 러닝을 실시한다. 상대방과의 상호작용과정에서 발생되는 의문점을 해결하기 위해 텍스트를 다시 탐색하고, 상대방의 논리에 대응하기 위해 깊이 사고하는 개인의 내적 성찰과정이 반복된다.

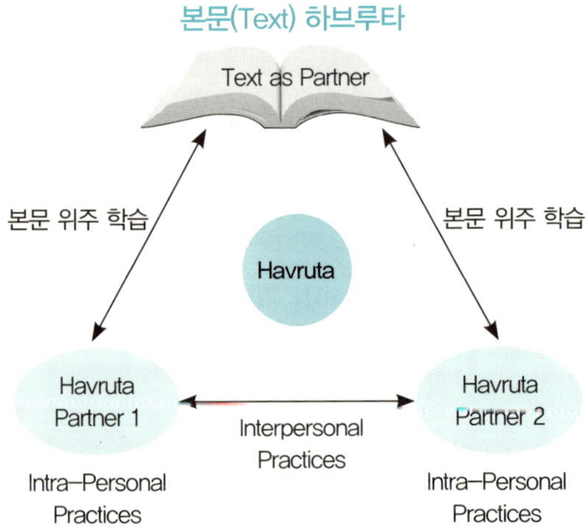

이러한 과정을 거쳐 텍스트를 새롭게 해석하여 상대방과 하브루타를 위한 논리적 자료를 준비한다. 텍스트 해석과정에서 준비된 자료를 토대로 통상적인 대화로 이어지기도 한다. 두 사람이 짝을 지어 학습한다는 본질적 의미는 유지하되 학습대상이 〈토라〉나 〈탈무드〉가 아니라 학교에서 배우는 교과서나 언론기사, 고전, 동화 등의 보편적인 텍스트도 하브루타 본문으로 활용될 수 있다.

즉, 본문 하브루타는 짝이 없이도 본문을 짝으로 대체하고 혼자서도 학습할 수 있다. 이 경우는 짝을 구하기 전이나 예습이나 복습을 할 경우에 적용된다. 그러나 짝 없이 혼자 본문과 하브루타 러닝을 했을 경우에는 학습 이후에 반드시 짝을 찾아 하브루타 기본모형에 따라 짝 토론을 통하여 각자가 텍스트로 학습한 내용을 비교하며 복습하는 과정을 거쳐야 한다.

본문(Text) 하브루타 프로세스

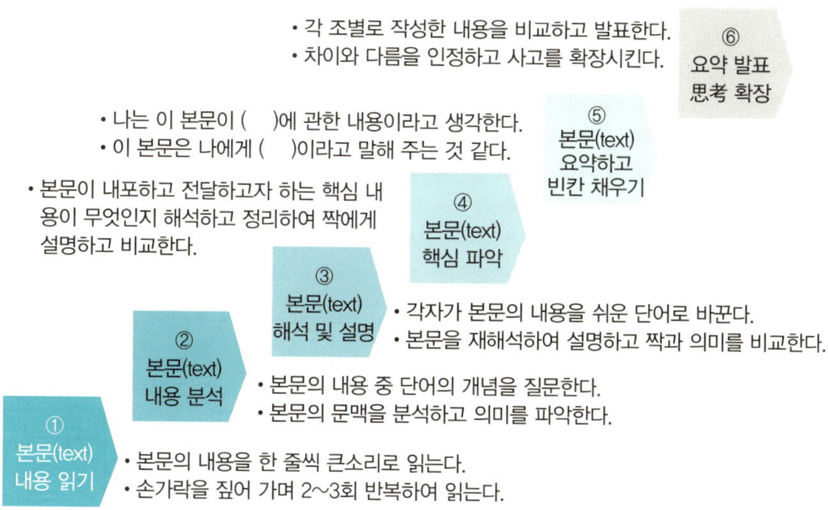

이렇게 하는 것은 상호작용을 통하여 차이와 다름을 배우고, 사고를 확장시키는 하브루타 러닝의 본질적 의미를 함양하고 학습효과를 향상시키는데 필요하기 때문이다.

CHAPTER 03

유대인의 창의성교육

1. 하나님이 준 세 가지 선물
2. 노벨상 수상자들 중 유대인이 많은 다섯 가지 이유
3. 유대인 창의성의 원천

유대인의 창의성교육

매년 10월이면 노벨상 수상자 발표에 세계의 이목이 집중된다. 이와 함께 수상자를 분류하는 기준으로 유대인이 몇 명이나 포함되었는가도 관심사로 떠오른다. 2019년도 발표된 노벨상 수상자 중 6명이 유대인으로 알려지면서 또다시 전 세계에 유대인의 저력이 입증되었다.

유대인은 전 세계 인구의 불과 0.2%를 차지하지만 역대 노벨상 수상자 가운데 유대인의 비율은 약 22%에 이른다. 노벨상 수상자 5명 중 1명 이상이 유대인이라는 말이다. 이쯤 되면 유대인의 창의성과 그 탁월한 저력이 어디에서 비롯된 것인지 궁금해지지 않을 수 없다.

특히, 경제학상의 경우 역대 수상자의 37%가 유대인으로 확인되었다. 과학분야에서의 활약도 대단해 물리학상은 26%, 생리의학상은 28%가 유대인의 몫이었다. 이스라엘 현지 일간지 〈하레츠〉는 유대민족이 역사적으로 430년간 이집트에서 노예의 삶을 살았고, 중동지역에서 숱한 전쟁을 경험해 왔으며 근대에 들어 '나치'의 압제까지 거쳤다며, '생존하려면 똑똑해야만 했을 것'이라는 분석을 했다. 아울러 유대인들이 교육에 가치를 두는 문화적 요인도 작용했을 것으로 풀이했다.

왜 아이들은 성인보다 창의력이 더 높을까? 성장하면서 창의성이 떨어지는 이유는 무엇일까? 사전에는 창의성을 '새로운 것을 생각해 내는 특성'이라고 정의하고 있다.

창의성의 창(創)자는 '곳간이라는 의미의 창(倉)+칼(도)자'를 합쳐서 만들어진 글자다. 창(創)자의 의미는 '비롯할 창, 다칠 창, 다치다, 상하다 등 상처'라는 의미를 담고 있다. 따라서 창(創)자는 기존의 창고를 칼(刀)로 수리하거나 보수하여 새롭게 하는 의미가 포함되어 있다. 따라서 창의성은 세상에 없는 것을 새롭게 만들어 내는 것뿐만 아니라 기존에 있던 것들을 융합하거나 보수하여 새롭게 개선하는 것까지 포함되는 개념이라고 할 수 있다.

1 하나님이 준 세 가지 선물

유대인의 창의성은 하나님이 유대인을 선택할 때부터 '결핍(부족함), 호기심, 어떻게'라는 세 가지 선물을 주었고 이것이 유대인의 창의성 개발의 원천이 되었다고 한다.

결핍(부족함): Know what?

인간은 더 부족할수록, 더 필요할수록 도전과 문제해결에 직면하게 된다. 하나님이 이스라엘 국민들에게 허락한 땅은 젖과 꿀이 흐르는 '가나안 땅'이다. 가나안 땅은 하나님이 아브라함에게 준 땅이지만 선(善)과 악(惡)이 공존하는 땅이기도 했다. 개척하지 않고서는 사람이 살 수 없는 땅 이었다. 〈탈무드〉에는 "가난한 아이에게서 지혜를 배워라"는 말이 있다. 결핍이 있기에 창의적인 생각을 하게 되고, 도전하게 되는 것이다.

호기심: Know why?

호기심은 인간의 사고를 지속적으로 발달시키고, 지혜와 해결책을 찾아주는 반응이다. 더 나은 해결책을 찾기 위해 지속적으로 활동하며 새로운 아이디어를 구하게 된다. 결핍이라는 엔진을 기반으로 추진력을 더해가는 호기심은 창의성의 동력을 이어가는 중요한 역량이기도 하다.

방법: Know how?

호기심은 방법을 찾아가는 등불이다. 호기심은 생각의 틀을 바꾸기를 좋아한다. 호기심은 고정관념에서 벗어나 제3의 사고(connect & design)를 만들 것을 요구한다. 상자 밖에서 사고하고, 다른 사람의 아이디어와 통합하여 기존에 없던 새로운 것을 만들 것을 요구한다. 하브루타는 친구와 짝을 지어 대화하는 과정에서 이미 다른 사람의 생각과 공유할 수 있는 많은 기회가 찾아온다. 이 기회가 창의적 역량을 나타낼 수 있는 기회가 될 수 있다.

〈제3의 물결〉을 쓴 앨빈 토플러와 함께 미래학을 창시한 짐 데이토는 오래전에 창조경제를 예견했다. 그는 "세계경제는 제조업에서 서비스산업으로, 다시 지식경제사회에서 창조경제사회로 이동하고 있다"고 했다. 그리고 정보화사회 다음에는 '꿈의 사회(dream society)'가 해일처럼 밀려온다고 했다.

덴마크의 미래학자인 롤프 옌센(Rolf Jensen, 1942~)도 '꿈의 사회'가 오고 있다고 했다. 2016년 다보스 포럼이 주목했던 4차 산업혁명의 혁신기술은 '모바일 인터넷과 클라우딩기술, 컴퓨터와 빅데이터기술 등'이다. 특히, 디지털기술 중에서도 '사물인터넷(IoT), 공유경제 및 클라우드소싱, 로봇, 자율주행, 인공지능(AI), 3D프린팅' 등을 4차 산업혁명의 핵심 기술로 제시했다.

'꿈의 사회'는 꿈과 감성이 거래의 대상인 상품이 되는 사회를 말한다. 모든 산업이 문화산업이 되는 것이다. 경제의 주력 엔진이 정보에서 이미지와 스토리로 넘어가고, 상상력과 창조성이 국가경쟁력이 된다는 것이다. 또한 성장동력이 혁신에서 창의성으로, 가치의 원천이 지식과 정보에서 상상력과 창의성으로 바뀌고 있다는 것이다. 이런 사회가 지식정보화사회 다음에 다가올 제4의 물결인 '꿈의 사회'인 것이다.

창조는 상상력과 꿈으로부터 나온다. 창조(創造)란 상상력을 통해 기존에 없던 것을 새롭게 만들어 내는 것이다. 상상력(想像力)은 생각하는 것을 그려내는 능력이다. 〈탈무드〉에는 "당신의 꿈은 당신을 가장 아름답게 꾸며주는 최고의 옷이다"라고 가르친다. 상상력이 21세기의 화두이자 가장 중요한 경제동력이 된 것이다.

창의력은 다양한 생각을 할 수 있는 능력이자 남과 다른 생각을 할 수 있는 능력이며, 새로운 생각을 해내는 능력이다. 그런데 이는 하루아침에 길러지는 것이 아니다. 정성어린 교육과 문화가 뒷받침되어야 한다.

유대인의 창의성은 '독서문화, 질문과 토론문화, 융합과 통섭의 문화, 수평문화'로 대표되는 '하브루타 러닝'을 통하여 형성되었다. 유대인의 하브루타 러닝은 '요람에서 무덤까지' 태담(胎談)에서 시작하여 평생의 삶을 통하여 진행되는 학습여정이다. '하브루타 러닝'은 또한 '가정교육–학교교육–사회교육'이라는 시스템을 통하여 평생교육으로 진행된다.

– 김명곤의 세상이야기 –

창의성이란 개인의 우수성만을 일컫는 것이 아니다. 시스템 속에서 융합과 통섭의 과정을 거쳐 창의성이 형성된다. 한 사람의 우수성도 중요하지만 시스템 속에서 서로 다른 의견을 내고 토론을 거듭하면서 다름을 인정하고, 새로운 생각을 찾아내는 것이야말로 진정한 창의성을 기르는 학습방법이다.

학문에서뿐 아니라 기업과 사회에서도 융합(融合)과 통섭(統攝)이 요구된다. 융합이란 두 개 이상의 분야가 하나로 합쳐지는 것이며, 통섭(consilience)은 '지식의 통합'이라고 부르기도 하며 자연과학과 인문학을 연결하고자 하는 통합학문이론이다. 또한 통섭이란 낮은 담을 두고 서로의 영역을 인정하면서도 경계를 넘나드는 것이다.

4차 산업혁명시대는 혼자서 다 할 수도 없다. 수많은 정보를 혼자서 다 섭렵할 수도 없다. 그래서 필요한 것이 학문 간 통섭과 이종(異種) 간의 융합이며, 인적 네트워크의 중요성이 전 분야에 강조되는 것이다.

둘 이상이 합쳐져서 새로운 하나가 만들어지는 것이 창조다. 과학과 인문학이 만나 새로운 감성이 만들어지는 것처럼 융합과 통섭을 통해 창의성의 불꽃이 사방에 피어날 수 있다. 윤은기(한국협업신흥협회 회장)는 이러한 사회에 필요한 역량이 협업(協業)하는 역량이라고 했다. 다른 사람이 가진 유용한 정보를 내가 가진 지식과 융합하여 4차 산업혁명의 핵심 기술인 AI, IoT, 빅데이터와 연계하여 새로운 것을 만들어 내는 협업이 창의성의 핵심이라는 의미다. 이와 같이 두 사람이 짝을 지어 서로의 생각을 질문을 통해 공유하는 하브루타 러닝은 창조적 학습방법의 핵심이라고 할 수 있다.

2 노벨상 수상자들 중 유대인이 많은 다섯 가지 이유

유대인은 전 세계 인구의 0.2%를 차지하는 약 1,500만 명 정도이다. 대한민국의 인구는 세계 인구의 0.7%에 근접한 5,100만 명 정도다. 1901년 노벨상이 제정된 이후부터 2014년까지의 역대 노벨상 수상자들을 보면 한국인은 노벨상 수상자가 단 한 명만 있고, 유대인들은 화학, 경제, 문학, 물리, 생리학 및 약학과 평화상부문을 휩쓴 194명의 노벨상 수상자들이 있다. 전체 수상자의 22%가 유대인이다. 유대인들은 어떻게 오늘날의 위상을 떨칠 수 있게 되었을까? 주한 이스라엘 대사관에서 운영하는 블로그 '한국 안의 이스라엘'에서는 그 이유를 다음과 같이 다섯 가지로 압축하고 있다.

토라(Torah)가 삶의 기준이다

유대인들은 자녀들이 어렸을 때부터 신앙교육인 '쉐마'교육을 받는다. 쉐마는 "들으라"라는 뜻의 히브리어다. 구약성경 〈신명기〉 6장 4절에 나오는 말로 하나님이 자녀교육방법으로 내린 최초의 가르침이다. 부모, 특히 어머니가 자녀들에게 모세5경인 〈토라〉를 들려주는 학습방법이다. 뱃속에 잉태된 때부터 어머니로부터 듣는 쉐마교육은 태어나서 다섯 살 때까지 계속 된다.

쉐마교육을 통하여 아이들은 5권의 책을 통째로 외울 수 있을 정도의 암기력을 갖출 수 있게 된다고 한다. 또한 자녀들이 자신들의 종교를 사랑할 수 있도록 말씀에 꿀을 묻혀 핥도록 하고 손목과 머리에 말씀이 적힌 띠를 두르게 하여 언제, 어디서든 토라에 대해 생각할 수 있도록 한다. 〈토라〉는 지혜가 담겨 있는 글이기에 〈탈무드〉와 더불어 아이들의 사고력 확장과 종교적 기틀을 잡을 수 있도록 돕는 최고의 학습교재이다.

질문이 자연스러운 환경

유대인들은 자녀들에게 답을 주지 않는 대신 스스로 찾도록 유도한다. 유대인들은 가정교육을 통하여 몸소 실천하는 것을 중요시한다. 우선 자녀가 어렸을 때에는 책을 자주 읽어준다. 읽는 것에서 끝나는 것이 아니라 자녀들이 이야기에 대해 어떻게 생각하는지, 느낀 점이 무엇인지, 궁금한 것이 무엇인지? 스스럼없이 말하도록 함으로써 생각하는 힘을 기르게 한다. 하루에 한 끼는 반드시 가족이 함께 식사할 수 있도록 부모가 노력하고, 밥을 먹을 때에는 휴대폰 사용을 중지하고, 텔레비전 보는 것도 중지한다. 식사시간을 이용하여 활발한 대화가 이루어지도록 한다.

일상적인 대화를 하며 정서적인 교감을 이루도록 하고, 신문기사의 내용에 대해 토론하며 가족 식사시간을 사회성을 향상시키는 기회로 삼는다. 가정에서부터 생각하고 질문하는 경험을 쌓으면 학교에서든 친구들

사이에서든 토론하는 것이 대화의 습관으로 형성된다. 전 생애를 통하여 이렇게 토론하는 것이 습관이 되어 삶의 일부분이 된다. 이런 사회의 모습을 잘 대변하듯이 "두 명의 유대인이 모이면 세 가지 의견이 나온다"라는 말이 있다. 이 뜻은 곧 각자 다른 의견을 가지고 있었으나 토론을 함으로써 합의점을 찾게 되는 새로운 의견 및 결론이 나온다는 것을 의미한다.

뇌를 활성화시키는 '하브루타'

일상생활을 통하여 토론이 습관적으로 이루어지면 학업에도 적용하게 된다. 학업에서 토론능력을 기르는 학습방법을 '하브루타 러닝'이라고 한다. 하브루타 러닝방법 중 '친구 가르치기' 학습방법은 학생이 아니라 선생님으로서의 역할을 수행한다. 친구 가르치기 학습방법은 다양한 관점을 접할 수 있는 기회가 되고, 서로에게 질문을 던짐으로써 당연한 것에 대해서도 의문을 품고 해결하려고 도전하게 되고, 상대방을 설득할 수 있는 능력을 기르게 된다.

이렇게 능동적으로 가르치는 것이 학습내용을 기억하는 데 가장 효율적이라는 사실은 과학적으로도 증명된 바 있다(National Training Laboratories, Bethel Maine). 이런 교육이 쌓여서 단기적인 지식 습득의 학습이 아닌 진정한 지혜를 습득할 수 있어 진정한 역량을 함양하게 된다.

지식을 사랑하는 마음

아이들은 이미 가정에서 〈토라〉를 통해 질문하고, 대화하고, 토론하는 능력을 형성하면서 자연스레 머리로 이해하는 지식이 마음에 쌓이게 되고 그것이 곧 일상의 삶을 통하여 적용하며 실행하는 지혜가 된다. 지식이 이미 자신의 일부이기에 지식을 배우는 것이 익숙해지게 된다. 나아가서 어린이집에서 어린이들이 처음으로 교육받기 시작하게 될 때에 선생님은 꿀을 알파벳 모양으로 배치하고 그것을 핥도록 함으로써 배움이 얼마나 달콤한 것인지를 아이들에게 인식시키는 의식을 하기도 한다. 이와 같이 지식을 사랑하는 전통과 마음이 수많은 유대인들이 성장해서도 책을 가까이 하고 아이비리그와 같은 명문대에 진학하도록 하는 원동력이 되는 것이다.

잠재력 확장

공부하는 것만으로 끝나는 것이 아니라 공부의 방향성도 초등학교 이후부터 생각하게 된다. 특히, 부모들은 자녀가 어느 분야에 호기심이 있고 어떤 것을 잘하는지 주의 깊게 관찰하며, 아이의 사고를 확장하며 최대한 자신의 잠재력을 끌어올릴 수 있는 기회를 열어준다. 좀 더 이해하기 쉽게 한국교육과 유대인교육의 관점을 비교하여 아래 표로 정리했다.

한국과 유대인의 교육 관점 비교

한국교육의 관점	유대인교육의 관점	한국교육의 관점	유대인교육의 관점
성공 우선	가정 우선	교과서적 지식	실제 삶의 지식
애착에 소홀	안정된 애착	강의와 전달	토론과 논쟁
정체성(가치관) 소홀	분명한 정체성	듣기중심교육	질문중심교육
개인출세	티쿤올람	외우는 교육	생각하는 교육
자아실현	세상을 아름답게	양의 교육	질의 교육

성적, 지식	실력, 지혜	하나의 정답	다양한 해답
시험합격	생활실천	단답형, 단편지식	문제해결능력, 사고력
암기	이해와 적용	스펙중시	역량중시
선행학습	적기교육	외적 동기	내적 동기
조기학습	조기교육	타율적 학습	자기주도학습
문자숫자 인지 우선	애착관계 우선	권유, 지시	격려, 자극
삶과 유리	삶과 직결	끌고 가는 교육	밀고 가는 교육
연역적, 교훈중심	구체적, 귀납적	혼자 조용히	친구와 함께

잘 듣고→외우고→시험 보고→잊어버리는 교육방법으로는 더 이상 미래를 담보할 수 없다. 한국과 유대인의 교육적 관점을 비교한 내용에서 보는 바와 같이, 선생님중심의 일방적 주입식 교육방법은 그 생명력을 다했다.

일제 식민지배와 6 · 25 남침전쟁으로 모든 것이 파괴된 상황을 극복하기 위해 인문학이 배제된 실용중심 미국식 공교육방법이 많은 도움을 준 것도 사실이다. 21세기 4차 산업혁명시대를 맞아하여 더 이상 과거의 교육적 패러다임에 머물지 말고 벗어나야 할 것이다. 인재를 길러내기 위해 암기만 하고 잊어버리는 공부방법은 더 이상 유용하지 않다. 내일 지구가 멸망한다 해도 오늘 사과나무를 심겠다는 스피노자의 말처럼 백년대계(百年大計)를 위해 시간을 두고 철저히 준비해야 할 것이다. 유대인들은 무엇보다도 학생들이 자기 주도적 역량과 잠재력을 펼칠수 있는 방법으로 교육을 진행한다.

3 유대인 창의성의 원천

유대인의 창의성이 역사적으로 이어져 오는 원천을 다음과 같은 일곱 가지 제도적 특성에서 살펴보고자 한다.

3대가 함께하는 가정교육

유대인 가정의 거실에는 대부분 독서와 대화를 방해하는 TV가 없다. 배움을 으뜸으로 여겨 가정에서의 생활도 자연스레 독서와 대화로 연결되고, 특히 매주 금요일(안식일)에는 회당에 다녀오는 일 외에는 대부분 온 가족이 함께 모여 독서와 대화를 한다. 유대인에게 있어 종교는 신앙 이전에 엄마로부터 받아먹는 모유와 같다.

태아 때부터 어머니로부터 성경내용을 일방적으로 듣는 태담(胎談)교육이 진행된다. 3세가 되면 어머니로부터 율법을 배우기 시작한다. 아이는 그게 종교인 줄도 모르고 엄마가 가르치는 대로 무조건 따라 배운다. 유대교는 먼저 배움으로써 몸과 마음에 채화되는 종교다. 그래서 유대교는 〈토라〉와 〈탈무드〉 등의 유대교 경전을 배우고 연구하는 것이 하나님을 믿는 신앙과 동일시된다.

공동체가 함께하는 평생학습

유대인들은 가르치는 것과 배운다는 것이 가장 중요한 예배라고 믿는다. '가르친다는 것은 하나님을 존경하는 것이요, 공부하는 것은 하나님께 드리는 최고의 기도'라고 인식한다. 그러므로 회당의 예배에서도 가장 중요한 일은 함께 모여 〈토라〉를 공부라는 것이다. 사람은 일생 동안 배워야 한다는 것이 유대인의 믿음이다. 아무리 지혜로운 사람이라도 배우기를 중단하면 그 순간에 지금까지 배운 것을 잊게 된다고 생각한다. 그들은 평생 배움을 통하여 영성을 키우고, 이를 바탕으로 인성과 전문성, 창의성을 함양한다.

인간의 삶에 필요한 모든 근원 물질은 이미 하나님이 창조하셨고, 모든 진리는 하나님께로부터 나온다고 믿고 있다. 진리는 인간이 만드는 것이 아니라 주어진 것을 단지 발견하는 것이라고 믿는다. 과학기술도 하나님이 창조한 세상과 생명의 원리를 인간이 이해하여 모방하는 것이라는 생각을 가지고 있다. 이러한 믿음은 유대인들이 하나님의 섭리를 하나라도 더 이해하기 위한 배움과 연결된다.

인간은 하나님의 형상을 본받아 지음 받았기에 인간 내면에 무한한 잠재력과 가능성이 있다고 가르친다. 〈토라〉에는 하나님이 인간을 진흙으로 빚은 후 코에 생기를 불어넣는 장면이 나온다. 이 생기가 바로 하나님의 영혼이라는 것이다. 곧 한 명 한 명 만들 때마다 하나님이 자신의 영혼을 불어넣었고, 그 영혼이 인간의 몸 안에서 살다가 죽으면 다시 하나님께로 되돌아간다는 것이다.

기원전 1세기의 유명한 랍비였던 힐렐은 "인간 속에 심은 하나님의 형상이 완전히 개발되어 세계와 우주를 이해하고 지배하여, 모든 인류의 삶이 하나님의 평화에 이르는 것이 〈성경〉 전체의 의미다"라고 가르쳤다. 이 기본 신앙 이외에 나머지 설명들은 다 주석에 불과한 것이라고 했다.

세상을 창조하는 티쿤올람 사상

유대인의 창의성을 이야기할 때 반드시 알아야 할 것이 '티쿤올람(tikkun olam) 사상'이다. 19세기 다윈의 진화론이 나오면서 창조원리에 기반을 둔 기독교는 큰 충격에 휩싸였다. 찰스 다윈이 하나님의 형상을 닮은 인간을 원숭이의 이미지로 격하시켰다고 비난했다. 하지만 유대인들은 진화를 단계별로 이루어지는 또 하나의 창조라고 해석했다.

'티쿤올람'은 '세상은 있는 그대로가 아니라 개선시켜 완성해야 할 대상'이라고 인식하는 사상이다. 이는 유대인의 신앙적 기본 원리로 "세상을 고친다"는 뜻이다. 즉, 인간은 하나님의 파트너로 세상을 개선시켜 완전하게 만들어야 할 책임이 있다고 믿고 있다. 하나님은 세상을 창조했지만, 이것은 아직 미완성상태이다.

하나님은 창조가 완전히 끝났다고 하지 않았다. 창조는 계속 진행된다고 하셨다. 때문에 인간은 완성을 위해 계속되는 하나님의 창조를 도와야 한다. 하나님을 도와서 창조적 역사를 완성해야 한다. 이것이 하나님의 창조정신이자 인간의 의무라고 믿는다.

'티쿤올람'은 현대판 메시아 사상이다. 메시아는 어느 날 세상을 구하기 위해 홀연히 나타나는 것이 아니라 그들 스스로가 협력하여 미완성상태인 세상을 완성시켜야 한다는 생각을 가지고 있다. 유대인들이 창조성이 강하다는 평가를 받는 이유 중 하나는 바로 이러한 사상이 그들의 의식 깊은 곳에 깔려 있기 때문이다.

이러한 사상은 교육을 통해 어릴 때부터 잠재의식 속에 자리 잡도록 가르친다. 유대인 부모들이 자녀들이 의학분야를 공부하도록 권하는 것에서 알 수 있다. 당초 불완전하게 창조되어 각종 질병으로부터 고통받는 인간을 질병으로부터 고쳐주는 의학산업을 매우 가치 있는 일로 여기고 있다. 유대인들은 인간의 생명을 구할 수많은 신약품을 개발하는 힘도 이러한 티쿤올람 사상에서 비롯되었다고 믿는다. 이러한 생각은 의약분야뿐 아니라 모든 분야에 걸쳐 유대인의 의식으로 자리 잡고 있다.

이와 같이 유대인 창의성의 원천은 '티쿤올람' 사상이라고 할 수 있다. 티쿤올람 사상은 세상을 고친다는 뜻이기도 하다. 인간은 태어난 것이 아니라 인간이 되어간다는 말이 더 어울리는 사상이다. '티쿤올람' 사상에는 신이 창조한 세상은 완벽한 것이 아닌 미완성이라는 사고방식이 들어있다. 즉, 세상은 끊임없이 개선해서 완성해야 할 대상이라고 믿는다.

창의성을 키우는 후츠파정신

유대인의 창의성에는 특별한 비결이 있다. 유대인의 '후츠파(chutzpah) 정신'은 티쿤올람 사상에 기반을 두고 있다. 후츠파는 히브리어로 '상식적으로 통용되는 활동의 한계를 넘어선 사람'을 말한다. 뻔뻔함, 무례함 정도로 이해하면 좋을 듯하다. 부정적인 언어로 사용되던 과거와는 달리 현재는 긍정적 의미로 사용된다.

후츠파를 배짱이라고 말하기도 한다. 그래서 유대인의 후츠파정신을 '배짱 있게 자신의 의견을 자유롭게 개진하고 밀고 나가는 힘'이라고 말하기도 한다.

후츠파정신은 유대인의 역사적 산물이라고 할 수 있다. 유대인들은 "생각이 바로 경쟁력이다"라는 철학이 있다. 사고의 범위를 무한대로 넓혀야 성공한다는 생각이다. 그렇기에 타인의 생각에 자신을 묶어 두지 않고 다른 사람의 생각을 나의 생각에 더하여 사고의 폭을 확대시키는 것을 좋아한다.

유대인들은 나이나 직위에 상관없이 모두가 평등하다는 뿌리 깊은 믿음을 갖고 있다. 그들은 수평적인 관계 속에서 상호 질문하고 대화하고 토론하며 논쟁하는 것이 습관화되어 있다. 다른 사람의 의견에 대해 의문이 생기거나 이해가 안 되면 누구에게나 주저하지 말고 질문하고 따지는 것이 몸에 배어있다.

이스라엘대학에서는 교수든 학생이든 서로 의견이 다를 때는 몇 시간이

후츠파정신의 일곱 가지 키워드

고 끝장 토론을 벌인다. 지위고하를 막론하고 자유롭게 의견을 교환하고 자기 주장을 말하는 것을 서슴지 않는다. 유대인의 핏속을 흐르는 후츠파는 다음과 같은 일곱 가지 정신과 행동의 요소를 지니고 있다.

형식 타파(Informality)

모든 정형화된 형식과 격식을 파괴한다. 지위나 형식에 구애받지 않고 생각이나 행동의 자유로움을 추구하지만, 상대를 일방적으로 무시하거나 하극상을 일으키지는 않으며 질서와 원칙을 준수한다.

다수의 사람들이 함께 지내는 기업이나 사회생활에서 모두가 지켜야 할 그라운드 룰(ground rule)을 공유하면서, 그 외의 허례허식이나 겉치레 같은 체면은 타파하자는 것이다. 형식의 타파는 도전하는 자세에서 시작된다. 이는 기존 체계나 다른 사람의 의견을 무시하고 없애는 것이 아니라, 무언가 다르거나 새로운 것들을 찾으려는 것이다. 대다수의 생각과 다르다고 해서 그것을 배척하거나 이상하게 바라보는 분위기라면 형식 타파는 불가능하다.

자신이 속해 있는 주변환경에 순응만 한다면 도전할 기회는 없을 것이다. 결국 도전이란 이처럼 열악한 환경에서도 자신의 생각이나 의견을 용감하게 표현하고 전달하여 새로운 것을 찾는 것이다.

당연한 질문의 권리(Questioning Authority)

유대인들은 나이나 직위에 상관없이 수평적인 관계 속에서(나이나 직위를 무시하는 게 아니라, 이런 것에 구속되거나 영향을 받지 않는 것) 서로 묻고 답하는 것이 습관화되어 있다. 다른 사람의 의견에 의문이 생기거나 이해가 안 되면 누구에게나 주저하지 않고 질문하는 것이 습관화되어 있다.

학교 수업시간이나 도서관(예시바)에서도 여럿이 모여 질문하고 열정적으로 토론과 논쟁을 이어가는 데 단련되어 일상에서도 쉼 없는 질문과 도전으로 이어지는 것이다. 질문을 통해 창의적이고 새로운 것을 탐색하고 성취하게 된다. 기존의 생각만으로는 절대 창의적인 것을 발견하지 못하지만, 기존의 생각들을 건설적으로 충돌시키면 전혀 새로운 아이디어가 나온다. 이처럼 서로 다른 의견들을 건설적으로 충돌시키는 방법이 질문 하브루타이다.

섞임이나 어울림(Mash-up)

유대인들은 어느 민족보다 섞임과 어울림 특성이 강하다. 나라 잃고 세계 각지로 흩어져 살면서, 언제 추방될지도 모르는 상황에 적응하고, 여기저기 정처 없이 이동하며 직면하는 새로운 환경에 빠르고 효과적으로 적응하기 위한 수단으로 섞임과 어울림이 체질화된 것이다.

그들은 어디에 있든 어떤 사람들과도 잘 어울린다. 단순히 서로 말을 건네고 안면을 익히며 사는 수준을 넘어, 새로운 환경에서 가진 것 없이 자신과 가족들을 부양하기 위해 현지인과 조화를 이루고, 동시에 유대인들끼리 협력하고 정보를 공유해 더 나은 방법을 함께 찾는다는 이야기다.

예를 들어, 이전의 정착지에서 쫓겨나기 전에 가졌던 직업이나 기술은 새로운 환경을 만나면 무용지물이 되거나 전혀 다른 방법으로 바뀌어야 하는데, 유대인들은 반강제적 생존의 수단으로 섞고 어울리고 변하는 것이 습관이 되어 수천 년 동안 후대로 이어지며 DNA 속에 침투되어 있다고 생각된다.

위험 감수(Risk-taking)의 정신

유대인들이 보여주는 특별한 생활의 자세이다. 새로운 장소나 환경에서 가진 것도 준비도 없이 실패를 감수하고 위험한 일과 사업에 뛰어드는 도전정신은 누구도 따라올 수 없다. 위험 감수란 무슨 일이든 무조건 시작하고 덤벼든다는 뜻은 아니다. 먼저 분명한 목표를 세우고 이를 효과적으로 달성할 지혜와 전략을 가져야 한다. 목표를 세웠다고 해서 달성할 확률은 높지 않다.

그래서 사람들은 불확실성으로 인한 실패가 두려워 쉬이 도전하지 못하고 포기한다. 하지만 이스라엘의 기업이나 사람들은 실패를 두려워하지 않고, 목표를 이룰 수 있는 지혜와 최선의 전략을 만들어 도전한다. 좋은 지혜와 아이디어는 혼자보다는 여러 사람이 함께할 때 얻을 수 있는데, 유대인들은 어려서부터 하브루타 러닝을 통하여 자유스럽게 질문하고 토론하는 것이 몸에 배어 이것을 활용하여 지혜와 아이디어를 찾는 것이다.

목표지향(Mission-oriented)의 정신

수천 년 동안 생존을 위해 열악한 환경에서도 새로운 목표를 수립하고, 지혜와 전략을 기반으로 철저히 실행하여 원하는 것을 얻었다. 그들은 이루기 어렵거나 불가능이란 없다고 확신하고 목표를 향해 결단하고 도전한다. 세상에서 가장 많은 창업기업을 가진 이유이기도 하다.

끈질김(Tenacity)의 정신

일단 목표를 설정하면 어떤 난관이나 어려움이 있어도 하나씩 실행하는 일에 대한 집요하고 끈질긴 그들의 인내는, 척박한 모래사막 위에 세워진 국토에 수도 파이프를 연결하여 어디서든 식물이 자라게 만드는 기적을 이루었다. 집단농장으로 알려진 키부츠(kibbutz)도 그들의 끈질긴 도전에 대한 결과물이기에 전 세계 유수의 젊은이들이 이런 정신과 노하우를 배우기 위해 몰려들고 있다.

실패로부터 배우는 학습(Learning from Failure)

실패로부터 교훈과 경험을 배운다. 실패가 두려워 아무것도 도전하지 않는다면 어떤 결과도 만들 수 없다. 그것이 성공이든 실패든 말이다.

두려워하지 않고 과감히 도전해 최선을 다했다면, 설사 실패하더라도 거기서 얻은 교훈과 경험을 바탕으로 다시 도전하는 것이 유대인의 힘이고 정신이다. 즉, 유대인의 창의성은 '티쿤올람 사상'으로 창조적인 생각을 가지며 '후츠파정신'으로 사고력(마인드)을 넓혀가는 것이다.

최고를 추구하는 탈피오트제도

우리나라와 안보환경이 비슷한 이스라엘은 남녀가 모두 고등학교를 졸업하고 대학에 진학하기 전에 병역의무 수행을 위해 군대에 입대한다. 남자는 3년, 여자는 2년간 복무하게 된다. 군에서는 입대한 신입인력 중에서 우수한 연구인력을 확보하여 군에서 계속 국방 연구개발(R&D)을 수행할 수 있도록 지원하고 있는 '탈피오트(talpiot)제도'를 운영하고 있다.

실패를 두려워하지 않는 후츠파정신은 유대민족의 창의성을 키우는 원동력이다. 이 정신에 에디슨과 아인슈타인은 물론 오늘날 IT업계와 벤처업계를 주도하는 유대인 경영자를 길러 냈다. 후츠파정신에는 "책임감과 주인의식을 강조하는 '로시가돌'정신이 포함되어 있다." '로시가돌(roshgadol)'은 원래 '큰 머리'라는 의미다. 하지만 이스라엘 군대에서는 '책임감을 가지고 적극적으로 맡은 일 이상을 해내는 것'이라는 의미로 쓰인다.

탈피오트는 히브리어로 '최고 중 최고'를 뜻하며 1979년부터 시행되고 있다. 선발시험을 통하여 성적이 우수한 50~60명의 이공계 고교 졸업자를 뽑아 히브리대학에서 40개월간 장학금을 지급하며 부대훈련과 대학교육을 병행 실시한다. 이후 군부대와 방위산업체에서 중위로 임관해 6년간 연구요원으로 첨단 군사장비 개발과 사이버전 등의 분야에 근무한다(이스라엘 탈피오트의 비밀, 제이슨 게위츠, 2018). '탈피오트'를 통하여 창업교육을 받고 전역 후에도 연구를 계속하거나 대부분 창업에 도전할 수 있도록 국가에서도 적극 지원하고 있다고 한다.

이스라엘의 탈피오트제도를 수료한 대부분의 청년들은 창업한다. 특히, 지리적 환경으로 강수량이 부족한 이스라엘이 수자원관리에 관한 세계적인 특허기술로 전 세계 수자원관리 최고의 기술력을 보유하고 있다.

이스라엘은 연평균 강수량(240mm)이 세계 평균(880mm)의 절반에도 미치지 못하며, 레바논 · 시리아 · 요르단 접경지역인 동북부지역의 갈릴리호수가 유일한 대규모 담수(淡水) 공급처로 수자원 확보가 안전치 못한 편이다.

이스라엘은 물 부족의 해결방법을 물을 관리하는 방식에서 물을 생산하는 방식으로 전환하고 있다. 정부 차원에서 수처리 관련 벤처기업을 육성하여 바닷물을 담수하여 생활용수로 생산하는 기술도 탈피오트제도 출신의 창업가 덕분이라고 한다. 이스라엘 생활용수의 40%, 전체 수자원의 14%가 바닷물 담수화기술로 공급하고 있다고 한다. 척박한 토질에도 불구하고 농업생산기술이 뛰어나 1970년대 우리나라가 이스라엘의 농업기술을 도입하여 새마을운동을 성공적으로 이룩한 사례는 우리나라 근대화의 초석이 되었다고 할 수 있다.

보안시스템업체 체크포인트와 통화감시장치업체 나이스시스템, 인간게놈 해독 · 신약개발사 컴퓨젠, 지불보안업체 프로드 사이언시스(미국 이베이가 인수) 등 수많은 글로벌 벤처기업이 탈피오트에서 나왔다.

이에 더하여 우리나라는 이스라엘의 탈피오트제도를 벤치마킹해 연 20여 명의 과학기술 전문사관을 뽑아 2017년부터 국방과학연구소(ADD)에서 3년간 복무하도록 하고 있다. 이들은 ROTC처럼 대학 3학년 때 선발해 2년간의 교육을 거친 뒤 소위로 임관해 중위로 전역한다. 육군은 석사 이상을 대상으로 군사과학 기술병을 매년 30명씩 선발한다(서울경제, 2019. 7. 24).

민족을 우선시하는 무이자 대부제도

유대인은 사업이 성공하면 먼저 가족이나 친척을 참여시키고, 사업이 번창하면 동족들을 불러 참여시킨다. 그래서 유대인은 대부분 가족이나 친척이 창업한 사업에 참여하는 것이 오랜 관습이다. 또한 본인이 새로운 사업을 시작할 경우에도 가족이나 친척들의 재정적 지원을 받는 경우가 많다. 설사 주변의 재정적 지원이 없더라도 유대인사회의 '무이자 대부제도'를 활용할 수 있다.

일반적으로 성공한 유대인 기업가들은 커뮤니티를 만들고 단체를 조직해 다른 유대인을 돕기 위한 아이디어를 제공하고 기금을 조성한다. 그들 사회에는 가난한 동포를 돕는 '무이자 대부제도'가 오래전부터 있었다. 사업을 시작하려고 하는 사람이나 실패해서 다시 재기하려는 사람에게 자금 조달은 지극히 절실한 문제이다.

그런 면에서 사업자금을 무이자로 대부하는 제도가 역사적으로 유대인 사회에 존재했다는 사실은 매우 특이할 만한 일이다. 대표적인 사례가 18세기부터 유럽에서 있었던 '헤브라이언 무이자 대부협회'이다. 지금도 성공한 유대인들은 기부금을 내는 걸 당연하게 생각한다. 이런 모금단체를 비롯해 각종 커뮤니티 조직이 미국에만도 2백 개가 넘는다(홍익희, 유대인 이야기, 2013).

이러한 제도는 그들의 율법이 명하는 바에 따른 것이다. 율법에는 사람에게는 돈을 빌려주어야 한다는 말과 동족에게는 이자를 취할 수 없다는 말이 있다.

〈탈무드〉에는 재물은 자신의 것이 아니라고 말한다. 돈은 좋은 일을 위해 율법에 필요한 곳에 쓰라고 준 것이다. 쌓아놓지 말라고 한다. 지혜 있는 자가 말하기를 "재물은 악이 아니라면 저주도 아니다. 재물은 사람을 축복하는 것이다. 재물을 가지고 우선 자녀들을 키우고 교육하는 일을 하라. 그 나머지는 자선(선행)을 베풀기 위한 것이다. 자선이란 다른 사람을 도와주는 것이다. 돈은 하나님으로부터 선물을 살 기회를 준 것이다"라고 기록하고 있다.

이러한 전통은 현재까지 면면히 이어져 내려오고 있다. 유대인의 성공은 이러한 제도적 뒷받침이 있었기에 가능했다. 이러한 전통은 유대인들이 미국에 이민 가서도 계속되고 있다. 성공한 유대인들은 기부금을 내는 것을 당연한 의무라고 생각한다. 보통 1만 달러에서 50만 달러까지가 절반 정도 되며, 500만 달러가 넘는 금액을 기부하는 사람들도 있다. 이런 모금단체들을 비롯하여 각종 커뮤니티 조직만 미국에 200개가 넘는다.

로스앤젤레스에 있는 유대인단체는 유대인에게 무이자로 사업자금을 빌려주는데 그 회수율이 80%가 넘는다고 한다. 물론 그 자금으로 성공한 사람들은 이자보다 훨씬 많은 금액을 또 다시 기부한다. 그래서 기부금이 점점 늘어나고 있다. 이렇듯 유대인들은 그들 스스로 수직적, 수평적 생태계를 형성하여 끌어주고, 밀어주는 공동체를 이루고 있다(홍익희, 유대인 창의성의 비밀, 2013).

유대인들은 실패를 두려워하지 않는다. 실패도 큰 자산이라고 생각한다. 그래서 무이자 대부협회도 실패한 창업자에게 3번까지 무이자 대부 기회를 허락한다. 이렇게 동족 간에는 시스템으로 창업을 지원한다. 특히 유대인들은 실패를 경험할 수 있도록 성공에 가까워진다는 후츠파정신이 투철하다. 이스라엘에서 청년 창업이 활성화될 수 있는 터전이다.

2018년 10월 15일 기준 나스닥에 상장된 이스라엘 기업은 총 86개에 이른다. 반면 우리나라 기업은 한화큐셀, 그라비티 단 두 곳뿐이다. 일본 기업도 세 곳에 그친다(심두보 기자(shim@decenter.kr), 디센터, 2018. 10. 15).

토라와 탈무드를 읽고 실천하는 신앙생활

하나님이 유대인을 선택할 때 세 가지 선물(결핍, 배움, 책(토라))을 주었다고 한다. 고대로부터 유대인은 책의 민족이라 일컬어져 왔다. 유대인이 역사적으로 다른 민족으로부터 숱한 박해를 받은 이유 중 하나로 문맹사회에서 유독 유대인들만 책(토라)을 많이 읽어 문맹률이 낮았기 때문이라고 한다. 세계적으로 가장 독서를 많이 하는 민족은 유대인이다.

기원전 6세기부터 쓰이기 시작한 〈탈무드〉에는 독서에 관한 수많은 경구가 있다. "돈을 빌려주는 것은 거절해도 좋으나 책을 빌려주기를 거절해서는 안 된다"는 말이 있다. 유대인에게 독서는 일종의 신앙생활 중 하나이기도 했다.

14세기 유대인 계몽가인 임마누엘은 "그대의 돈을 책을 사는 데 써라. 그 대가로 거기서 황금, 지성을 얻을 것이다. 만일 잉크가 책과 옷에 동시에 묻었거든 먼저 책에 묻은 잉크부터 닦아낸 다음 옷에 묻은 잉크를 처리하라. 책과 돈을 동시에 땅에 떨어뜨렸다면 먼저 책부터 집어 올려라"고 말했다. 이들은 많이 배운 자가 돈을 가진 자보다 훨씬 배가 부르다고 말했다. "책 두 권을 읽은 자가 책 한 권 읽은 자를 지배한다"고도 했다.

2017년 국민 독서 실태조사에 따르면 한국 성인의 연평균 독서량은 8.3권이다. 일본은 40권, 이스라엘 국민 연평균 독서량은 60권이다. 유대인의 역량은 독서량을 기초로 커지고 있다. 왕성한 독서 덕분에 부모와 자녀 간 질문과 대답이 가능하다. 유대인의 전통적 학습방법인 하브루타 러닝도 독서로 얻은 지식을 토대로 진행된다.

한국인과 유대인의 독서량을 연차적 개념으로 환산해 보면, 10년이 지나면 한국인은 83권 읽는데 이스라엘 국민은 600권을 읽는다. 50년이면 한국인은 415권을 읽는데, 이스라엘은 3,000권을 읽는다. 시간이 흐를수록 독서량의 차이는 커진다. "독서량의 차이가 개인은 물론 국민역량의 차이가 되고 국력의 기반을 다지는 기반이 된다"는 명제가 왠지 불편하기만 하다.

교육은 모방에서 시작된다. 부모 스스로가 모범을 보이는 것은 자녀교육에 중요한 요소다. 유대인들은 TV는 거실에 두지 않고 방에 둔다. 아이들에게는 어린이 프로그램만 허용한다. 이는 처음부터 자녀들하고 약속하고 훈련시킨다.

창의성은 특별한 사람의 유전자에 각인된 초자연적인 힘이 아니라 누구나 배우고 발전시킬 수 있는 능력이다. 독서는 창의력과 상상력의 원천이다. 독서는 사고력을 키워준다. 독서 후에 독서내용을 주제로 토론을 하는 하브루타 러닝은 상상력과 사고력을 극대화시키는 최고의 학습방법이다.

CHAPTER 04

유대인의 경제교육

1. 나눔을 실천하는 체다카(Tzedakah)
2. 어휘력을 높이는 밥상머리 교육
3. 3세부터 시작되는 조기 경제교육
4. 부모 일터에서 배우는 체험학습
5. 성인식 세 가지 선물의 의미
6. 13세부터 투자방법을 배운다

유대인의 경제교육

전 세계 5천년 역사를 뒤돌아 볼 때 고대 국가 중에서 오늘날까지 나라 이름이 존속된 국가는 이스라엘이 유일하다. BC 8세기경 지중해 연안을 중심으로 탄생한 로마가 강력한 국가로서의 입지를 굳히게 된 시기는 BC 510년 공화정기(共和政期)부터다. 모든 길은 로마로 통한다는 '팍스 로마나'를 구가하며 약 800년 동안 강력한 왕국을 누렸으나, AD 245년 '가이우스 디오클레티아누스(245~316)'가 황제가 되면서 로마제국은 4등분이 되었다. 마지막 세력이었던 비잔티움제국(동로마제국)마저도 1,453년에 몰락을 맞이하고 지구상에서 국가로서의 존재가 사라졌다. 영원히 존재할 것 같았던 로마제국은 왜 스스로 멸망하였을까?

〈로마제국 쇠망사〉에는 '가정의 몰락'이 로마 멸망의 원인이 되었다라고 기술하고 있다. 무력과 총칼로 일어난 나라는 또 다른 무력과 총칼에 의해 멸망한다는 교훈을 역사에서 배웠다. AD 70년에 로마에 의해 멸망한 이스라엘은 1948년 제2차 세계대전이 끝난 이후까지 2천년 동안 나라 없는 민족으로 살아왔지만 그들은 '가정(home)'이라는 소중한 가치를 유지해 왔다. 전 세계에 분산되어 나라 없이 생명을 유지해 왔지만 그들이 잃지 않고 지켜온 것은 가정이었다. 어디에 사는 것도 중요했지만 그들이 지켜온 가정은 생존을 위한 마지막 보류였다.

그들에게 '가정(home)'은 곧 국가였으며, 학교였으며, 성전(聖殿)이었다. 부모는 교사였으며, 대제사장(大祭司長)이었다. 그들에게는 〈토라〉와 〈탈무드〉가 있었다. 토라와 탈무드는 그들이 배우고 익혀야 하는 역사며, 전통이며, 삶을 지탱해 주는 율법이었고 필수교과서였다. 아이들은 토라와 탈무드를 가정교육을 통하여 부모에게서 배웠다.

3대가 함께하는 격대교육(格代敎育)을 통하여 가정교육은 2천년 넘게 이어져 왔다. 가정을 통하여 가족의 중요성, 이웃과 공동체의식의 함양으로 굳건한 국가관을 형성하였다. 이웃돕기와 봉사, 자선과 배려, 나눔과 기부를 종교적 가치뿐만 아니라 생활 속에서 실천하며 습관으로 몸에 익혀 왔다. 특히 유대인들은 자녀가 어렸을 때부터 경제관련 교육을 철저히 시킨다. 자녀의 경제교육은 돈을 쓰는 방법부터 먼저 가르친다. 유대인 자녀들은 돈을 쓰는 방법으로 자선활동을 중요시 여긴다. 그들은 어렸을 때부터 이웃을 돕는 습관이 몸에 배어 있다.

부모로부터 '노블레스 오블리주' 문화를 일상생활을 통하여 실천하며 배운다. 유대인들은 가난한자나 부유한 자나 모두 자선활동을 강조하며 생활 속에서 실천하도록 가르치고 있다. 아이들이 어렸을 때부터 남에게 베풀고 나누는 정신을 심어준다. 이것이 바로 '체다카(Tzedakah)'활동이다.

1 나눔을 실천하는 체다카(Tzedakah)

'체다카'는 유대인의 대표적인 경제활동으로 자선활동이라고도 한다. 전통적으로 유대인 가정에는 어린아이부터 어른까지 잔돈을 모으는 저금통인 '체다카 저금통'이 있다. 식탁 위에나 거실 등 다른 사람의 눈에 잘 띄는 곳에 비치한다. 아이들이 손가락으로 동전을 집을 힘이 있을 때부터 잔돈을 모아 저금통에 집어넣는 습관을 기른다.

체다카 저금통은 겉모양이나 재질과 상관없이 특별한 용도, 즉 기부를 위한 특별한 목적을 가진 저금통이다. 유대인들은 저금통이 가득 차면 그 돈으로 가족들이 외식을 하거나 갖고 싶은 것을 사는 데 쓰는 것이 아니라, 가난한 이웃을 돕기 위한 기부금으로 보낸다고 한다.

상거래에서도 나눔의 문화는 깊숙이 자리 잡고 있다. 유대인시장에서는 오후가 되면 상인들이 팔던 물건의 일부를 포장하거나 한쪽으로 떼어놓는다. '타임세일', '반액세일'의 용도가 아니라 필요한 사람들이 자유롭게 가져갈 수 있게 하기 위한 배려다.

이와 같이 유대인들에게 기부와 자선은 생활 속에 뿌리 깊게 자리하고 있다. 일반적으로 소득의 1/10을 기부에 쓰고 있으며, 축적된 부를 사회에 환원하는 데도 앞장선다. 히브리어에는 "남에게 베풀다"라는 자선을 의미하는 단어가 없다고 한다. 가장 비슷한 말이 '체다카'라는 단어인데, 이는 '해야 할 당연한 행위'라는 뜻이다. 자선을 의무로 여기고 있는 것이다. 그래서인지 유대인들은 기부를 위한 저금통을 '체다카'라고 부른다.

유대인처럼 나눔을 실천하려면 나눔의 정신은 머릿속으로는 공감되지만, 행동으로 실천하기까지는 많은 갈등을 가져올 수 있다. 기부가 '나의 것'을 줄어들게 하는 손실로 여겨질 수 있기 때문이다. 그러나 다시 한 번 곰곰이 생각해 보자. 유대인들이 어려서부터 나눔을 실천하는 것은 그들이 특별히 선한 민족이기 때문일까? 유대인들이 자녀에게 자선을 강조하는 것은 정의로운 사람으로 자라게 하기 위해서다. 또한 이웃을 돕는 기부를 통해 자녀에게 돈이 지니는 큰 힘을 가르친다.

'체다카'란 저금통에 모인 돈으로 기부할 수 있는 기준이 묵시적으로 정해져 있다고 한다. 아이들이 모은 기부금은 자신의 필요를 채우기 위해 지출하는 것이 아니다. 가족 중에서 소득이 없거나 형편이 어려운 사람에게 먼저 기부한다. 대부분 연세가 많고 경제력이 없는 할아버지, 할머니에게 용돈을 드리는 것으로 지출된다. 아이들의 최초 지출이 이루어지는 것이다.

다음으로 친척→이웃→사회→민족을 위해 지출된다고 한다. 흔히 기부라고 하면 거창하게 생각하기 쉽지만 주변을 살펴보면 요즘 초등학생도 그다지 달가워하지 않을 100원짜리 동전이나 1,000원짜리 한 장으로 만들 수 있는 기적이 적지 않다. 예컨대, 우리나라에서 100원으로는 자판기 커피 한 잔조차 마실 수 없지만, 아프리카 케냐와 방글라데시에서는 밥 한 끼를 먹을 수 있다. 사업을 통하여 큰 성공을 거둔 유대인들은 자신이 어려웠을 때를 잊지 않고 사회기부에 적극적이며, 사회 전체가 자선사업에 참여하도록 앞장선다. 이처럼 그들의 행동은 우리 인간 세계의 소중한 정신적 자산이며, 더 많은 사람들이 그들의 체다카활동 덕분에 관심과 행복을 누릴 수 있다.

2 어휘력을 높이는 밥상머리 교육

유대인의 교육은 식탁에서 시작된다. 유대인들은 식탁예절을 매우 중요하게 가르친다. 감사한 마음으로 골고루 먹고, 충분히 대화를 나누면서도 늘 예절을 지킨다. 유대인들은 가족 식탁에서 구약성경을 인용하고, 아이들에게 탈무드에 나오는 "받고자 하면 먼저 주라"는 황금률의 지혜를 가르친다. 또 감사기도로 식사를 시작하며 온 가족이 끊임없이 대화한다. 그들은 식탁에서 침묵하는 것이 가장 심한 벌이라고 생각한다. 가족 간의 풍부한 대화는 전두엽을 발달시키는 또 하나의 조기교육이며, 최고의 밥상머리 교육이라는 것이다.

유대인들에게 식사시간은 사회적 활동을 배움과 동시에 경제습관을 배우는 중요한 교육과정이다. 유대인들은 가족의 식탁에서 중요한 대화가 시작되어 확대되어 가도록 한다. 말을 배우기 시작하면서부터 말하는 법, 질문하는 법, 토론하는 법, 다른 사람의 말을 경청하는 법, 예절 등을 식탁에서 교육한다. 부모는 대화를 통해 아이가 스스로 답을 찾고 어떤 환경에서도 강인하게 살아갈 수 있도록 가르친다.

토요일은 예배 외에 온종일 가족이 함께하며 식사하고 대화한다. 식사시간은 가족이 서로 사랑을 나누는 치유의 장이 된다. 밖에서 받은 상처도 가족과의 대화를 통해 치유한다. 유대인 아이들은 식탁 앞에서 어린 시절부터 대화의 기술을 배우며, 이를 바탕으로 성장한 뒤에는 세계 곳곳에서 국제적 커뮤니티를 운영한다. 그들의 대화기술이 더해져 종종 세계적인 부를 이뤄내기도 한다. 식사시간의 대화를 통해 아이들의 어휘력이 평소

보다 5배 이상 향상된다고 한다.

우리 선조들은 아이는 부모의 꿈이고 미래의 희망이라고 했다. 성경 〈잠언서〉 17장 6절에는 '손자는 노인의 면류관이요, 아비는 자식의 영화'라고 말하고 있다. "채찍과 꾸지람이 지혜를 주거늘 임의로 행하게 버려둔 자식은 어미를 욕되게 한다(잠언서, 29장 15절)"라는 구절도 있다.

세 살 버릇 여든까지

우리 속담에는 "세 살 버릇 여든까지 간다"라고도 했다. 이는 어릴 때 익힌 습관(習慣)이 평생을 거쳐 나타난다는 의미다. 아이의 인성교육은 학교에서 이루어지는 것이 아니라 가정에서 이루어진다. 특히 어머니와 함께하는 습관적 행동과 밥상머리 교육이 중요하다고 한다. 우리 아이를 위한 밥상머리 교육의 실천지침 열 가지를 〈밥상머리의 작은 기적〉(SBS 스페셜 제작팀, 2010)이라는 책에는 다음과 같이 기술하고 있다.

- 일주일에 한 번이라도 정기적인 '가족 식사의 날'을 만들어라.
- 정해진 장소에서 정해진 시간에 식사하라.
- 어떤 일이 있어도 절대 큰소리는 내지 마라.
- 하루일과를 순서대로 말해보는 습관을 들여라.
- 네 생각에는 어떤데? 어떻게 하면 좋을까? 식의 오픈형 질문을 던져라.
- 단답형 표현을 짧은 문장으로 다시 말하게 하라.
- 공감을 통해 적극적인 표현을 유도하라.
- 의무감을 심어줄 때는 반드시 이유를 설명해라.
- 아이가 잘못된 말을 하더라도 중간에 끊지 말고 끝까지 경청하라.
- 답변이 성의가 없을 때는 캐묻지 말고 생각할 시간을 주어라.

하버드대학과 콜롬비아대학 연구팀이 밝힌 놀라운 실험결과는 "하루 20분 가족 식사가 아이의 미래를 바꾼다"라고 밝히고 있다. 하버드대학 연구진의 실험결과에서는 "아이가 식탁에서 배우는 어휘량은 책을 읽을 때의 10배다"라고 했고, 콜롬비아대학 CASA 연구결과는 "가족 식사 횟수가 적은 아이는 흡연, 음주경험 확률이 높다"고 주장하고 있다. 이 연구결과는 우리 선조들이 이미 습관적으로 행하여 오던 습(習)의 원리이다.

우리 선조들은 "어릴 때 매(枚, 梅)를 아끼면 아이교육을 망친다"라고 했다. 〈탈무드〉에는 자녀교육을 위해 징계를 아끼지 말라고 했다. 오른손으로 매를 들고 왼손으로 감싸주라고도 했다. 나뭇가지(枝)의 매(枚, 梅)는 그 의미가 열매가 맺히는 가지(枝)이기도 하다. 어린아이 때 매를 아끼면 그 가지에는 열매가 맺히지 않는다는 의미이기도 하다. 따라서 부모는 가정교육을 통하여 아이가 열매 맺는 가지로 성장할 수 있도록 매를 아끼지 말아야 한다고 했다. 그런데 우리나라 교육의 실상은 어떠한가?

부모는 어린아이 때부터 가정교육을 포기하고 어린이집이나 친정부모, 시부모님께 아이를 위탁양육하고 있다. 이이들의 습(習)의 대상이 되는 것은 어린이집 선생님이나 친정부모, 시부모가 아니라 나를 낳아준 부모라는 사실을 잊지 말아야 할 것이다.

불과 20년 전만 해도 우리나라에 소아정신과라는 병원은 많지 않았다. 놀이치료, 음악치료, 미술치료라는 단어도 흔하지 않았다. 그러나 지금은 어떤가? 어린이가 가장 많이 찾는 병원이 소아정신과며, 놀이치료, 음악치료, 미술치료 등 각종 치료센터다. 병원이나 각종 치료센터를 찾는 아이는 대부분 맞벌이라는 이유로 어릴 때부터 부모와의 애착관계 형성에 실패한 것이 가장 큰 원인이라고 한다.

애착관계(愛着關係)는 태아 때부터 7세까지 형성되는 아이와 부모 사이에 존재하는 애정이나 사랑의 정도라고 한다. 이는 아이의 일생을 통하여 영향을 미치기 때문에 이 시기에 부모들이 가장 관심을 갖고 아이양육에 집중해야 한다.

유대인의 밥상머리 교육

유대인들은 금요일 저녁이면 안식일을 지낸다. 안식일에는 일을 하지 않으며 온 가족이 식탁에서 '하브루타'를 통하여 토라를 배우며 대화를 이어간다. 성경적 가르침은 물론 주중에 있었던 일상적인 대화를 중심으로 질문과 대화를 계속하며 토론과 논쟁으로 진리(眞理)에 접근하려는 노력을 이어간다.

부모님은 물론 조부모까지 함께하며 3대가 동시에 동일한 주제를 놓고 자기 생각을 논리적으로 주장하며 경청과 배려, 협상, 커뮤니케이션과 프레젠테이션 역량은 물론 제기된 내용을 정리하고 최종적으로 발표하는 밥상머리 교육을 일상적으로 진행하고 있다.

이는 이스라엘이 AD 70년에 로마제국에게 나라를 정복당한 이후에도 가정을 중심으로 2천년 이상 이어져 온 전통적인 가정교육의 한 형태이다. 나라는 로마에게 정복당했지만 가정(home)은 살아 있었기에 국가를 재건할 수 있었다. 전 세계를 떠돌아다녀도 유대인이라는 정체성과 가정은 남아 있었다. 이들에게 가정은 곧 국가인 동시에 성전이었으며, 식탁은 재단이었으며, 부모는 교사였고, 대제사장이었다. 그들은 가정에서 탈무드를 통하여 토라와 율법을 배우며 역사와 전통을 배웠고 정체성을 이어올 수 있었다.

우리나라의 밥상머리 교육

과거 우리 선조들은 "밥 먹을 때 말을 하면 복 나간다"라고 가르치며 말을 하지 말도록 했다. 이러한 가르침이 해방 이후 70년이 지난 지금의 현대 가정에서도 그대로 이어져 오고 있다. "밥 먹을 때는 개도 안 건드린다"고 그저 조용히 밥만 먹으라고 가르쳤다. 그러다 보니 식사시간이 5~10분이면 끝났다. 그러니 밥상머리에서 교육을 할 기회는 고사하고 다정히 이야기할 기회조차 갖지 못했다.

뭔가 잘못된 것은 아닌가? 온 가족이 한자리에서 식사하며 다양한 주제로 이야기하며 화기애애한 분위기를 상상만 해도 즐거운 모습 아닌가?

최근 한 통계자료에 의하면 1일 아버지와의 평균 대화시간이 5분 미만이라는 응답이 48퍼센트, 5~15분 이내라는 응답이 25퍼센트라고 한다.

혹자는 대화내용을 보면 너무나 일상적인 내용이며 부모님의 일방적인 지시나 훈계가 대부분이라고 한다. 아이들을 대화상대로 인식하고 아이들 의견을 존중하며 경청과 배려를 통한 진정한 대화는 찾아보기 어려운 것이 현실이라는 주장을 하기도 한다.

3 3세부터 시작되는 조기 경제교육

유대인은 아기가 걸음마를 하기 전부터 동전을 쥐여 주며 늘 저금통에 저축하는 습관을 가르친다. 저축하는 통과 기부하는 통을 따로 마련하여 어릴 때부터 자연스럽게 생활속에서 저축 습관과 기부 습관을 기르도록 한다. 일례로 돈을 관리하다 실수해도 자신이 책임지도록 가르친다. 이렇게 자란 유대인 아이는 어릴 때부터 돈관리와 경제에 눈을 뜨게 된다. 또 부모들은 아이가 어릴 때부터 돈을 쥐여 주고 함께 시장에 가서 직접 사용해 보도록 가르친다.

가족 통장을 만들어 이웃을 위해 함께 모아 기부하는 경우도 많다. 부모와 함께 시장에 갈 때는 시장에서 사고 싶은 물건의 리스트를 사전에 기록해 간다. 쇼핑 중에 사고 싶은 물건이 있어도 사전에 작성한 기록의 목록에 없을 경우에는 구입하지 않는다. 당장 생활에 필요하지 않기 때문에 충동구매를 못 하게 하는 것이다.

4 부모 일터에서 배우는 체험학습

우리나라에서는 부모가 장사를 하면 자녀를 일터에 오지 못하게 하고 그 시간에 공부나 하라고 하는 경우도 많지만 그들은 다르다. 유대인 부모는 부모의 일터에 아이도 함께하도록 한다. 장사하는 것을 함께 돕고 체험하게 함으로써 경제의 중요성, 이익과 분배에 대해서도 가르친다.

또 현장에서 고객을 대하는 태도, 돈을 관리하는 방법, 수입과 지출에 대해서 자세히 알려주고 힘들게 번 돈을 아껴 쓰는 지혜도 몸소 가르친다. 또한 가족 식탁에서도 이런 이야기들을 자연스럽게 나누곤 한다.

물건을 살 때 가격을 흥정하는 모습을 직접 배우도록 한다. 슈퍼나 백화점에서 물건을 사고자 할 때는 사전에 구입하고자 하는 물품, 수량, 예상

가격 등을 미리 작성한 목록을 가지고 간다. 특히 자녀들과 함께 쇼핑을 할 경우 철저히 이를 지킨다. 쇼핑 중간에 목록에 없는 물건이 눈에 띄어도 사전에 계획되지 않은 물품은 충동구매를 하지 않는다. 이런 모습을 아이들은 어릴 때부터 습관적으로 배우게 된다.

특히 부모님의 직장에서 부모들이 하는 직업활동에 대하여 자세히 설명을 듣기도 한다. 집에 돌아와서는 아버지와 함께 직업활동에 대한 궁금 점을 하브루타를 통해 배우게 된다. 이러한 활동이 누적되어 아이들의 직업체험 기회를 널리 확장시켜 가는 것이다.

5 성인식 세 가지 선물의 의미

유대인 아이들은 만 13세가 되면 성인식을 한다. 가족과 가까운 친척들을 초청하여 아이의 성인됨을 축하해 준다. 이때 축하선물로 성경, 손목시계, 축의금 등을 받는다. 성경을 주는 것은 지금부터는 부모의 중간 역할 없이 신과 직접 독대할 존재로 자신을 인식하라는 뜻이고, 손목시계는 약속과 시간을 소중히 여기라는 뜻이다. 그리고 축의금은 일생의 종잣돈으로 독립을 준비하라는 의미다.

아이들의 성인식에 참여한 축하객들로부터 받은 축의금은 성인이 된 아이의 이름으로 은행에 저축한다. 성인식을 통하여 아이의 통장에 한화기준으로 약 7천만 원~1억 원 정도가 저축이 된다고 한다. 이 돈은 부모님 품을 떠날 때까지 성인이 된 아이가 스스로 관리한다. 어릴 때부터 책임감을 가지고 경제관리를 할 수 있도록 훈련하는 셈인데, 아이가 성장하여 창업이나 독립할 때는 성인식 때 축의금으로 받아 관리하던 돈이 종잣돈 역할을 하게 된다.

특히 13살 때면 신체적으로 사춘기에 접어들 시기이지만, 이들의 통장에는 거액이 예치되어 있어 사춘기의 시류에 빠지지 않고, 이 돈을 어떻게 투자할 것인가를 공부한다. 유대인 자녀의 경제교육은 12세까지는 기부와 저축의 개념으로 교육받지만, 13세 성인식 이후에는 저축보다 투자의 개념으로 경제교육을 받는다. 이렇게 교육을 받은 유대인 아이들은 자라서 경제의 주역으로 활동한다. 이와 같이 유대인의 경제관념은 우연히 형성된 것이 아니라 오랜 시간과 문화, 교육으로 다져진 것이라 해도 과언이 아니다.

6 13세부터 투자방법을 배운다

중국속담에는 "돈을 굴리지 않으면 돈도 당신을 신경 쓰지 않는다"라는 말이 있다. 기업의 CEO든 샐러리맨이든, 자신의 자산가치를 불리고 싶다면 재테크방법을 배워야 한다. 유대인은 돈냄새를 잘 맡고 부의 축적에 민감한 두뇌를 가진 천부적인 투자 DNA를 가지고 태어난 듯하다. 유대인은 재테크가 돈을 버는 것만큼이나 중요하다고 생각한다.

유대인들은 돈을 얼마나 벌든 간에 과학적이고 합리적인 자산관리방법을 갖고 있지 않다면 사상누각(沙上樓閣)이 되는 것처럼 모은 재산이 한순간에 사라질 수 있다고 생각한다. 따라서 그들은 재산을 과학적으로 관리하고, 재산가치를 증가시키려고 노력한다. 결코 무절제하게 과소비하지 않는다.

성경에 달란트 비유라는 말씀이 있다.

> 어떤 사람이 타국으로 먼 여행을 떠나며, 종들을 불러 자기 소유를 맡겼다. 각각 그 재능대로 한 종에게는 금 다섯 달란트를, 또 한 종에게는 두 달란트를, 또 다른 한 종에게는 한 달란트를 주고 떠나며, 이 재산을 잘 관리하도록 했다.
>
> 다섯 달란트 받은 자는 바로 가서 그것으로 장사하여 또 다섯 달란트를 남기고, 두 달란트 받은 자도 그같이 하여 또 두 달란트를 남겼으나, 한 달란트 받은 자는 가서 땅을 파고 그 주인의 돈을 감추어 두었다.
>
> 오랜 후에 주인이 돌아와 종들과 함께 회계할 때 다섯 달란트 받았던 자는 다섯 달란트를 더 가지고 와서 가로되 "주여, 내게 다섯 달란트를 주셨는데 보소서, 내가 또 다섯 달란트를 남겼나이다." 그 주인이 이르되 "잘하였도다, 착하고 충성된 종아. 네가 작은 일에 충성하였으니 내가 많은 것을 네게 맡기리니 네 주인의 즐거움에 참여할지어다."
>
> 두 달란트 받았던 자도 와서 가로되 "주여, 내게 두 달란트를 주셨는데 보소서, 내가 또 두 달란트를 남겼나이다." 그 주인이 이르되 "잘하였도다, 착하고 충성된 종아. 네가 작은 일에 충성하였으니 내가 많은 것을 네게 맡기리니 네 주인의 즐거움에 참여할지어다."
>
> 한 달란트 받았던 자도 와서 가로되 "주여, 당신은 굳은 사람이라 심지 않은 데서 거두고 헤치지 않은 데서 모으는 줄을 내가 알았으므로, 두려워하여 나가서 당신의 달란트를 땅에 감추어 두었습니다. 보소서 당신의 것을 받으세요" 하니 그 주인이 대답하여 가로되 "악하고 게으른 종아. 나는 심지 않은 데서 거두고 헤치지 않은 데서 모으는 줄로 네가 알았느냐? 그러면 네가 마땅히 내 돈을 취리하는 자들에게나 맡겼다가 내가 돌아와서 내 본전과 변리를 받게 할 것이니라 하고, 그에게서 그 한 달란트를 빼앗아 열 달란트 가진 자에게 주어라. 무릇 있는 자는 받아 풍족하게 되고, 없는 자는 그 있는 것까지 빼앗기리라. 이 무익한 종을 바깥 어두운 데로 내어 쫓으라. 거기서 슬피 울며 이를 갊이 있으리라 하니라."
>
> – 마태복음 25장 14~30절 –

유대인들은 이 말씀을 아이들 경제교육에 잘 활용한다. 성인식 때 받은 축의금을 종잣돈으로 어릴 때부터 투자에 관심을 갖게 한다. 유대인 부모들은 아이들에게 부의 축적이란 푼돈에서 비롯된다고 가르친다.

성공한 사업가는 얼마의 재산을 보유하고 있든 간에 동전 한 푼도 함부로 쓰지 않는다. 그러나 주변에는 큰일을 하려면 쩨쩨하게 푼돈에 얽매이지 말고 큰돈에 주목해야 한다고 생각하는 사람이 많다.

유대인들은 이런 재테크 인식은 잘못이라고 믿는다. 한 사람의 금전관은 그의 인생관 또는 사업관을 대변한다. 만약 푼돈을 아끼지 않는다면 성공의 결과는 점점 멀어지고, 이런 부류의 사람은 부를 창출하겠다는 꿈을 실현하지 못하게 된다.

CHAPTER 05

하브루타와 인성교육

1. 성(性)의 본질적 이해
2. 공부에 대한 이해
3. 격물치지(格物致知)의 이해
4. 가정교육과 하브루타

CHAPTER 05

유대인의 하브루타 러닝

Havruta Learning

하브루타와 인성교육

40년간 중등학교에서 교직생활을 하고 은퇴한 선생님의 고백에서 인성의 난해함을 엿볼 수 있다. 교직생활을 통하여 아이들을 어떻게 가르쳐야 하는가에 대하여 가장 많이 강조한 말이 지식보다 인성(人性)이 잘 갖추어진 아이로 가르치는 것이었다.

매년 한 해도 거르지 않고 상부에서 내려오는 내용 중 해마다 반복되는 문구가 "인성을 갖춘 학생으로 육성하라!"는 것이었다고 한다. 그러나 막상 아이들이 "인성이 무엇입니까?"라고 질문해 오면 자신 있게 답할 수가 없었다고 했다.

기업을 경영한 지 20년이 넘는 한 최고경영자는 매년 신입사원을 채용할 때 가장 큰 어려움이 좋은 대학 출신자도 아니고, 학점이 높은 자도 아니고, 인성을 갖춘 직원을 뽑는 것이라고 했다. 전문성이 아무리 뛰어나도 인성이 나쁘면 최종선발에서 제외한다고도 했다. 하지만 솔직히 어떤 기준으로 뽑아야 할지 난감하다고 했다.

이들의 공통 관심사는 무엇이라고 생각하는가? 그렇다 '인성'이다. 현대

사회에서 가장 중요한 가치로 회자되는 단어 중 하나를 꼽으라면 '인성'이 빠질 수 없을 것이다. 특히 인간관계에서는 그 중요성이 더욱 강조된다.

사람들은 인성교육이 중요하다고 하면서도 인성교육을 어떻게 해야 하는가라는 질문에는 제대로 대답하지 못한다. 우리나라에서는 학교교육을 통한 인성교육을 하고자 '인성교육진흥법'을 제정(2014년 12월 29일)했다.

인성교육진흥법 제2조(정의)에는 인성교육의 '핵심 가치 · 덕목'으로 '예(禮), 효(孝), 정직, 책임, 존중, 배려, 소통, 협동' 등 여덟 가지를 제시하고, 이것이 마음가짐이나 사람됨과 관련된 핵심 가치 또는 덕목이라고 구체적인 설명을 덧붙이고 있다.

아울러 '핵심 역량'이란 핵심 가치 · 덕목을 적극적이고 능동적으로 실천 또는 실행하는 데 필요한 지식과 공감 · 소통하는 의사소통능력이나 갈등해결능력 등이 통합된 능력이라고 설명하고 있다.

이렇게 중요한 인성교육을 유대인들은 어떻게 가르치고 있는가? 유대인들의 자녀교육은 13세 이전까지 영성을 기반으로 인성교육을 완성하는 것을 목표로 삼고 있다. 그들은 태중의 아이 때부터 〈토라〉와 관련된 영성교육을 어머니가 중심이 되어 5세까지 실시하고, 6세부터 13세까지는 아버지가 중심이 되어 역시 〈토라〉를 기반으로 인성교육을 실시한다. 유대인 부모들이 아이들에게 가르치는 인성교육방법 역시 '하브루타 러닝'이다. 이들이 중요시하는 인성교육은 〈토라〉의 613가지 율법을 기반으로 10가지 엑설런스(excellence) 행동원칙으로 '동기부여, 인내력, 감수성, 호기심, 창의력, 열린 사고, 낙관, 전문성, 겸손, 정직' 등을 제시하고 있다.

인성에 관하여 논의하기에 앞서 '인성'에 대한 의미를 정확히 이해할 필요가 있다. 인성이란 사람 인(人)과 성품 성(性)이 합쳐진 단어다. 성(性)

에 대한 이해를 위해 〈중용(中庸)〉 '제1장 천명장(天命章)'의 '성도교(性道敎)'의 개념을 통하여 성의 본질을 이해할 필요가 있다.

1 성(性)의 본질적 이해

성(性)의 사전적 의미는 '사람이나 사물의 본바탕 또는 그것들이 태어나면서 가지는 기질(氣質)'이라고 정의하고 있다. 즉, 문명의 훈도(訓導)가 가해지기 전의 인간이나 사물의 본래적 상태로서 생활 속의 의미로 '사물이 되어가는 '꼴'(본래의 제 모습을 갖추는 과정)이라고 정의하고 있다.

– 박완순, 인성개발연구원장 –

성(性)이라는 글자의 개념을 정확히 이해하지 않고 일상적으로 알고 있는 정도에 머물면 때로는 황당한 상황에 직면하기도 한다. 해외여행 시 출국신고서나 입국신고서 작성 시에 성별(sex) 난에 체크를 해야 하는 경우가 있다. 이때의 성은 남녀를 구별하는 의미로 사용된다.

공자의 제자가 스승에게 "성(性)이란 무엇입니까?"라고 질문을 했다. 공자는 제자에게 '喜怒哀悲 之氣, 性也(희노애비 지기, 성야)'라고 했다. 즉, 기뻐하고, 노여워하고, 슬퍼하고 비통해하는 기질(氣質)이 바로 성(性)이라고 했다. 성(性)이 마음속에 있을 때는 아무도 알 수 없지만 그것이 겉으로 드러나면 알 수 있다고 했다. 그것은 바로 사물과의 접촉이 그것을 끄집어내 주기 때문이라고 했다. 한편 인간성(人間性), 식물성(植物性), 동물성(動物性)을 표현할 때도 성자를 붙여 그 본질을 구별하고 있다. 일례로

喜怒哀悲 之氣, 性也(희노애비 지기, 성야): 성자명출(性自命出)

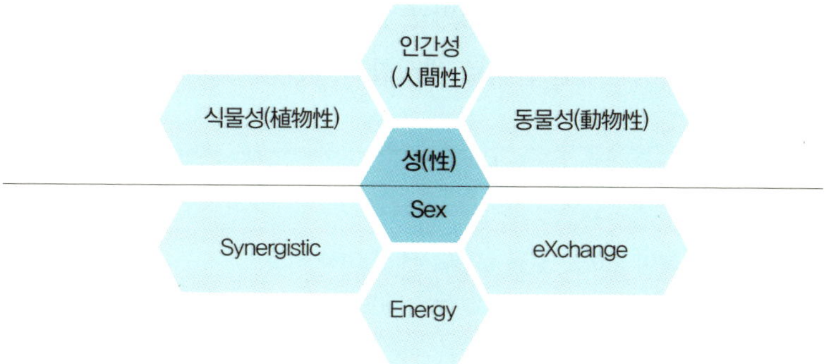

주요 개념의 이해

개념	의미
성(性)이란?	인간을 포함해 모든 동식물과 사물이 본래의 목적대로 완성되어 가는 꼴
인성(人性)이란?	사람이 태어나 어린이와 학생이라는 과정을 거쳐 자신의 생각을 비춰 볼 수 있는 마음의 거울을 가진 어른(長)으로 완성된 상태
어른(長)이란?	일가견을 갖춰 생각하고 행동함으로써 타인이 보고 배울 수 있는 본보기가 되는 사람
일가견(一家見)이란?	세상 경험을 통해 습득한 지식, 지혜를 바탕으로 주변현상에 대해 옳고 그름을 판단할 근거가 되는 정신적 사고체계의 고정된 틀(frame)
공부란?	어른의 일가견을 갖추기 위해 행하는 모든 정신적 · 육체적 노력

수성(水性)볼펜, 유성(油性)볼펜 등 볼펜의 본질적 특성을 구별할 때도 성으로 구분하고 있다.

볼펜의 기능은 가지고 있지만 물(水)의 특성을 가지고 있는 볼펜을 수성볼펜이라고 하며, 기름의 특성을 가진 볼펜을 유성볼펜이라고 한다.

따라서 성(性)자를 남녀를 구별하는 'SEX'의 개념으로 모든 것을 이해할 수 있는 것은 아니다. SEX라는 의미는 'Synergistic Energy e-Xchange'의 약자 조합으로 이루어진 단어로 해석할 수 있다.

성도교(性道敎)의 이해

天命之謂性: 하늘이 명하는 것을 일컬어 성(性)이라 하고,
率性之謂道: 성(性)을 따르는 것을 일컬어 도(道)라 하고,
修道之謂敎: 도(道)를 닦는 것을 일컬어 교(敎)라 한다.

– 중용(中庸) 제1장, 천명장(天命章) –

〈중용〉 제1장 천명장에 성도교(性道敎)라는 글이 있다. 하늘이 명한 것이 '성(性)이라 하고, 성을 따르는 것을 도(導)라 하고, 도를 닦는 것을 일컬어 교(敎)'라 한다.

"우주 만물이 하늘의 명대로 본래의 모습을 찾아가는 현상을 성(性)이라 하고, 성(性)의 완성으로 안내하는 과정(길)을 도(導)라 하며, 도를 닦도록 지원하는 모든 행위를 교(敎)라 한다." "호두를 깨려면 호두가 있어야 한다." 고정된 사고방식이나 고정된 인식을 고정관념이라고 한다. 변화가 중요한 화두가 되고, 속도가 경쟁력인 시대에 개인은 물론 조직 차원에서도 가장 경계해야 할 대상으로 고정관념을 지적하기도 한다. 그러나 곰곰이 생각이 보면 소위 고정관념이라는 단어에 대한 부정적 의미만 제외하면 고정된 사고방식이나 고정된 인식 자체는 사실 가치중립적 의미가 강하게 내포되어 있다.

고정관념은 '좋고 나쁘고 올바르고 틀림'의 문제가 아니다. 선악(善惡)이나 정부(正否)의 문제라면 고정된 사고방식이나 인식의 '틀' 자체는 오히려

인성도(人性圖)

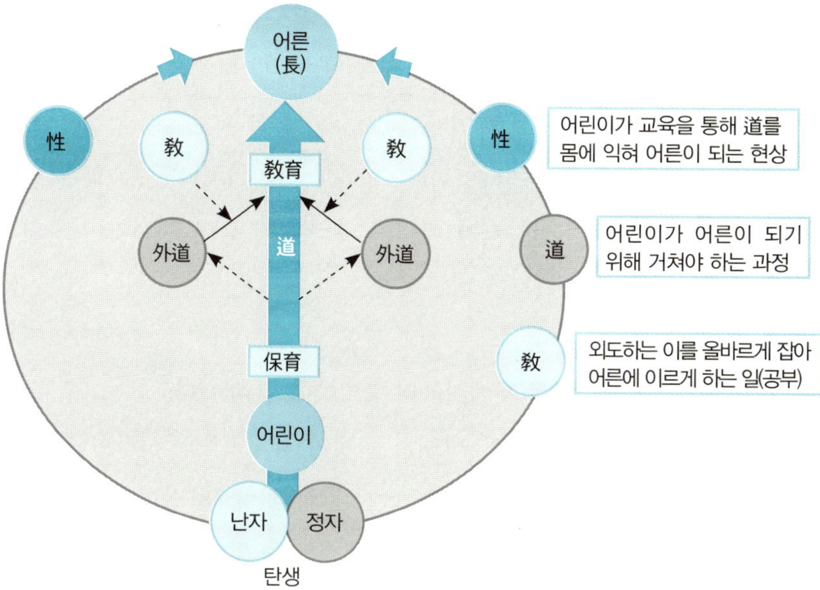

선(善)이고 정(正)이라고 할 수 있다. 고정된 사고방식이나 고정된 인식이 없으면 사람들은 사회현상이나 자연현상들을 제대로 이해할 수 없을 것이다. 그것은 옳고 그름을 비교할 수 있는 기준점이 없기 때문에 혼란을 초래하게 될 것이다. 우리가 정규 교육과정에서 배우는 모든 이론과 법칙이 사회현상과 자연현상을 이해하기 위한 '고정된 틀'이고 연역과 귀납을 통해 확립된 인식체계이다.

〈과학혁명의 구조〉에서 토마스 쿤이 이야기한 패러다임(paradigm)이 곧 고정관념이다. 문제는 어떻게 적용하는가에 달려 있다. 기존의 사고방식이나 고정된 인식을 주변상황에 따라 새로운 시각에서 적용하게 되면, 그것이 바로 창의적인 활동이 된다. 유대인이 3,500년 동안 삶의 현장에서 지켜온 '하브루타 러닝'의 기본 개념과 방법론을 연구하고, 집요하게 매달리면서 역발상을 포함한 새로운 발상과 응용으로 우리나라 교육환경에 맞도록 변화시키는 것도 창의적 활동에 해당된다고 할 수 있다. 사람이 성장해 가는 과정에도 일정한 패러다임이 있다. 우선 선조들의 경험을 통해 얻은 고정관념이 바로 패러다임이다. 교육도 마찬가지다. 교육과 관련된 고정관념을 버리는 것은 능사가 아니다. 고정관념을 바꾸는 것이 창의적 교육의 출발이다. 고정관념을 바꾸려면 우선 고정관념이 있어야 한다. 호두를 깨려면 호두가 있어야 하는 것과 같은 이치다. 아이들 교육도 고정관념, 즉 패러다임을 바꾸는 것에서부터 출발해야 할 것이다.

기존의 틀에서 작은 것부터 바꿔가는 것이 창의교육의 시작이다. 그동안 우리들이 활용해 온 교육방법은 그 시대에 맞는 교육방법이다. 농경사회에서는 전통적인 방법에 따라 배워도 별 어려움 없이 적응할 수 있었다. 산업화시대는 선진기술을 도입하여 제품을 생산하고, 경쟁력을 확보하고, 선진국의 기술과 문화를 배우고 익히기 위해서는 모방적 학습에 의한 공부방법이 최선의 방법이었다.

지식정보화시대에서는 더 이상 단순 모방에 의한 교육방법으로는 지속가능경영과 생존을 보장받지 못하는 시대가 되었다. 더욱이 'AI, IoT, 빅데이터, 로보틱, 3D프린팅, 자율주행 자동차' 기술 등으로 대표되는 4차 산업혁명시대에는 혼자서 독립적으로 살아가는 시대가 아니다. 모든 것이 상호 의존적으로 연결되는 초연결사회가 된 것이다. 원가(cost)경쟁에서 가격(price)경쟁을 넘어 가치(value)와 감성(emotion)경쟁에서 생존하기 위해서는 인간중심의 교육과 경영만이 생존을 보장하는 유일한 대안으로 떠오르고 있다.

성(性): 천명지위성(天命之謂性)

〈성자명출(性自命出)〉에는 '희노애비 지기, 성야(喜怒哀悲 之氣, 性也)'라고 가르친다. 이는 인간의 "본성(本性)은 천명에서 나온다"는 말이다. 즉, '문명의 훈도(訓導)가 가해지기 전의 인간이나 사물의 본래적 상태'가 '성(性)'이다.

인간이 '기쁘고, 화나고, 애통하고, 슬픈 기운이 본성'이라는 의미다. 인간의 본성은 밖으로 드러나지 않으면 알 수 없다. 이것이 밖으로 드러날 때 그 사람의 본성을 알 수 있다.

인성(人性)이란 '사람이 태어나 어린이와 학생이라는 과정을 거치며 교육을 통하여 희노애비(喜怒哀悲)의 에너지를 비춰 볼 수 있는 마음의 거울을 가진 상태'를 말하며, 이때 밖으로 드러나는 에너지를 갖추고 생각하고 행동함으로써 다른 사람이 보고 배울 수 있는 본보기가 되는 사람으로 성장하게 된다.

한편 자신의 삶을 통하여 교육과 경험을 통해 습득한 지식과 지혜를 바탕으로 주변현상에 대해 옳고 그름을 판단할 근거가 되는 정신적 사고체계의 고정된 틀을 일가견(一家見)이라고 정의하고, 어린이가 성장하여 일가견을 갖춘 성인이 된 사람을 어른(家長, 部長, 社長)이라 부른다.

고등학교 교장 선생님(800명)을 대상으로 한 강의에서 "자신이 어른이라고 생각하는가?"라는 질문을 던졌다. 자신이 어른이라고 답하는 비율이 30% 정도 되었다. 나머지는 분명한 답을 하지 않았다. 답을 하지 않았다고 해서 그들이 어른이 아니라고 생각하는 것은 아닐 것이다. 다만, '어른'이라는 단어에 대한 이해가 부족해서 어른이라는 말에 동의하지 않은 것으로 생각된다.

대학 4학년 학생들을 대상으로 어른에 대한 개념을 설명하지 않고 "당신은 어른인가?"라는 질문을 던졌다. 80%의 학생들이 자신은 아직 어른이 아니라고 했다. 그 이유를 물었으나 그냥 그렇게 생각한다는 것이었다.

그렇다면 '어른'이라는 단어를 어떻게 정의할 수 있을까? 당신은 어른인가라는 질문을 던지면 대체로 다음과 같은 세 가지 반응이 나타난다.

첫째, 나이는 법적으로 20세가 넘었고, 신체적으로도 성인이 되었지만 아직 사고체계는 어른이 아니다.

둘째, 법률적으로 성인이 되었으므로 어른이다.

셋째, 자신이 어른인지 아닌지 분별할 능력이 아직 없다.

교육의 궁극적 목표는 아이를 어른으로 만들어가는 것이라고 한다. 자신이 어른인가라는 질문에 상응하는 답은 위의 세 가지에 포함되어 있다.

도(道): 솔성지위도(率性之謂道)

성(性)이 완성되도록 이끄는 길을 도(道)라고 했다. 도의 한자어는 '길'이다. 사람이 한 번 지나갔다고 길이 만들어지지 않는다. 여러 사람이 다양한 방법으로 시도해 보고 수많은 시행착오와 반복적인 수행과정을 거쳐 가장 안전하고, 가장 순리적이며 가장 보편적이라고 판단되는 시점에 길이 만들어진다.

도올 김용옥은 "길(道)은 반드시 선택되어 반복적인 습성을 통해 형성되는 것이다"라고 했다. 그러니 그 선택된 길은 계속 끊임없이 사람이 다니고 보수공사를 해야만 유지된다. 그 길을 닦는 과정(즉, 修道)은 '근정(近

情)'에서 '근의(近義)'로 가는 과정이다. 즉, 모든 사람들이 그 길을 걸어가도록 만드는 것은 '의(義)'이지만, 그것은 '정(情)'에서 시작하는 것이다.

'학이불사즉망(學而不思則罔), 학이불학즉태(思而不學則殆)' 배우기만 하고 생각하지 않으면 얻는 것이 없고, 생각만 하고 배우지 않으면 위태롭게 된다. 〈논어〉 위정(論語 爲政) 편에 나오는 글이다.

어린이가 어른이 되기 위해 가야 하는 길은 어떠한가? 갓 태어난 아이가 어머니의 품에서 성장하고, 아이에 맞게 교육을 받으며 사회인으로 맡겨진 일을 감당하는 과정을 '사람이 가야 할 길'이라고 할 수 있다. 이 길을 제대로 따라가야 어른으로 성장하게 된다는 의미이다.

남녀가 결혼을 하면 일가(一家)를 이루는 부부가 된다. 정자와 난자가 만나 어머니 품속에 잉태되어 40주(280일)가 지나면 아이가 태어난다. 아이가 자라 어린이가 되고, 유치원, 초등학교, 중학교, 고등학교, 대학교의 교육과정을 거치며 어른이 되기 위해 육체적 · 정신적으로 성장한다. 이렇게 성장해 가는 과정을 길(道)이라고 한다.

어른이 되기 위해 가는 길은 수많은 시행착오와 관습과 제도를 경험한다. 동산의 오솔길도 수많은 사람들이 가장 안전하고 가깝다고 느끼고 오랜 세월을 통하여 반복적으로 다닌 결과 오솔길이 생기게 되는 것이다. 어린이가 어른이 되는 길의 원리는 오솔길이 만들어지는 것과 비교할 수 없다. 수십 년, 수백 년, 수천 년의 기간이 필요하기도 한 것이다.

이스라엘 민족은 2천년 이상을 나라 없는 민족으로 방랑생활을 하면서도 그들의 전통문화를 잊지 않고 하나님 말씀을 따라 오직 한길을 걸어 왔기에 마침내 그들이 원하는 국가를 다시 건설할 수 있었다.

제2차 세계대전이 종료되고 1948년 지금의 이스라엘 땅에 새로운 국가를 건설했을 때 전 세계에 흩어져 있던 유대인이 모여들어 지금의 강성국가를 형성하는 기초가 되었다.

이들이 수천 년 동안 세계 각국에 흩어져 살며 지켜온 전통교육은 같은 민족으로서의 정체성을 회복하는 데 결정적인 역할을 했다. 유대인의 자녀들은 부모로부터 철저히 교육을 받았다. 할아버지→아버지→손주의 3대로 이어지는 〈토라〉의 전통교육은 철저히 습(習)의 원리에 따라 대를 이은 격대교육으로 이어졌다. 교육은 100년의 대계(大系)라는 말이 여기에서 유래되었다고 생각된다.

일본의 식민지배시대에 독립운동을 하다 일본군 형사에 잡혀 여순감옥에서 재판을 기다리던 안중근 의사에게 1910년 2월 14일 마지막 공판에서 사형이 선고되었다. 안중근 의사는 사형이 선고되자 "일본에는 사형 이상의 형벌은 없는가?"라고 오히려 조소(嘲笑)했다고 한다. 이러한 안중근 의사의 태도에는 항소를 하지 않겠다는 뜻이 담겨 있었다. 안중근 의사의 사형 소식이 고향에 계신 어머니에게 전달되자 아들에게 다음과 같은 내용의 편지를 써 보냈다.

> 옳은 일을 하고 받는 형(刑)이니 비겁하게 삶을 구걸하지 말고, 떳떳하게 죽는 것이 어미에 대한 효도(孝道)이다. 살아서 나라와 민족에게 욕이 될 때는 오히려 죽음을 택하라. 네가 만약 늙은 어미보다 먼저 죽는 것을 불효라 생각한다면 이 어미는 웃음거리가 될 것이다. 너의 죽음은 너 한 사람의 것이 아니라 조선인 전체의 공분을 짊어지고 있는 것이다. 네가 항소를 한다면 그것은 일제에 목숨을 구걸하는 짓이다. 네가 나라를 위해 이에 이른즉 딴 맘먹지 말고 죽음을 택하라.
>
> – 조마리아 여사(안중근 의사 어머니)의 편지 –

어머니의 어른됨의 본보기가 아들에게 습(習)의 원리로 전달되는 감명 깊은 내용이다. 어머니의 편지에 담긴 의미는 그동안 지켜온 진정한 '어른'의 근본을 깨닫게 한 계기가 되고, 후손들을 위한 어른의 자세가 어떠하여야 하는가를 생각하게 하는 본보기가 되는 글이다.

교(敎): 수도지위교(修道之謂敎)

교(敎)는 도(道)를 따라가도록 지원하는 모든 가르침을 말한다. 행동이나 습관의 변화를 이루기 위해 교(敎)의 대상이 동물일 경우에는 사육(飼育), 식물일 경우에는 재배(栽培), 미생물일 경우에는 배양(培養)이라고 한다.

교의 대상이 사람일 경우 교육(敎育)이라고 한다. 어린이가 정해진 길이나 올바른 길로 가지 않고 다른 길, 외도(外道)로 가는 경우 올바른 길로 가도록 당근과 채찍으로 가르치는 과정을 '교(敎)'라고 한다. 이와 같이 교육이란 오직 사람에게만 해당되는 말이다.

인성교육(人性敎育)이란 '아이를 어른 만드는 교육'이라고 할 수 있다. 단순히 나이가 많은 사람을 어른이라고 하는 것은 육체적 형상만 보고 하는 말이다. 2009년 2월 김수환 추기경님이 선종(善終)하였을 때 많은 사람들이 조문을 하고, 매스컴을 비롯하여 여러 언론기관에서 우리나라의 큰 '어른'께서 돌아가셨다고 했다. 왜 사람들은 김수환 추기경을 나라의 큰 어른으로 존경하며, 그분의 사상과 철학, 말씀을 흠모하며 밤을 새우며 애도했을까?

육체적으로 나이가 많은 사람과 김수환 추기경을 어른으로 존경하는 의미는 어떻게 다른가? 김수환 추기경은 평생을 종교에 몸을 담고 국민들이 정치적 · 사회적 · 경제적으로 어려워할 때 이를 극복할 수 있는 격려와 용기를 주며 간절한 기도와 덕담(德談)을 해주고, 본보기가 되는 삶을 살았다. 국민들은 이러한 덕담을 받아 시련을 극복하며 어려움을 헤쳐 나갈 수 있었다. 그래서 우리는 김수환 추기경님을 이 시대의 큰 '어른(leader)'이라고 하며 존경하는 것이다.

따라서 어른이란 육체적으로 성인(成人)이며, 지금까지 자신이 경험했거나 실제로 겪은 체험을 통해 얻은 지식과 지혜를 바탕으로 사회현상에 대하여 자신만의 견해를 논리적으로 표현할 수 있는 사고체계, 즉 일가견(一家見)을 가진 사람을 말한다.

나이는 40세, 50세가 되어도 일가견이 없는 사람을 우리는 철이 없다, 어리석다, 미성숙하다라고 말한다.

'도'와 '교'는 인간을 성이라는 종착역으로 안내하는 양쪽 날개와 같다. 세상을 지배하는 단 하나의 법칙을 성이라고 말하는 근거도 여기에 있다. 인간보다 높은 시각에서 내려다본 인간생활을 포함한 우주 만물의 생성원리가 바로 성(性)이다.

2 공부에 대한 이해

우리가 공부(工夫)를 하는 가장 궁극적인 목적은 진리를 찾기 위해서이지만, 현실적으로 중요한 것은 '올바른 판단과 효과적인 의사결정

(effective decision making)'을 하기 위한 것이다. 배우지 않으면 올바른 판단과 효과적인 의사결정을 할 수 없어 자신이 뜻하는 목적을 달성하기가 어렵게 된다. 인간의 행동은 의사결정의 결과이다. 따라서 의사결정이 합리적으로 되지 않으면 행동의 결과도 보잘것없게 된다.

왜 공부해야 하는가?

공부해야 하는 중요한 이유 중 또 다른 요인은 삶을 통하여 '진위(眞僞)를 분별하고, 선악(善惡)을 구별하고, 피아(彼我)를 분별할 수 있는 지혜를 갖기 위해서'이다. 금융사기, 펀드사기, 투자사기, 단기간에 거액을 벌 수 있다는 부도덕한 다단계업자, 기획부동산업자들에게 사기를 당하는 것은 자신이 해당 분야에 적절한 지식이 부족하여 올바른 의사결정을 하지 못한 결과이다.

일차적으로 이러한 부도덕한 행위를 저지를 사람들이 나쁜 사람들이지만 사기를 당하는 사람도 결코 책임이 없다고 할 수 없다.

소크라테스(Socrates)는 "유일한 선은 앎(知識)이요 유일한 악은 무지(無知)이다(The only good is knowledge and the only evil is ignorance)"라고 말했다.

소크라테스는 왜 이런 말을 했을까? 사실 무지는 의사결정에 오류를 일으키는 가장 큰 요인이다. 의사결정에 오류가 발생하면 반드시 행동에 오류가 발생한다. 행동은 의사결정의 결과이기 때문이다. 행동의 오류는 필연적으로 결과의 오류를 가져온다. 이런 맥락에서 사기를 치는 사람이나 그런 황당무계한 사기에 걸려들어 패가망신하는 사람들도 그 출발점은 모두 무지에서 비롯된다.

의사결정이란 미래의 행동방향을 지금 결정하는 것이다. 그런데 미래는 항상 불확실하다. 인간은 한 시간, 아니 1분 후에 어떤 일이 벌어질지 알지 못한다. 현대사회에서 전형적인 특징은 변화(change)의 속도가 매우 빠르다는 것이다. 이러한 빠른 변화 때문에 불확실성(uncertainty)이 점점 커지고 있다.

이와 같이 불확실한 미래에 대하여 올바를 의사결정을 하기 위해서 우선적으로 필요한 것이 적절한 지식이다. 지식을 함양하기 위해 먼저 알아야 한다. 나 자신을 알아야 하고, 시대의 흐름을 알아야 하고, 경제구조의 변화를 알아야 하고, 내가 하고자 하는 사업(=일)의 성격과 비전을 알아야 한다. 이런 지식을 바탕으로 과거와 현재의 자료와 상황을 분석하고 판단하는 역량을 갖춰야 한다. 그러한 분석과 판단결과를 바탕으로 미래의 상황을 예측하여 의사결정을 한다. 그러한 의사결정이 옳은 것이었다면 성공하는 것이고, 만일 그러한 의사결정이 잘못된 것이라면 실패하게 되는 것이다. 따라서 성공과 실패의 책임은 모두 자신에게 있으므로 남의 탓이나 환경 탓으로 돌릴 것이 아니라 적절한 지식을 함양할 수 있도록 공부를 해야 하는 것이다.

고대 로마의 문인이자 철학자이며 정치가였던 키케로(Marcus Tullius Cicero)는 "모든 지혜는 사실을 인식하면서 시작된다"라고 했다.

학생들에게 "공부를 왜 하는가?"라는 질문을 던졌다. 예기치 못한 질문에 조금은 당황한 모습이었다. 고등학교까지 공식적인 교육제도에서 12년 이상을 공부해 온 대학신입생이다. 특히 고등학교 3년 동안은 수능시험이라는 목표에 온 가족이 매달렸다. 오죽하면 고3병이라 했던가? 그런 상황에서도 공부를 왜 해야 하는가에 대한 질문은 스스로에게 해보지 못했다고 한다. 학교라는 제도가 있었고, 중학교까지는 의무교육이라 학교에 갈 수밖에 없었다.

대학교육은 선택이다. 이제는 왜 공부해야 하는가에 대한 질문에 답을 찾아봐야 한다. 공부가 재미있는가라는 질문에 대부분의 학생들은 재미없다고 한다. 공부가 재미없는 이유로 다른 학생들과 비교하며 순위를 매기고 성적으로 평가하기 때문이라고 한다. 공자는 '학이시습지불역열호(學而時習之不亦說乎)'라고 했다. "때를 따라 배우고 익히면 즐겁다"라는 의미다. 배우고 익히는 공부는 이론과 실습을 통하여 배우고 익힌다는 의미다. 이렇게 해야 배우는 것이 즐거운 것이다.

그동안 우리나라에서 진행된 교육을 한 문장으로 표현하면 "선생님 말씀 잘 듣고, 외우고, 시험 보고, 잊어버린다"는 교육이었다. 대학교육에서도 왜 공부해야 하는가에 대한 사고(思考)는 여전히 미흡하다.

수강신청을 할 때도 왜 이 과목을 수강해야 하는지, 이 과목은 어떤 내용이며, 나의 진로와 어떤 관계가 있는가에 대한 설명이나 소개는 턱없이 부족하다. 필수과목이기에 피해 갈 수도 없다. 선배로부터 학점 잘 준다는 족보가 내려오기에 학점 채우기 위해 수강했을 뿐이란다. 모든 일에는 때가 있다.

대학을 졸업하고 직장생활과 사회생활을 하며 비로소 공부를 해야 하는 이유를 깨닫게 되었다.

첫째, 진위(眞僞)를 분별하는 능력을 갖추기 위해서이다.

일상 속에는 참과 거짓이 공존한다. 진짜가 있으면 가짜가 있다. 우리는 양단간에 선택해야 하는 수많은 경우에 직면하게 된다. 관련분야 지식이 부족하면 무엇이 진짜이고, 무엇이 거짓인지 분별하기 어렵다.

둘째, 선악(善惡)을 분별하는 능력을 갖추기 위해서이다.

인생에서 '선과 악'은 태초부터 있어 왔다. 인간은 선은 취하고, 악은 버린다는 선택의 원리를 적용하며 살고 있다. 지식이 부족하면 무엇이 선한 것인지, 어떤 것이 악한 것인지를 분별하기가 어려운 때가 있다.

셋째, 피아(彼我)를 분별하는 능력을 갖추기 위해서이다.

전쟁터에서 누가 아군(我軍)이고 누가 적군(敵軍)인지도 모르고 싸운다면 어떻게 될까? 일상에서도 마찬가지다. 피아를 구별하는 지식을 배우고 익히는 것은 생존의 도구이기도 한 것이다.

공부란 무엇인가?

이렇게 중요한 공부란 도대체 무엇인가? 공부에 대한 이해를 잘못하면 별로 효용성이 없는 '엉뚱한 공부'를 한다거나 '공부할 필요가 없다고 생각'하는 등의 오류(誤謬)를 범할 수 있다. 이것은 지금까지 우리 사회에서 공부에 대한 인식을 매우 제한적으로 했기 때문에 나타난 현상으로 "공부를 잘하는 사람이 성공하고, 공부를 못하거나 게으른 사람은 성공할 수 없다"라는 편견이 사회 전반에 자리 잡고 있는 것도 현실이다.

농경사회에서는 농사를 지으며 살아가는 일이 공부였다. 공부란 삶을 통하여 터득하는 자연과 인간에 대한 인식(認識)이다.

공부(工夫)는 '장인 공(工)'자에 '아비 부(夫)'자가 합쳐진 글자다. 공(工)자는 도구 혹은 연장의 모양을 의미한다. 부(夫)자는 남편 또는 사내를 의미한다. 신영복 교수는 "공부(工夫)란 쟁기를 들고 서 있는 사내, 즉 농사

짓는 일과 같다"고 해석했다. 농사짓는 일이 앉아서 머리만 굴리는 일이 아니듯이 공부는 몸을 움직여 애쓰는 과정이다.

공부의 공은 정신노동만이 아니라 육체노동이 포함되는 것이다. 즉, 공부란 정신(mind)과 육체(body)의 통합적 인격 전체를 의미한다. "제대로 된 공부는 머리로 익힌 이론을 가슴으로 느끼고 몸(행동)으로 실천하며 결실을 맺는 것이다." 머리로 이해할 수는 있지만 직접 체험하지 않고는 가슴으로 느낄 수 없다. 아무리 위대한 생각이나 아이디어라 할지라도 내 몸이 수반되는 체험이 동반되지 않는 공부는 관념적이며 조각난 지식에 지나지 않는다. 머리로 계산하고 논리적으로 판단한 지식을 몸으로 부딪치며 체험적으로 깨달은 통찰력과 판단력이 참된 지식(知識)이며, 진정한 지혜(智慧)이다.

공부는 머리로만 하는 것이라고 생각하는 사람은 부분적 지식만 양산할 뿐 다른 사람과 공감을 일으키는 지혜를 익힐 수는 없다. 실천이 실종된 생각은 현실에 뿌리를 내리지 못하고 무력하게 무너질 수 있는 사상누각(沙上樓閣)이 된다. 머리로 익힌 이론을 몸이 경험하는 과정에서 나만의 독특한 색깔을 찾을 수 있다. 이것이 나의 경쟁력이고, 차별화역량이다. 꿈을 머리로 꾸면 골치가 아프고, 몸으로 꾸면 고통스럽다. 고통을 이겨내려는 노력을 통하여 다른 방법을 찾게 된다. 이것이 혁신(革新)이고 창조(創造)이다.

구체적이고 힘든 경험이 몸에 체화되면 그 누구도 갖고 있지 않은 나만의 역량으로 함양된다. 나만의 체험적 깨달음이 그 누구도 갖고 있지 않은 나만의 핵심 역량이며 경쟁력으로 남는 것이다.

공부, 어떻게 해야 하나?

공부(工夫)란 성리학(주자학)의 매우 중요한 철학적 개념이다. 즉, 단순한 지식축적(accumulation of knowledge)을 의미하는 것이 아니라, 몸의 단련(physical discipline), 즉 수신(修身)을 의미한다. 여기서 신(身=몸)은 단순한 마음(心)이나 지식이 아니라 인간의 몸에 체화(體化, embodied) 되어 있는 인격 전체(total personality)를 의미한다. 그러므로 공부는 단순히 머리로만 하는 것이 아니라 마음과 몸(육체)까지 써서 총체적으로 하는 것이다. 이런 맥락에서 공부는 다음과 같이 정의된다.

공부는 머리공부(intellectual discipline), 마음공부(mind discipline), 몸공부(physical discipline) 등 세 가지 요소로 구성된다. 머리공부, 마음공부, 몸공부가 따로 분리되어 있는 것이 아니라 서로 밀접한 연관성을 가지고 있다. 마치 우리 몸이 머리(지적능력), 마음, 몸(육체)으로 구성되어 있는 것과 같다. 이 세 가지 중 어느 한 가지라도 없으면 인간이 아니듯이 어느 한 가지에만 집착하면 온전한 공부가 되지 못한다.

공부는 다른 말로 하면 훈련(訓練)이다. 따라서 공부는 곧 '머리훈련, 마음훈련, 몸훈련'이라고 할 수 있다. 하브루타 러닝은 이러한 세 가지 훈련을 통합적으로 활용하는 공부방법이다. 이 세 가지 공부(=훈련)가 종합적으로 이루어져야 원만한 인격이 형성되고 올바른 판단을 할 수 있다. 의사결정에 오류를 범하는 사람들은 이 세 가지 중 어느 것에 문제가 있는 것이다.

머리공부(Intellectual Discipline)

머리공부(=지(知, 智, 판단력))는 한마디로 냉철한 이성(cool head)을 함양하기 위한 공부이다. 냉철한 이성과 지혜는 앎에서 나온다. 무지한 자가 이성적일 수 없으며 지혜로울 수도 없다. 아무리 열심히 일해도 자신이 성공할 수 있는 분야가 있고 성공할 수 없는 분야가 있다. 또 시대의 흐름에 따라 발전하는 산업이 있고 사양산업이 있다. 4차 산업혁명시대에 1차 산업으로 성공할 수 없다. 1차 산업도 4차 산업혁명의 핵심 기술과 융합하여 새롭게 접근해야 한다.

따라서 어떤 산업이 유망산업이고 어떤 산업이 사양산업인지를 판단할 수 있는 역량을 갖추어야 한다. 이를 위해서는 시대의 흐름, 경제구조와 기술변화에 대한 지식을 함양해야 한다.

머리공부는 '지식의 축적(자신에게 필요한 영어, 수학, 국어 등의 학술공부, 독서, 연구활동 등), 강의 듣기, 판단력, 분별력, 기획과 예측능력, 설득력, 컨설팅능력, 올바른 의사결정능력, 창의성 등 냉철한 이성을 함양하기 위한 공부(훈련)' 등의 요소가 이에 속한다. 일례로 마케팅 분야에서 활동하기를 원하는 사람은 다음과 같은 분야의 머리공부가 필요하다.

- 거시적인 시대의 변화와 경제 및 시장의 흐름
- 유통산업(distribution industry)의 변화와 향후 발전방향
- 제품의 품질 및 가격시스템(quality and price system of products)
- 관련분야와 관련된 제반 법과 규정(related laws and rules)
- 경쟁관계에 있는 회사 및 유통업체와의 비교분석
- 소비자심리 이해 및 보호시스템
- 건전한 민주시민으로서 요구되는 건전한 상식(sound common

sense)

• 리더십과 인간관계역량 등

머리공부만 하고 마음공부와 몸공부가 부족하면 아무것도 제대로 할 수 없는 인간이 되거나 사기꾼이 될 가능성이 높다. 일류대학을 졸업했음에도 불구하고 판단력이나 분별력이 크게 떨어지고, 업무처리 하나 제대로 못하는 사람들, 정부 고위직이나 중요한 자리에 있으면서 부정부패를 일삼는 사람들이 바로 이런 부류에 속하는 사람들이다. 무식하고 머리 나쁜 사람은 사기도 치지 못한다.

마음공부(Mind Discipline)

마음공부만 하고 머리공부와 몸공부가 부족한 사람은 도덕군자는 될 수 있을지 몰라도 큰 사업(=일)에서 성공하기 어렵다. 이런 사람들은 결심만 반복하지 몸으로 행동할 생각은 하지 않는다. 세상에 이익을 주지 못하는 도덕군자는 아무 소용없다. 산속에서 도를 닦는 사람이 현실사회에 어떠한 변화를 가져올 수 있겠는가?

무슨 일을 하든지 마음가짐(attitude)이 가장 중요하다. 마음공부는 머리공부를 행동으로 연결시켜 주는 가교 역할을 한다. 아무리 머리공부를 잘해 많이 알고 있고 올바른 판단을 했다 해도 마음가짐이 바르지 못해 실천에 옮기지 못하거나 중도에 포기해 버린다면 자기 목표를 달성할 수 없다.

마음공부와 관련된 중요한 덕목은 도덕성, 정직성, 성실성, 정의감, 애국심, 배려, 사랑, 인간애, 결단, 결의, 인내심, 간절함, 추진력, 열정, 용기, 도전정신, 긍정적 사고, 호기심 등 따뜻한 마음(warm heart)을 함양하는 공부가 필요하다.

- 구체적이고 명확한 목표(꿈, 비전: dream, objective, vision)
- 꿈을 이룰 수 있다는 확실한 믿음과 자신감(self-confidence)
- 반드시 성공해야 한다는 간절함(ardent desire)
- 매사를 밝게 보는 긍정적인 생각(positive mind)
- 도덕성, 정직성, 성실성(morality, honesty & integrity)
- 인내와 끈기, 근면성(patience and persistence, diligence)
- 절대로 중간에 포기하지 않겠다는 각오(never give up)
- 다른 사람을 배려하는 따뜻한 마음(warm heart)
- 더불어 성공하겠다는 공생정신(symbiotic mind)
- 자기 일을 자랑스럽게 생각하는 자부심(pride)
- 국가와 사회를 사랑하는 애국심(patriotism)
- 겸손한 태도(humility)
- 보편적 인간애(humanity)

한편 마음공부는 따뜻한 마음을 갖는 훈련이며, 올바른 패러다임을 갖는 공부이기도 하다. 자기 분야에서 성공하기 위해서는 기본적으로 따뜻한 마음과 올바른 패러다임을 갖는 것이 필요하다. 따뜻한 마음은 도덕성을 바탕으로 한 인간애이다. 따뜻한 마음이 없는 사람은 성공하기도 어려울 뿐 아니라 성공한다 해도 존경받지 못한다.

패러다임은 '세상을 바라보는 눈'이다. 사고구조가 현대사회에 맞지 않으면 힘들게 일해도 성공하기 어렵다. 마음으로 굳은 결의와 결단이 필요하고, 끝까지 포기하지 않는 인내심과 끈기가 필요하다.

몸공부(Physical Discipline)

아무리 머리공부와 마음공부를 잘해도 몸공부, 즉 실행에 옮기지 않으면 아무 소용이 없다. 그런데 몸공부를 잘하지 못하는 이유는 무엇일까? 대부분 '시간이 없어서'라는 이유를 대는데 이는 핑계에 불과하다. 한국인의 하루 평균 TV 시청시간만 해도 3시간 이상이다. 시간에 끌려다니면 시간의 종이 된다. 시간에 종속되지 말고 시간을 끌고 나가야 한다. 자투리 시간을 이용하는 것이 시간을 끌고 가는 것이다.

몸공부는 '운동, 단련, 기술 습득, 건전한 습관(금연, 금주, 질서 지키기, 근면), 몸을 움직여 일하기, 규칙적인 생활습관, 건전한 인간관계 형성 등'이 이에 속한다.

머리공부와 마음공부는 소홀히 하고 몸공부만 하게 되면 무지한 인간이 되거나 조폭 같은 범법자가 될 가능성이 높다. 이런 사람들이 주로 설치기를 좋아한다. 이런 부류의 사람들은 자신이 하는 일이 옳은 일인지 그른 일인지, 자신이 무엇을 모르는지를 모른다. 따라서 남의 말을 잘 듣지도 않는다. 왜냐하면 자신이 많이 안다고 착각하고 있기 때문이다. 사람은 배울수록 자신이 얼마나 무지한 인간인지를 비로소 알게 된다.

세 가지 공부 중에서 마음공부가 핵심이다. 그것은 머리공부와 몸공부가 중요하지 않다는 의미가 아니다. 마음공부가 제대로 준비되어 있지 않으면 머리공부와 몸 공부가 제대로 이루어질 수 없기 때문이다. 또 마음공부가 제대로 되어 있지 않으면 다름 사람들에게 피해를 끼칠 수 있기 때문이다.

반드시 목표를 달성하겠다는 간절함이 없고 열정과 용기가 부족한 사람이 머리공부를 제대로 할 리가 없고, 땀 흘려 노력하는 몸공부를 열심히 할 리가 없다. 머리공부와 몸공부는 강한 동기가 유발되지 않고서는 제대로 할 수 없다. 강한 동기요인은 무엇인가? 반드시 목표를 달성하겠다는 결의, 그리고 성공하지 않으면 안 된다는 간절한 마음가짐이다.

한편 마음공부가 제대로 안 된 사람이 목표를 달성하겠다고 설치면 다른 사람에게 피해를 줄 수 있다. 도덕성, 정직성, 다른 사람들에 대한 배려, 공생정신 등이 부족한 사람이 자기 혼자 열심히 하면 반드시 문제가 발생한다. 이런 사람들은 자신의 이익만 소중하게 생각하고 편법과 불법을 동원하는 것을 마다하지 않는다. 이런 맥락에서 세 가지 공부 중 마음공부가 밑바탕이 된다.

미국의 전설적인 보험 세일즈왕 폴 마이어(Paul J. Meyer, 1926~2009)의 이야기는 마음공부의 위력을 실증적으로 보여준 사례다.

> 1950년 폴 마이어는 방세를 못내 셋방살이에서 쫓겨나 노숙자 신세가 되었다. 거리에서 유리걸식(遊離乞食)을 시작한 지 1주일쯤 되는 날, 고급 승용차 한 대가 눈앞을 지나갔다.
> 그것을 본 폴 마이어는 번쩍하는 섬광을 느끼면서 자리에서 벌떡 일어나 "똑같은 사람으로 태어나서 누구는 고급 승용차를 타고, 누구는 노숙을 한단 말인가? 나도 반드시 성공적인 삶을 다시 살겠다"라고 큰 소리로 외쳤다.
>
> – 애터미 경제연구소, 긍정적 태도와 자기암시 –

마음공부는 다른 말로 하면 태도(attitude)라고 할 수 있다. 모든 행동은 태도로부터 출발한다. 자신이 어떤 태도를 갖는가에 따라 성공여부가 결정된다. 태도의 중요성에 대하여 미국의 전설적인 보험 세일즈맨이었으며, 세계적인 성공동기연구소(SMI)를 설립하였고, 지금은 그의 가족이 40

여 개의 기업을 운영하고 있는 폴 마이어는 "태도가 전부다(Attitude is everything)!"라고 말했다. 폴 마이어가 전부라고 말한 태도가 바로 마음공부이며, 인성역량이라고 할 수 있다.

마음가짐을 올바로 하기 위한 훈련이 마음공부이다. 폴 마이어도 마음공부로부터 성공이 출발하기 때문에 'attitude'가 'everything'이라고까지 강조한 것이라고 생각된다.

공부(工夫) = 머리공부 + 마음공부 + 몸공부

공부(工夫)란 '무엇인가를 배우는 것이 아니라 각자의 강점을 나누는 것'이다(필립스 엑시터 아카데미). 지금까지 경험한 것들을 뒤돌아보며 성찰(省察)하는 공부가 필요하다는 의미다. '온고이지신(溫故而知新)'의 마음으로 평생 학습한다는 의미로 해석된다. 경륜과 경험으로 깊어지되 마음을 열어야 한다. 내가 모르는 분야가 더 많다는 것을 인정하며 언제나 자세를 낮추고 새로운 것에 익숙해질 수 있도록 노력해야 한다.

공부란 '근본을 깊이 파고들어 성장할 수 있는 높이를 준비하는 작업'이다. "'군자무본 본립도생(君子務本 本立道生)', 군자는 근본(根本)에 힘써야 하고, 근본이 서면 도(道)가 생긴다." 〈논어〉 학이 제2편에 나오는 밀이다.

뿌리가 튼튼하게 서면 가는 길을 알 수 있다는 의미로도 해석된다. 나무의 줄기는 위로 향하지만 뿌리는 아래로 향하고 가지는 옆으로 뻗어 꽃이 피고 열매를 맺는다. 나무의 뿌리는 줄기와 가지의 근본이 되며, 아래로 파고든 뿌리의 깊이는 줄기가 위로 성장할 수 있는 높이를 결정한다. 깊이 없는 높이는 사상누각이다.

> 깊이 뿌리를 내려야 세찬 바람에 흔들려도 넘어지지 않을 것이다. 공부도 깊이 파고들어 근본을 잡아놓아야 유혹에 흔들리지 않고, 시련과 역경에 무너지지 않고 앞으로 나아 갈 수 있다.
> 공부는 뿌리를 찾기 위해 깊이 파고들되 넓이를 동시에 추구해야 한다. 깊이 파고드는 공부를 한다고 넓이 없이 깊이만 파는 공부만 하면 기피 대상이 될 수 있다. 깊이 없는 넓이는 참을 수 없는 가벼움이며 넓이 없는 깊이는 견딜 수 없는 답답함이다.
>
> – 유영만, 나무는 나무라지 않는다, 2017 –

자신의 전공분야를 파고들어 어느 정도 경지에 이르러야 다른 분야를 만나도 내 주관으로 합리적 의심을 하고 비판할 수 있는 자신감이 생기게 된다. 그 다음에 다른 분야와 융합을 시도해야 새로운 창조적 지식 융합이 일어날지를 예측할 수 있다. 깊이 없는 무분별한 학문적 접목은 이것도 저것도 아닌 미천한 논리와 지식을 양산할 뿐이다. 전공에 대한 내공을 쌓아야 더 깊은 곳을 더 넓게 파고들어 가는 관점이 생길 수 있다.

경험은 분명 값진 것이지만, 나누는 가치를 인정받을 때 진가가 나타난다. 익숙한 것으로부터 벗어나는 준비도 필요하다. 함께하는 노력도 필요하다. 혼자보다는 둘이 좋다. 둘보다는 셋이 더 좋다. 사람들과 협업(協業)할 수 있는 공부방법이 새로운 방법으로 대두되고 있다. 취업준비도 스터

디 그룹을 만들어 같이 공부하는 것이 좋다. 유대인들은 어릴 때부터 짝을 지어 공부한다. 모르는 것을 서로 질문하며 답변하는 과정을 반복하며 글쓰기(story writing)와 말하기(story telling)역량을 익힌다.

공부 잘하는 방법

"학교 다녀오겠습니다"라는 인사를 하고 나가는 아이에게 "공부 잘해라" 하며 손을 흔들어 주었다. 몇 발짝을 가다 아이가 돌아서며 "엄마, 어떻게 하면 공부 잘하는 거야?"라고 물었다. 느닷없는 질문에 잠시 머뭇거리다 "열심히 하는 거야"라고 말했다. "네" 하고 뒤돌아서 가던 아이가 또 몇 발짝을 가다가 "엄마, 어떻게 하는 것이 열심히 하는 거야?"라는 질문을 했다. 난감했다. 이를 어떻게 설명해야 할까?

잠시 생각하다 "최선을 다하는 것이 열심히 하는 거야"라고 말했다. 아이는 더 이상 질문 없이 학교에 갔다. 아이를 보내고 아이와 나눴던 말을 생각해 보았다. '열심히 하는 것, 최선을 다하는 것'이 과연 공부 잘하는 방법일까? 최선을 다하는 것이 열심히 하는 것을 쉽게 설명하는 말일까? 최선을 다하는 것과 열심히 하는 것의 개념은 무엇이며, 이를 공부 잘하는 것과 어떻게 연결시킬 수 있을까?

〈탈무드〉에는 "아는 것을 말로 표현하지 못하면 모르는 것이다"라는 말이 있다. 그동안 '잘'이라는 의미를 일상에서 많이 쓰면서 살았다. 많은 대화 중에 가장 자주 쓰이는 말이 '잘'이라는 단어일 것이다.

생활 속에서 잘이라는 단어의 사용 예를 들어보자. 마음을 잘 쓰라, 잘 먹었다, 운동을 잘한다, 잘해라, 잘 가라, 마침 잘 왔다, 잘 논다, 잘생긴 얼굴이다, 공부 잘한다 등 일상의 대화에서 자주 등장하는 단어다. 스티븐 코비는 성공하는 사람들의 자세를 '7가지 습관'을 예시를 들어 설명하고 있다.

> **첫째, 자신의 삶을 주도하라. 둘째, 끝을 생각하며 시작하라. 셋째, 소중한 것을 먼저 하라. 넷째, 승-승을 생각하라. 다섯째, 먼저 이해하고 다음에 이해시켜라. 여섯째, 시너지를 내라, 일곱째, 끊임없이 쇄신하라.**
>
> – 스티븐 코비, 성공하는 사람들의 7가지 습관, 2017 –

공부에 '잘'이라는 단어를 사용할 때도 개념을 이해할 수 있는 말을 할 필요가 있다. '하브루타 러닝'에서는 '공부 잘하는 방법'으로 '생각하는 것'을 기본으로 각각의 개념을 가진 7가지 키워드로 설명하고 있다.

즉, 생각하고 '질문→대화→토론→논쟁→협상→정리→발표'하는 과정을 거쳐 완전학습에 다가가는 것이다(최일수, 하브루타 러닝 강의자료).

그동안 우리나라 교육을 한 마디로 표현하면 '주입식 공부'방법이었다. 선생님 말씀 '잘 듣고, 외우고, 시험 보고, 잊어버리는' 공부방법인 것이다. 생각하지도 않고, 질문할 수도 없고, 토론할 수도 없다. 합리적 비판도 허용되지 않는다. 예시문 중에서 선생님이 정해놓은 한 가지 정답만 찾아가는 공부방법으로는 더 이상 미래가 없다. 공부방법만 바꾸면 우리도 유대인을 앞설 수 있다. 주입식 공부방법으로는 더 이상 발전을 기대할 수 없다. 생각하게 하는 하브루타 러닝이 선택적 대안이다.

3 격물치지(格物致知)의 이해

격물치지란 우주와 만물의 원리를 이성적(理性的)으로 사고(思考)하고, 과학적(科學的)으로 탐구(探求)하여 진리(眞理)를 발견하는 학습방법이다. 격물치지의 핵심은 '사물(事物)'의 '이치(理致)'를 끝까지 파고들어 '완전한 앎'에 이른다는 의미다. 여기서 사물은 우주, 생명, 물질, 에너지 등을 의미하며, 이치는 근본원리(根本原理)를 말한다. '파고듦'은 이성적 사고와 과학적 탐구를 동시에 시도하는 것을 의미한다. '완전한 앎'이란 진리를 의미한다.

격물치지의 단계에 이르는 학습방법으로 다음과 같이 세 가지를 제시한다.

첫째, 글자나 단어의 이치나 개념을 파고든다. 책이나 텍스트(계약서, 공문서 등)를 읽는 중에 그 의미를 깨닫기 어려운 단어나 글자를 만나면 그 단어나 글자의 근본 뿌리를 알고, 그 글자가 쓰인 문장이 완벽하게 이해될 때까지 치열하게 연구하고 사색한다.

둘째, 글자나 단어가 활용된 사례나 역사적 이치를 파고든다. 글자나 단어가 쓰인 다른 글이나 문장을 비교하여 의미를 완전히 이해한다.

셋째, 실제로 우주와 사람과 만물의 이치를 파고든다. 세종대왕은 언어의 이치를 파고들어 한글을 창제했다. 아인슈타인은 우주와 시공간의 이치를 파고들어 상대성이론이 탄생되었다. 빌 게이츠는 컴퓨터의 이치를 파고들어 새로운 컴퓨터시대를 열었다. 이건희는 업(業)의 이치를 파고들어 삼성을 세계일류기업으로 만들었다.

개념 공유와 소통

학습활동에서도 가장 중요한 출발점은 개념을 이해하는 것이다. 그런데 문제는 개념이 무엇인가에 대한 이해도 부족하다는 것이다. 아무리 말을 잘하고 글을 잘 쓴다 해도 그 말을 듣는 사람이나 그 글을 읽는 사람이 공감하지 못한다면 소통에 한계가 있기 때문이다.

대학 1학년 첫 수업시간에 교수님의 질문이 아직도 기억에 남아있다. '애(愛)'자를 흑판에 써놓고 개념을 설명하라는 질문을 던지고 학생들의 시선을 바라보았다. 10초, 20초의 시간이 지나도 쉽게 답하는 학생이 없었다. 이 정도가 무슨 질문인가라는 표정을 짓는 학생도 있었다. 그러나 교수님은 심각했다. 행정학을 공부하는 학생들이 개념을 이해한다는 것은 학습의 출발점이 되기 때문이라는 말씀도 했다. 잡다한 답변이 지난 후에 교수님이 직접 설명했다.

개념(槪念)이란 한자의 의미를 풀이하기 시작했다. 개(槪=평미레)는 '말(斗)이나 되에 곡식을 담고 그 위를 평평하게 밀어 고르게 하는 데 쓰는 방망이 모양의 평미레'라는 막대의 한자 뜻풀이였다. 어려서 시골에 살았지만 평미레라는 말은 자주 듣지 못했다. 사진과 함께 평미레를 보고 이해할 수 있었다.

쌀 10되를 '고봉(高捧)'으로 담아보면 담는 사람이나 횟수에 따라 10되의 양(量)이 일정하지 않다. 그러나 쌀 10되를 '깨끼'로 담아보면 누가 담아도 횟수에 관계없이 10되의 양이 일정함을 알 수 있다. 이때 깨끼로 담을 수 있도록 '평평하게 밀어주는 둥근 막대가 평미레'이다. 따라서 '개념'이란 '학습이나 경험을 통하여 습득된 지식이 다른 사람과 공유할 수 있는 개념(槪念)이란?
어떤 사물이나 현상에 대한 일반적으로 공유된 지식

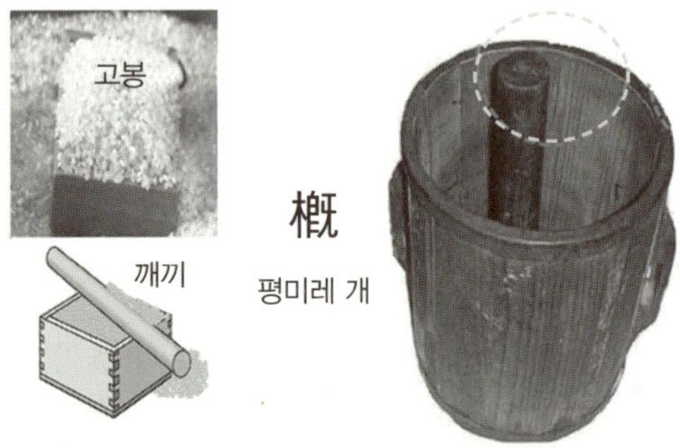

누가 담아도 같은 양을 담을 수 있다.

상태', '어떤 사물이나 현상에 대하여 일반적으로 공유된 지식'이라고 정의할 수 있다.

소통(疏通)에서 가장 중요한 것은 사용하는 말이나 글의 개념이 공유되는 것이다. 개념이 공유되지 않은 상태에서 소통은 불가능하다. 내가 하는 말이나 글의 의미를 상대방이 알고 있을 것이라는 예단으로 시작하면 소통은 이루어지지 않고 갈등만 남게 된다. 그래서 개념을 이해하는 것은 중요한 학습 대상이 된다.

"개념을 이해하고 글로 표현하는 것은 창에 서린 성애를 닦아내는 작업과 비슷하다." 흐릿하고 모호했던 개념이 글을 쓰면서 서서히 명확하게 윤곽을 드러내기 시작한다. 어떤 글이든, 메모든, 편지든, 쪽지든 무언가를 쓰면서 비로소 진정으로 자신이 무엇을 말하고자 하는지를 깨닫는다.

– 윌리엄 진서, 공부가 되는 글쓰기, 2017 –

말하는 것도 마찬가지다. 생각하지 않고 의미 있는 말을 할 수 없다. 생각하지 않고 의미 있는 글을 쓸 수도 없다. 그래서 개념을 생각하고 배우는 공부가 먼저이다. 아는 것을 말로 표현하다 보면 정확한 개념을 이해할 수 있게 된다.

2018년 4월 27일 남북한 정상이 판문점 평화의 집에서 만나 회담 끝에 내놓은 선언문을 두고 말이 많다. 여기에 나타난 문장 중 '한반도 비핵화'라는 단어 때문이다. 대한민국이 해석하는 비핵화는 북한의 비핵화다. 남한에는 미군의 핵무기가 철수되어 핵무기가 없다. 따라서 북한만 비핵화하면 된다는 의미다. 북한의 주장은 앞으로 있을 수 있는 미군의 핵무기도 남한에 도입되어서는 안 된다는 의미라고 한다. 왠지 우리가 속은 기분이다.

4 가정교육과 하브루타

교육의 유형을 교육 장소를 기준으로 '가정교육, 학교교육, 사회교육'으로 구분한다. 이러한 교육 유형 중 가장 중요한 교육은 어디에서 이루어지는가라는 질문에 스스럼없이 가정에서 이루어지는 가정교육이라고 말한다.

에드워드 기번(Edward Gibbon)의 〈로마제국 쇠망사〉에서는 천년제국 로마가 붕괴된 중요한 원인으로 가정의 붕괴로 가정교육이 사라진 것이 원인이라고 했다.

우리나라의 가정교육 현실은 어떠한가? 아이들은 대부분의 시간을 학교나 학원에서 보낸다. 집에서는 식사하고, TV 보고, 잠자는 것이 대부분이다. 학교에 가지 않는 날이면 학원에 가거나 게임을 하거나, 친구하고 놀며 시간을 보낸다.

가정교육이 가장 중요하다고 하면서 '집(house)'은 있으되 '가정(home)'은 없다. 가정교육이 중요하다는 것을 인식하면서도 가정에서 누가 무엇을 어떻게 교육해야 하는가에 대한 방법은 없다.

OECD는 2000년부터 매 3년마다 15세 되는 중학생들을 대상으로 읽기, 수학, 과학 등의 학업성취도를 평가한 세계 학력평가(PISA)보고서를 발표한다. 2012년 조사결과 한국은 34개국의 OECD 회원국 중에서 읽기 1위, 수학 2위, 과학 4위를 기록했다. 그러나 이스라엘은 읽기 26위, 수학 30위, 과학 30위에 머물렀다. 15세인 중학교 3학년 때 이런 성적을 거두는 유대인들이 어떻게 하버드를 비롯해 아이비리그 대학생의 30퍼센트 정도를 차지하고, 노벨상 역시 30퍼센트를 차지하는지 의문이 든다.

읽기나 수학, 과학성적에서 세계에서 1, 2위를 차지하고 세계 올림피아드에서도 역시 1, 2위를 차지한 대한민국의 아이들이 하버드대학을 비롯한 아이비리그 대학생 숫자가 이스라엘보다 더 많아야 하고, 노벨상 수상자도 더 많아야 하는데 그러지 못하는 이유는 과연 무엇 때문일까?

유대인 자녀들은 좋은 성적을 받고 높은 등수를 차지하고 지식을 외우고 시험 보기 위해 공부하는 것이 아니다. 그들은 '난 사람'이 아닌 '된 사람'을 기르는 것이 교육의 목표다. '아무도 보는 사람이 없는 곳에서도 법을 지키는 사람, 바르게 생각하며 바르게 행동하는 사람을 세우는 것'이 교육의 기본적인 목적이다.

왜 그럴까? 그들이 믿는 하나님이 항상 보고 계신다는 것을 믿는 영성

(靈性)교육을 기반으로 영·유아 때부터 가정교육을 해왔기 때문이다. 유대인의 교육은 물질적으로 잘 살기 위한 방법을 가르치는 것이 아니라 다른 사람과 함께 바르게 더불어 사는 것을 가르치는 인간중심의 교육이 기본이다. 즉, 목표나 결과보다 과정을 중요하게 생각하는 교육이다.

유대인들에게 훌륭한 교육의 비결이 무엇인가라고 물으면 대부분이 '대화와 토론으로 스스로 깨닫도록 하는 것'이라고 대답한다. 학교에서 선생님들이 주제에 대해 학생들의 의견을 묻고 토론을 유도하여 문제해결에 스스로 참여하고 바람직한 해답을 찾아가는 것이다.

대학에서도 학생과 교수 사이에 토론을 통해 머리싸움을 한다. 가정에서도 아버지와 함께 학교에서 배운 내용을 중심으로 대화하고 토론하며 스스로 깨닫는 시간을 가진다. 아이들은 학교와 가정 외에 학원에서 공부하는 것은 없다. 아이들에게 가장 중요한 교육은 가정교육이다. 2천년 동안 국가가 없을 때도 가정중심의 교육은 있었다. 이들의 가정교육이 1948년 이스라엘을 재건(再建)하는 원동력이 되었다.

하브루타 러닝은 서로가 공유할 수 있는 궁금증을 해소하기 위해 가벼운 질문을 던지는 이야기로부터 시작된다. 또한 그들은 시간과 장소를 가리지 않고 하브루타 러닝을 한다. 가정, 학교, 회당, 길거리 어디에서든 기회만 주어지면 아버지와 자녀가 짝을 짓거나, 어머니와 자녀가 짝을 짓거나, 친구끼리 짝을 짓거나, 선생님과 짝을 지어 〈토라(모세5경)〉나 〈탈무드〉뿐 아니라 일상생활에 대하여 하브루타 러닝을 한다. 이것이 유대인 자녀교육의 기본으로 역사적 공감대가 형성되어 있다고 할 수 있다.

일방적으로 주입식 강의를 듣거나 혼자서 문 닫고 밤새워 외우고 암기하여 시험을 잘 보겠다는 그런 교육이 아니다. 철저히 원리를 이해하고,

궁금증이 해소될 때까지 질문을 통해 궁금증을 해소하고 진리에 다가가려고 노력한다.

유대인의 하브루타 러닝은 아이를 잉태하기 전부터 시작된다. "스승의 10년 가르침보다 어머니 뱃속의 10개월이 낫다"(조선시대 사주당 이씨, 〈태교신기〉)라는 우리 선조들의 가르침도 있지만, 유대인들은 태담(胎談)을 통하여 태아와 어머니가 하브루타 러닝을 한다. 산모는 태아와 태담을 하며 〈토라〉를 수놓은 강보를 직접 만든다. 아이가 태어나서 5세까지는 어머니가 중심이 되어 쉐마(schema: 어머니가 읽어주는 것을 듣는 것)를 통하여 하브루타 러닝을 한다.

6세부터 13세까지는 아버지가 중심이 되어 하브루타 러닝을 하며 〈토라〉와 〈탈무드〉를 배운다. 유대인 자녀들은 이러한 과정을 통하여 인간의 삶에 가장 기본이 되는 영성(靈性)과 인성(人性)중심의 교육을 철저히 받기 때문에 그 다음에 주어지는 지식중심의 전문성과 창의성교육은 별 어려움 없이 받아들이게 된다.

최근 우리나라에 나타나고 있는 여러 가지 사회적 병리현상의 근원적 실체를 보면 궁극적으로 '인성교육과 소통의 부재'가 가장 큰 문제라고 생각된다.

교육현장에서는 '질문 없는 일방적 주입식 교육, 토론 없는 암기 위주의 교육'이 문제다. 생명이 지척에 달렸는데도 다른 생각 한번 못해 보고 기다리라는 말만 믿고 죽어간 세월호 사고가 다시는 반복되어서는 안 될 것이다. 이제 공부하는 방법부터 바꿔야 한다. 학생만이 아니라 선생님, 학부모, 직장인 등 국민 모두가 함께 참여해야 할 것이다. '잘 듣고, 외우고, 시험 보고, 잊어버리는 교육'이 아니라 '질문하고, 대화하고, 토론하고, 논쟁하고, 협상하고, 정리하여 발표하는' 새로운 학습방법으로 아이들이 스스로 미래를 준비하도록 해야 할 것이다. 이미 검증은 끝났다. 자동차 바퀴가 왜 둥글까 하며 고민할 시간은 없다.

아이들에게 인성교육만 가르친다고 될 일은 더욱 아니다. 부모와 전 국민이 함께 인성행동(人性行動)을 실천하는 것만이 가장 빠른 길이다.

네 자녀를 부지런히 가르치라

하나님이 기업으로 주신 자녀와 면류관으로 주신 손주를 돌보는 일은 자녀교육의 새로운 과제다. 인생 3막을 살아야 하는 신중년의 30~40%는 이러한 과제에 직면해 있다. 자녀들의 맞벌이로 손주 돌보기와 어린이집, 유치원, 초등학교 등하교 돌봄은 물론 그들과 함께 대화하고 학업을 돌보는 일이 신중년에게 맡겨진 새로운 과제이기도 하다. 즉, 이들과 어떻게 소통하고, 어떻게 가르칠 것인가는 신중년이 넘어야 할 새로운 학습과제다. 유대인이 3,500년 동안 지켜온 하브루타 러닝방법을 배워 활용하는 것은 새로운 도전이 될 수 있을 것이다.

우선 유대인의 문화를 이해하고 하브루타 원리를 이해하고, 토라와 쉐마를 먼저 이해해야 한다. 히브리어로 '토라'는 모세5경을 말하며, '쉐마'는 "듣는다, 들어라"라는 의미다. 유대인은 아이가 태어나 말을 시작할 때부터 부모들은 가장 먼저 토라를 가르친다.

〈신명기〉 6장 7절에는 분명히 "네 자녀를 부지런히 가르치라"라고 기록하고 있다. 〈탈무드〉에는 "만약 아이가 말을 하기 시작하면 아버지는 아이에게 〈토라〉를 가르치고, 암송하게 해야 한다"라고 기록하여 아버지에게 토라를 가르치는 책임을 부과하고 있다. 아버지가 자녀에게 토라를 가르치는 일은 하나님이 명령한 의무라고 생각한다. 그래서 유대인문화에서 아버지가 자녀를 가르치는 것은 자연스럽고 보편적인 전통이다.

AD 70년 로마제국의 침략을 받아 예루살렘이 점령당하면서 2천년 동안 나라 없이 전 세계에 흩어져 다른 나라 백성으로 살아야 했던 유대인들은 고난의 세월을 보냈음에도 1948년 제2차 세계대전 종전과 함께 어떻게 그들의 옛 땅에 이스라엘이라는 나라를 재건하여 오늘날 창조경제의 중심국가로 발전할 수 있었을까? 흔히 종교의 힘일 것이라고 말하지만 나는 그렇게 생각하지 않는다. 한 나라가 다른 나라에 정복당하면 가장 먼저 통제받는 것이 언론기관, 교육제도, 종교시설 그리고 그 나라의 지식인재들의 탄압 등이다.

우리나라가 일본으로부터 36년간 식민지배(植民支配)를 받았을 때도 가장 먼저 언론이 통제되고 날조되었고, 교육내용은 근본부터 바뀌었다. 역사교육은 뿌리부터 말살당하였고, 한글은 아예 쓰지 못하게 하고, 이름도 일본식으로 바꾸게 했다. 이른바 식민사관(植民史觀)을 가르치며 과거의 전통과 역사, 문화를 바꾸며 민족의 정체성을 바꾸는 것이 먼저였다. 이스라엘에 비하면 36년은 짧은 기간이다. 그럼에도 우리나라는 일제 잔재를 뿌리 뽑지 못하고 각 분야에서 70년이 넘도록 노력해도 그 폐해는 아직도 남아 갈등의 한 요인으로 작용하고 있다.

이스라엘은 우리나라보다 훨씬 오랜 기간인 2천년 동안이나 나라 없이 살았지만, 그들은 가정이라는 소중한 보금자리만은 지켜 왔다. 학교도 없고 선생님도 없었지만 그들에게 가정은 성전이었고 학교였으며, 아버지는 교사였고 랍비였고 대제사장이었으며, 식탁은 예배드리는 재단이었다.

안식일이 시작되는 금요일 저녁은 온 가족이 함께 모여 식사를 나누면서 한 주간에 있었던 일들을 중심으로 이야기하고 질문하며 대화를 이어간다. 종교적 문제뿐 아니라 일상적인 과제도 서로의 의견을 나누며 '밥상머리 교육'이 이루어지는 것이다. 이것이 2천년 동안 이어져 이스라엘의 재건과 발전의 기틀이 되었다. 이스라엘 교육에서 가장 중요한 것은 가정교육이라고 할 수 있다.

유대인 정체성 형성의 핵심에는 부모가 있었다. 특히 아버지의 역할이 매우 컸다. 유대인 가정에서 아버지의 권위는 대단히 중요하다. 아버지는 아이에게 마음의 기둥이며 버팀목이다. 아버지는 가정에서 아이들과 대화하는 하브루타(짝)가 된다. 이 때문에 서로 거리낌 없이 대화하는 것을 가정에서부터 배우게 된다.

가정에서 〈토라〉와 〈탈무드〉를 가르치는 사람 역시 아버지다. 유대인 아버지는 항상 자녀들에게 지식과 지혜를 가르치고 아버지가 책 읽는 모습을 아이가 어릴 때부터 보고 배울 수 있도록 본보기를 보여준다.

이와 같이 유대인에게 가장 훌륭한 스승은 학교선생님도 학원선생님도, 종교지도자인 랍비도 아닌 그들의 부모님이다. 자녀들은 아버지를 통해 조상들이 겪은 고난의 역사와 전통과 가족문화를 익히며 배운다. 이러한 영성(靈性)과 인성(人性)교육이 바탕이 되니 자녀와의 소통은 자연스럽게 형성되는 것이다.

문제가 있으면 곧 바로 질문과 토론으로 이어져 해결방안을 찾는다. 혼자서 고민하지 않는다. 아이에게 지식만 전달하는 것이 교육의 전부가 아니다. 어떻게 배울 것인가 하는 방법까지도 가르쳐 준다면 더 이상 바랄 것이 없을 것이다. 그런데 우리나라의 부모들은 정형화된 지식을 아이들의 머릿속에 넣어주고, 시험문제를 잘 푸는 요령과 기술을 배우기를 원한다. 학교나 학원 심지어 가정에서도 '잘 듣고, 외우고, 시험 잘 보도록' 가르치는 것이 교육의 전부인 양 믿고 있다. 그래서 아이들의 꿈도, 부모님들의 꿈도 좋은 학교에 진학하여 좋은 직장에 취업하는 것이다.

꿈 넘어 꿈에는 관심도 없는 것인가?

인생 3막을 살아가는 신중년의 중요한 역할 중 하나가 나로부터 출발하는 새로운 가정의 기틀을 마련하고, 가정공동체로서의 정체성을 확립하기 위해 "네 자녀를 부지런히 가르치라"는 사명을 충실히 감당해야 하는 것이다.

질문으로 말문을 열게 하라!

미국의 오바마 대통령을 당황시킨 사건이 한때 유튜브에서 인기를 끌었다. 한국을 방문한 오바마 대통령이 내·외신 기자회견을 마치고 한국기자에게 질문할 수 있는 특별한 기회를 주었다.

첫 번째, 두 번째, 무려 다섯 번의 기회를 주었으나 단 한 명의 기자도 손을 들고 질문하지 않았다. 여섯 번째 중국기자가 손을 들고 질문을 하겠다고 했다. 그러나 오바마 대통령은 다시 한 번 한국기자의 질문을 기다렸다. 그러나 한국기자는 아무도 손을 들지 않았다.

마침내 중국기자가 자신이 한국기자의 동의를 얻어 질문하겠다고 했으나 오바마 대통령은 영어를 잘 못하면 통역이 있으니 한국어로 질문해도 된다고도 했다. 그러나 단 한 명의 한국기자도 질문하지 않았다.

왜 이런 현상이 일어났을까? 혹시 한국기자들이 영어를 못해서 질문을 못했을까? 아니면 질문할 소재가 없어서 질문을 하지 않았을까? 이것도 아닐 것이다. 그렇다면 두려움 때문일까? 소심해서 그럴까? 유튜브 영상을 보면서 나 스스로 부끄럽다는 생각까지 들었다.

이 동영상 속 한국기자들의 모습을 다른 외국기자들이 평가하고 정리한 내용을 보고 우리 학생들이 수업시간에 질문하지 못하는 이유를 생각해 보면 다음과 같다(EBS 다큐프라임, 우리는 왜 대학에 가는가, 2015).

첫째, 질문하는 것은 내가 부족하다는 것을 남들 앞에서 드러내야 하는 부담감 때문에 몰라도 아는 것처럼 행동한다.

둘째, 다른 사람들이 뭐 저런 질문을 하느냐? 말은 하지 않지만 비아냥거리거나 눈치를 준다.

셋째, 내가 먼저 수업 분위기를 깨고 손을 들고 질문하지 못한다.

넷째, 우리 학생들에게 질문 그 자체는 답이다. 어떤 상황에서 어디까지 질문이 용인되고, 어떤 질문을 할 수 있을까? 어떻게 하면 질문을 잘할 수 있을까라는 고민을 하기 때문이다.

다섯째, 다 같이 질문을 안 하는 분위기니까 질문을 하면 자신에게 시선이 집중되는 것이 부담스럽다.

여섯째, 혹시 내가 질문을 해서 수업 분위기를 망치지는 않을까 하는 생각이 든다.

이에 반해 한 미국학생에게 “수업시간에 질문을 하면 수업에 방해가 된다고 생각해 본 적이 없나요?”라는 질문을 했다. 이 질문에 학생은 “저는 배우기 위해 대학에 왔습니다. 만일 제가 강의내용을 이해하지 못한다면 반드시 질문을 해서 이해가 될 때까지 노력합니다”라고 말했다.

한국학생과 미국학생 사이에 다른 점은 무엇인가? 그동안 받아 온 교육의 결과라고 치부하기에는 너무나 안타깝다. 나보다 강한 사람이나 나보다 학식이 높은 사람에게 궁금한 것을 당당하게 질문하지 못하고 오직 그들이 들려주는 말이 진리이며 전부인 양 무비판적으로 받아들이도록 교육해 온 학습의 결과라고 생각된다.

이제는 바꿔야 한다

더 이상 무비판적인 주입식 교육에서 벗어나도록 교육방법을 바꿔야 할 것이다. 교육인프라, 부모의 열정, 교육제도 등 모든 여건은 이미 다 준비되어 있다. 아이들의 말문만 트이면 된다. 모르는 것을 부끄럽게 생각하지 않고 당당하게 질문하는 방법만 가르치면 된다.

가정에서는 아이들이 가진 호기심의 싹을 키워 주자. 학교에서는 환경을 조성하여 질문하는 분위기를 만들어 주자. 선생님의 일방적인 주입식 교육이 아니라 아이들이 스스로 '질문하고 토론하며 참여하여 논쟁을 통하여 협상하며 결과에 순응하는 자세'를 배우도록 학습 분위기를 만들어 주자. 더 이상 '잘 듣고 외우고 시험 보고 잊어버리는 교육'이 아니라 질문과 대화, 토론을 통하여 스스로 비판적 사고를 기를 수 있는 학습이 필요하다.

아인슈타인은 "질문은 우리가 모르고 지나칠 뻔한, 하지만 반드시 알아야 하는 진실의 속살을 드러낸다. 마법사가 드리운 검은 커튼을 걷어내고 정확하게 현실을 볼 수 있는 시각을 가져다주는 것이다"라고 말했다. 또한 "새로운 의문의 제기, 새로운 가능성의 타진, 기존의 문제를 새로운 각도로 바라보는 것은 창조적인 상상력을 필요로 하며, 과학의 진정한 진보를 이루는 요소다"라고도 말했다.

No Question, No Learning

- 질문이 없는 삶은 죽은 삶이나 다름없다.
- 묻지 않으면 대답할 것도 없다.
- 질문은 내가 얻고자 하는 대답을 포획하는 그물이다.
- 질문이 죽으면 호기심이 죽고, 호기심이 죽으면 상상의 날개가 꺾이고, 상상의 날개가 꺾이면 창의력은 싹조차 틔우지 않는다.
- 공부란 세상을 향해 질문의 그물망을 던지는 것이며, 이때 질문의 크기는 내 삶의 크기를 결정한다.
- 질문하는 사람은 5분 동안 바보가 될 수도 있지만, 질문하지 않는 사람은 영원히 바보로 남는다.

청소년과 온 국민이 배워야 할 인성 덕목으로 '커뮤니케이션 역량, 비판적 사고능력, 창의적 사고능력, 문제해결능력, 직업윤리, 기업윤리, 직업관, 기업가정신' 등이 제기된다. 300명이 넘는 인명이 희생되었음에도 무엇을 배워야 할 것인가를 깨닫지 못한다면 제2의 세월호 같은 사고는 어떻게 막을 것인가?

잘 듣기만 하는 교육의 병폐를 적나라하게 보여준 사건이 많은 아이들이 희생당한 세월호 사고다. 구명복을 입었다는 것은 물속으로 뛰어들 준비를 했다는 것이다. 그런데 아무도 "물속으로 뛰어들어라!"라는 말을 하지 않았기에 아이들은 행동으로 옮기지 못했다. 그래서 더 많은 희생자가 발생한 것은 아닐까? 선생님과 부모님 말씀을 잘 듣는 것은 중요하다. 그러나 판단은 본인이 해야 한다.

나라를 되찾은 격대교육(格代敎育)

전 세계 5천년 역사를 뒤돌아볼 때 고대 국가 중에서 오늘날까지 나라 이름이 존속된 국가는 이스라엘이 유일하다. BC 8세기경 지중해 연안을 중심으로 탄생한 '로마'가 강력한 국가로서의 입지를 굳히게 된 시기는 BC 510년 공화정기(共和政期)부터다.

모든 길은 로마로 통한다는 팍스 로마나를 구가하며 약 800년 동안 강력한 왕국을 누렸으나, AD 245년 가이우스 디오클레티아누스(245~316)가 황제가 되면서 로마제국은 4등분 되었다. 마지막 세력이었던 비잔티움 제국(동로마제국)마저도 1,453년에 몰락을 맞이하고 지구상에서 국가로서의 존재가 사라졌다.

영원히 존재할 것 같았던 로마제국은 왜 스스로 멸망하였을까?

'가정'의 몰락이 로마 멸망의 원인

무력과 총칼로 일어난 나라는 또 다른 무력과 총칼에 의해 멸망한다는 교훈을 역사에서 배웠다. AD 70년에 로마에 의해 멸망한 이스라엘은 1945년 제2차 세계대전이 끝난 이후까지 2천년 동안 나라 없는 민족으로 살아왔지만 그들은 '가정(home)'이라는 소중한 가치를 유지해 왔다.

아이들은 〈토라〉와 〈탈무드〉를 가정교육을 통하여 부모에게서 배웠다. 3대가 함께하는 격대교육(格代敎育)을 통하여 가정교육은 2천년 넘게 이어져 왔다. 그들이 배우는 공부는 무엇을 성취하고 다른 사람과 비교하며 경쟁하며 더 잘 살고 더 행복하게 살기 위해 하는 공부가 아니라 '배움' 그 자체가 공부하는 목적이었다.

이스라엘 학생들은 왜 공부하는가라는 질문에 '토라와 탈무드를 배우고 실천하기 위해서' 공부한다는 말을 스스럼없이 한다.

배우고 익힌 것을 다른 사람(자녀)과 나누기 위해 공부한다. 아이들 교육은 어머니 뱃속에 있을 때부터 시작된다. 이것이 태담(胎談)이다. 아이와 어머니가 끊임없는 대화를 하는 것이다. 토라를 읽어주며 율법을 실천하며 일상적인 행동 하나까지 부모로서 본보기의 대상이 될 수 있도록 한다.

머리 위에서 항상 하나님이 지켜보고 있다는 생각을 잊지 않고 생활하도록 가르친다. 어릴 때부터 토라와 탈무드를 기본으로 하는 '영성교육'과 613가지 율법으로 이루어진 '인성교육'은 철저히 가정교육을 통하여 부모로부터 그 기본을 배우고 익힌다.

자율적 판단력도 가정교육에서 배운다

영성과 인성을 가정(home)에서 배우고, 학교교육을 통하여 전문성과 창의성을 배운다. 영성과 인성이 기본이고 바탕이다. 힘들고 어려움에 직면하면 영성과 인성교육의 기본으로 돌아가 스스로 판단한다. 스스로 판단하고 결정하는 방법을 어릴 때부터 배우고 익힌 가정교육 덕분이다.

우리나라에서도 인성교육이 핵심 이슈로 등장하고 있다. 대학진학은 물론, 직업생활과 취업준비과정에서 인성역량이 가장 중요하게 대두되고 있다. 기업의 대졸 신입사원 채용과정에서 중요시하는 영역도 인성역량이 60퍼센트, 전공역량 40퍼센트로 나타나고 있다.

아무리 전문역량이 우수해도 인성역량이 부족하면 채용하지 않겠다는 기업이 절반을 넘고 있다. 기업의 신입사원 채용시험의 최종면접시험은 CEO가 주관하는 인성면접이다. 대학입시에서도 학교성적과 인성역량을 동시에 고려하는 비중이 늘어나고 있는 추세다. 최근 비교과영역의 성적을 학부모와 교사가 결탁하여 허위로 작성한 자녀의 성적이 발각되어 대학 입학이 취소되고 아이의 미래는 혼란스럽고 불투명하며, 엄청난 혼란으로 다가온 사례가 인성행동의 중요성을 나타내는 단면이다.

조작된 성적으로 대학에 진학하겠다는 발상부터가 문제이다. 어릴 때부터 나만 생각하는 극단적 이기주의가 부모는 물론 아이의 장래에 돌이킬 수 없는 오점을 남긴 것이다.

부모나 어른들의 이러한 행위를 보고 아이들은 무엇을 배울 것인가? 아이들은 "부모의 등을 보고 성장하고, 후배는 선배의 그림자를 보고 성숙한다"는 말이 있다.

부모의 등 뒤에서 무엇을 보고 배울 것인가

유대인들의 인성교육에는 〈토라〉와 〈탈무드〉라는 분명한 지침서가 있다. 과거 우리나라에도 '삼강오륜(三綱五倫)'이라는 가정교육의 지침이 있었다.

산업화시대의 급격한 변화를 맞이하면서 이러한 도덕적 · 윤리적 기본틀이 무너졌다. 교육현장에서는 인성역량보다 전문역량이 우선시되었다. 전문성교육만 강조한 결과 오늘날 여러 분야에서 혼란을 초래하고 있다. 최근에 발생된 병리현상을 살펴보면 모든 것이 인성역량의 부재에서 발생된 근원적 사고라고 해도 틀린 말이 아니다.

부모들은 "학교교육이 잘못되었다"라고 말하고, 교사들은 "가정교육이 문제다"라고 탓한다. 무엇이 문제라고 탓하기 전에 부모부터 모범을 보이는 것이 필요하다. 아이들에게 본보기가 되는 인성행동(人性行動)을 중요시할 때 아이들이 부모의 등을 보고 따라 할 것이다. 법률로 규정한다고 해서 갑자기 인성이 좋아지는 것이 아니다. 인성은 사람과 사람 사이에서 '행동과 말'로 나타나는 요소이기 때문에 새로운 생각과 행동의 철저한 반복으로 나타난다.

인성을 함양하는 데는 절대적인 시간이 필요하다. 영 · 유아기 때부터 부모로부터 배우는 것이 중요하다. 그래서 가정교육이 중요하다고 강조하는 것이다. 유대인이 가정교육을 통하여 나라를 되찾은 것과 같이 우리는 가정교육을 회복하여 아이들에게 꿈을 찾아 줘야 할 것이다.

토마스 고든(Thomas Gordon)은 '훌륭한 인재는 인성역량과 전문성을 함께 보유한 인재'라고 했다.

CHAPTER 06

인성인재와 하브루타

1. 인성인재의 덕목(德目)
2. 인성모형과 의식단계
3. 학교교육과 인성교육
4. 인성인재의 실천과제

인성인재와 하브루타

교육을 통하여 인성인재를 양성하는 것을 인성교육의 목표라고 할 수 있다. 인성교육진흥법 제2조 제1호에 인성교육에 관한 정의를 다음과 같이 규정하고 있다.

"인성교육이란 자신의 내면을 바르고 건전하게 가꾸고, 타인 · 공동체 · 자연과 더불어 살아가는 데 필요한 인간다운 성품과 역량을 기르는 것을 목적으로 하는 교육"이다. 인성교육의 핵심 가치로 인성교육진흥법 제2조 제2호에 다음과 같은 여덟 가지 덕목을 제시하고 있다.

- 예(禮): 인간관계에서 사회적 지위에 따라 행동을 규제하는 규칙과 관습의 체계
- 효(孝): 부모와 자녀 간의 도덕적인 관계를 규정하는 가치이고 규범
- 정직(正直): 믿음과 신뢰
- 책임(責任): 행위의 결과에 대해 행위 주체에 지어지는 의무나 제재
- 존중(尊重): 상대방을 귀하게 여기고 중하게 대하는 태도
- 배려(配慮): 사회 공동체 속에 살아가는 사람들 사이에 상대방을 이해

하고 보살펴 주는 것

- 소통(疏通): 서로의 의견에 공감하거나 오해 없이 받아들이는 의견교환
- 협동(協同): 함께 살아가기 위한 삶의 방식

하브루타 러닝의 방법을 우리나라 교육현장에 어떻게 도입하여야 할 것인가? 과연 우리나라 교육환경에 적합하기라도 한 것인가?

유대인들은 그들의 자녀교육을 3,500년 동안이나 하브루타 러닝으로 가르쳐 왔다. 그 결과 인구수 대비 노벨상 수상자를 가장 많이 배출한 민족이기도 하다.

우리나라와 각종 지표들을 비교할 때 학습방법을 제외한 모든 객관적 지표(역사적 전통, 국토면적, 인수수, 국민평균 IQ지수, 정보화수준 등)에 있어서 우리나라가 우수함에도 청년층 창업지수, 첨단 국방력 등에 있어서는 이스라엘이 우수하다. (고)전성수 교수는 공부방법을 제외한 모든 면에서 우리나라의 객관적 지표가 우수하다고 하며, 공부방법만 바꾸면 우리도 이스라엘을 앞지를 수 있다고 강조했다. 새롭게 도입하여야 할 공부방법이 '하브루타 러닝'인 것이다.

유대인의 학습 목표에서 추구하는 인성인재의 핵심 가치는 '동기부여, 인내력, 감수성, 호기심, 창의력, 열린 사고, 낙관, 전문성, 겸손, 정직' 등 열 가지를 들고 있다.

1 인성인재의 덕목(德目)

우리나라에서 강조하는 인성인재의 덕목은 '오상'과 '신언서판'이라고 할 수 있다.

오상(五常 = 仁義禮智信)

오상은 조선 건국의 윤리적 · 도덕적 이념이다. 건국 초기에 한양(=서울)에 흥인지문(興仁之門), 돈의문(敦義門), 숭례문(崇禮門), 홍지문(弘智門)이라는 4대문을 세우고 가운데에 보신각(普信閣)을 두었다.

수오지심(羞惡之心)
불의에 저항하는 마음
• 의(義), 정의
• 敦義門(서대문)

시비지심(是非之心)
옳고 그름을 판단하는 마음
• 지(智), 지혜
• 弘智門

사양지심(辭讓之心)
타인을 존중하는 마음
• 예(禮), 질서
• 崇禮門

측은지심(惻隱之心)
남을 사랑하며 측은이 여기는 마음
• 인(仁), 사랑
• 興仁之門(동대문)

오상을 4대문 현판의 중심사상으로 정하고 온 백성이 생활 속에서 실천하며, 인재가 갖춰야 할 덕목(德目)으로 제시하였다. 오상은 사람이 항상 갖추어야 하는 다섯 가지 도리(道理)로서 당시 국교가 유교인 점을 감안하면 유학에서 다섯 가지 변하지 않는 인간의 성품으로 '인의예지신(仁義禮智信)'을 지칭한 글에서 인용한 것으로 보인다. 즉, 인(仁)은 사랑(어짐), 의(義)는 올바름, 예(禮)는 도리, 지(智)는 지혜, 신(信)은 믿음을 의미한다. 가장 폭넓게 이해되는 것이 예로서 말과 행동으로 나타나는 예절(禮節)을 중요시했다.

예(禮)는 곧 인성행동(人性行動)의 핵심 요소가 되기도 했다. 국어사전에는 예절을 인간관계에 있어서 사회적 지위에 따라 행동을 규제하는 규칙과 관습의 체계라고 정의하고 있다. 예절의 형식은 생활방식, 사고방식, 사회풍조에 따라 다르다. 법에 의해서 강제되는 행동규칙과 집단에 의해 강제되는 행동규범이 아니므로 예절은 강제되지는 않으나 어길 경우 다른 구성원들로부터 소외당하게 된다. 이와 같이 예절은 인간관계를 규정짓는 핵심 요인이 되는 것이다.

예절의 산실은 궁궐이라고 할 수 있는데 권력의 중심으로부터 차츰 퍼져 나가 귀족 등의 특권계층 안에서 엄격하게 지켜졌다. 특히 서양의 중세시대는 봉건제도가 엄격히 계층화되어 예절의 황금기였다. 그러나 제1 · 2차 세계대전 후 사회적 평등이 강조되고 자본주의가 발전하면서 기존의 귀족과 같은 계층은 사라져 가고 행동양식이 단순화되면서 특권층만의 예절이 아니라 보통사람들을 위한 예절로서 보편화되었다. 이로써 대부분 왕실이나 귀족을 위한 전통적 예절은 사라져가고 지금은 인사예절 · 식사예절 · 공중도덕 · 장례예절 등 일반적인 생활예절이 자리 잡아가고 있다.

그러나 아직까지 국왕이 있는 나라는 그 주변에 엄격한 예의가 지켜지고 있으며 대통령 등의 국가원수 주변에서도 공식적 행사예절이 지켜지고 있다(네이버 지식백과).

이와 같이 예절은 인간관계에서 "마음에 바탕을 두고 마음으로부터 시작되는 인성행동이라고 할 수 있다. 예(禮)는 나를 낮추고 상대를 높이는 마음, 상대방을 편하게 해주는 마음, 상대방이 나에게 호감을 갖게 하는 마음, 남에게 폐를 끼치지 않는 마음, 상대방을 편하게 해주는 마음 그리고 상대방을 부끄러운 처지로 몰아 넣지 않는 배려하는 마음"을 내포하고 있다.

이러한 마음을 가지고 "바른 몸가짐, 바른 언어생활, 바른 행동을 할 때 우리는 예절(禮節)이 바르다"라고 말한다. 예절은 구체적인 행동으로 실천하는 것이 중요하다. 구슬이 서 말이라도 꿰어야 보배'라고 하듯이 머릿속에는 알고 있으나 그것이 말이나 행동으로 나타나지 않으면 아무 소용없다. 따라서 예절이란 머릿속에 알고 있는 것이 중요한 것이 아니라 바른 몸가짐과 바른 동작, 바른 언어생활을 하려는 마음가짐과 실천하는 구체적 행동으로 나타나는 것이 중요하다.

신언서판(身言書判)

조선시대에 조정에서 과거시험을 통해 인재를 선발할 때도 신언서판은 중요한 인재 평가기준이 되었다. 이러한 전통은 600년이 지난 오늘날까지도 면섭시험이라는 평가방법에서 신언서판을 인성인재의 평가기준으로 활용하고 있다. 산업화시대를 거쳐 직업의 종류가 늘어나고 직무수행역량의 중요성이 대두됨에 따라 인성역량에 직무 전문성을 평가하는 기(技=Technic)를 새로운 평가기준에 포함하여 '신언서판+기(身言書判+技)'를 21세기 인재선발기준으로 활용하고 있다. 인재의 선발은 조직이나 기업경영에서 가장 중요한 과제다.

조직의 성패가 사람에 따라 결정되기 때문이다. 600년이 넘도록 이어져오고 있는 '신언서판(身言書判)'의 네 가지 개념을 이해해야 하는 것은 오늘날 인재양성에도 그대로 통용되기 때문이다.

구분	내용
신(身) 맵시	• 사람을 평가할 때 예(禮), 즉 태도를 중요시하며, 외모를 평가하는 것이다. • 이는 인상이 좋고 외모가 풍성하고 행동이 공손하고 친절하면 좋은 인재로 평가받을 수 있다는 것을 의미한다.
언(言) 말씨	• 사람을 평가할 때 언변이나 말투가 분명하고 정직하면 신뢰할 수 있는 사람으로 믿음(信)을 주는 바른 사람임을 보여줄 수 있음을 의미한다.
서(書) 글씨	• 서(書)는 문장력을 말하는 것으로 조직이나 국가의 중요한 의사결정과 공식적 표현은 문서로 이루어졌다. • 따라서 글씨체가 바르고 문장력이 좋고 품격(品格) 있는 내용으로 쓰인 글씨는 의미전달이 분명하며 진정성이 담긴 지혜(智)로운 사람으로 평가받았다.
판(判) 마음씨	• 옳고 그름을 판단하는 마음씨를 중요한 평가요소로 삼았다. • 판(判)은 사물이나 사건을 인식할 때 논리나 기준 등에 따라 객관적으로 판정할 수 있는 판단력을 나타내는 의미다. • 글이나 말의 이치가 논리적이어야 하며 상황을 객관적으로 인식하며 올바르게 판단하는 능력을 인재선발기준으로 삼았다.

인성인재의 성장 사이클

공자가 16세에 학문에 뜻을 두고 30세에 이립(而立)하여 홀로서기를 했다는 말에서 인생의 주기를 10년 단위로 구분하여 설명하기도 하지만, 중국 의서(醫書)의 핵심 교재인 〈황제내경〉에는 '인간의 성장과정'을 여성의 신체변화의 특성에 따라 '7'을 기준으로 설명하고 있다.

구분	~10세	~20세	~30세	~40세	~50세	~60세	61세~
여자	~7	14	21	28	35	42	49
남자	~8	16	24	32	40	48	56
인성모형	□	□	□	▲▼	▲▼	▲▼	○
욕구충족	+	+	+	×	−	−	÷
의식단계	모방	생각	행동	태도	습관	인생(운명)	
〈논어〉	지학(志學)	약관(弱冠)	이립(而立)	불혹(不惑)	지천명(知天命)	이순(耳順)	회갑(回甲)
과정	훈습(薰習)	학습(學習)+학문(學問)		실천(實踐)			계승(繼承)
지도자	부모	선생님+부모		조직의 장		사회 어른	

흔히 7을 완전 숫자라고 하며, 대부분의 사람들은 '7'이라는 숫자를 좋아한다. '7이라는 숫자'는 우리 인간사(人間事)와 밀접한 관계를 맺고 있다. 성경에는 하나님이 태초에 7일 만에 천지 만물을 창조했다고 기록되어 있다. 사람의 얼굴에는 7개의 구멍이 있고, 몸에는 7가지의 구멍이 있다. 여자들은 7의 4배수인 매 28일마다 생리를 하며, 아이는 7의 40배수인 280일 만에 태어난다.

우리 조상들은 산모가 아기를 낳고 7의 3배수인 21일 만에 첫 외출을 하도록 했다. 아이가 태어나서 7세가 되면 남녀가 동석을 금하는 윤리기준도 있었다. 숫자 7이 인간과 관련된 이야기는 이외에도 얼마든지 많다.

위 표에서 보는 바와 같이 여자의 일생은 7의 배수로 변화되며, 남자의 일생은 8의 배수로 변화된다. 우리 선조들은 남녀 7세가 되면 자리를 함께 하는 것을 금(禁)하도록 '남녀7세부동석(男女七世不同席)'이라는 윤리기준을 정하고 실천하도록 했다. 여자나이 7세가 되면 스스로 행동하고 판단하려는 이성(理性)이 발로되는 나이가 된다. 이때의 보편적인 특성은 고집이 세고, 주장이 강하며, 부모의 말을 잘 듣지 않고, 스스로 행동하려는 경향이 강하게 나타나게 된다.

이 시기까지 아이들의 학습기를 훈습기(薰習基)라고 부르며 이들의 행동과 성장에 근본적 책임은 부모에게 있다. 7세가 되면 이제 부모로부터 가정교육(EQ교육)을 마치고 그들의 나이에 맞는 지식을 배워 교우관계를 형성해 가는 교육을 받아야 한다.

교육을 위해 전문가들이 있는 학교에 간다. 학교에서는 선생님으로부터 전문적인 지식과 친구들과의 교우관계를 배우고 익혀 나이에 맞게 성숙되어 가는 교육과정을 이수한다. 이 시기를 학습과 학문기(學問基)라고 부르며 이들에 대한 행동과 성장책임은 부모와 스승에게 있다.

인성의 씨앗은 세 살 전에 뿌려라

> 나는 포도나무요 너희는 가지라 그가 내안에, 내가 그 안에 거하면 사람이 열매를 많이 맺나니 나를 떠나서는 너희가 아무것도 할 수 없음이라.
>
> – 요한복음 15장 5절 –

아이들은 생후 3~4개월이 되면 최초로 고집을 부린다. 이때의 고집은 엄마 젖이나 분유를 먹지 않겠다고 입을 꾹 다무는 정도지만, 아이에게 최초로 의지(意志)가 생기는 것이니 그것은 큰 변화이다. 이때부터 생긴 고집은 점차 그 강도가 더해져 2~3살 무렵에는 제 뜻대로만 하겠다고 엄마와 맞서 "싫어! 안 해!"라는 말을 자주 한다. 아동심리학자들은 이때를 제1차 반항기라고 한다.

이 시기의 아이 고집을 나쁘게만 볼 것은 아니다. 고집은 자기 스스로 뭔가를 하겠다는 의지의 표현, 즉 자립을 위한 과정이기 때문이다. 문제는 이때 아이교육을 체계적으로 실시하지 않으면 고집이 자립성이 아닌 안하무인(眼下無人)으로 가는 싹이 된다는 것이다.

태어날 때부터 말 잘 듣고 예의 바르게 태어난 아이는 없다.

> 한 연구자의 실험결과에 의하면 신생아실의 아이가 혼자 우는 일은 별로 없다고 한다. 한 아이가 울면 곁에 있는 아기들이 모두 따라 운다고 한다. 심리학자들은 이것을 '신생아성 반응 울음'이라고 한다. 신생아에게 자기 울음소리가 녹음된 테이프를 들려주었을 때는 따라 울지 않는다.
> 이것은 아이가 단순히 울음소리에 반응하는 것이 아니라 타인의 고통에 대한 반응으로 운다는 사실을 알려준 것이라고 한다.
>
> – 문용린, 열살전에 사람됨을 가르쳐라, 2007 –

농사를 지을 때 정말 놓쳐서는 안 되는 시기가 있다. 바로 씨를 뿌리는 기간이다. 농부가 씨를 땅에 뿌릴 수 있는 기간은 1년 중 1~2주일 정도라고 한다. 그 기간이 지나 씨를 뿌리면 농부가 아무리 거름을 줘 가며 정성껏 가꿔도 좋은 열매를 맺기 힘들다고 한다. 열매를 맺게 양분을 공급하는 시기를 놓치면 뿌리가 튼실하지 못하여 결실을 제대로 맺기 어렵기 때문이다. 한번 시기를 놓치면 다시 돌이키기 어려운 농사처럼, 아이를 '사람다운 사람'으로 잘 양육시키는 것도 시기가 있다. 그 시기를 놓치면 아무리 뒤늦게 후회해도 소용이 없다.

이 시기를 결정적 시기라고 한다. 오리는 태어나서 3~4시간이다. 이때 사람이 새끼 앞에 있으면 그 사람을 어미인 줄 알고 졸졸 따라다닌다고 한다.

〈태교신기〉(조선시대 사주당 이씨)에는 "스승의 10년 가르침보다 어머니 뱃속의 10개월이 낫다"고 했다. 태어난 후 30년의 영양상태보다 어머니 뱃속의 10개월이 더 중요하다고도 했다. 저체중으로 태어난 소아는 정상으로 태어난 소아보다 성인병 위험이 6배 이상 높다고 현대의학에서 실험을 통하여 증명하고 있다.

농부가 씨 뿌리는 시기를 놓쳤다면 1년을 기다리면 다시 기회가 오지만, 인생의 씨 뿌리는 시기는 다시 되돌아오지 않는다. 짧지만 중요한 일주일을 놓쳐서 후회하는 농부가 되지는 말자. 이것은 앞으로 펼쳐질 아이의 인생이 걸린 문제이기 때문이다.

흔히 세 살 버릇 여든까지 간다는 속담이 있다. 이 속담의 의미는 무엇일까?

세 살 된 아이의 뇌세포 성장을 관찰해 보니 20세 성인 뇌세포의 80% 이상 성장되어 있다고 한다. 아이가 태어나서 세 살까지 성장하는 모습을 보면 전적으로 부모의 모습을 따라 배운다. 이 시기 아이들의 행동 특성은 스스로 생각하여 행동하는 것이 아니라 전적으로 부모의 모습을 보고 생각 없이 온몸으로 따라 배운다.

이때의 모습이 마치 새끼 새가 어미 새가 날아가는 모습을 보고 배운다하여 습(習)의 과정이라고 한다. 아이의 행위에 대한 책임은 전적으로 부모에게 있다. 이때까지 부모로부터 온몸으로 배우고 익힌 습의 원리가 뇌(腦) 속에 장기 기억으로 저장되기 때문에 세 살 버릇이 여든까지 간다는 속담이 만들어진 것이 아닌가 생각된다. 이때 애착형성이 실패하면 되돌릴 수 없는 지경이 되기도 한다.

실례로 3세까지 애착실패로 인한 아이의 뇌 크기를 비교한 아래 그림에서 애착의 중요성이 잘 나타나고 있다.

3세 아이의 뇌 크기 비교

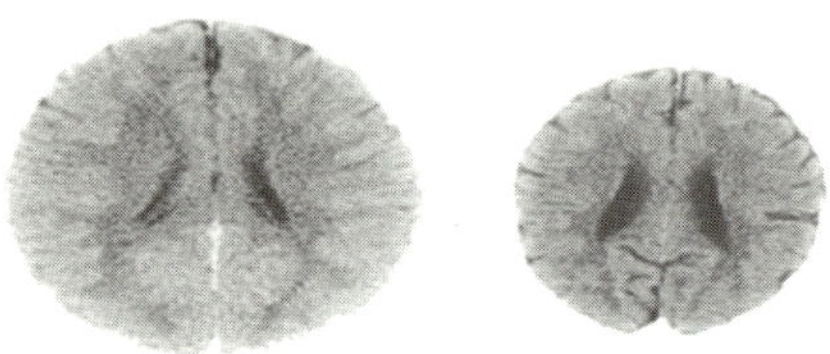

사랑받은 뇌 　　 애착실패의 뇌

우리들의 현실은 어떠한가? 아기를 낳은 어머니는 어디에 있는가? 대부분의 워킹맘들이 직장생활, 맞벌이를 위해 아이들과 떨어져 외할머니, 친할머니 또는 이웃집 아주머니나 어린이집에 아기를 맡기고 있다.

아기들이 어머니와 스킨십을 통하여 정서적으로 어머니의 모습을 따라 배워가며 애착관계가 형성되어야 할 시기인데 그렇지 못한 것이 현실이다. 아이를 잉태한 후 어머니 뱃속에서 10달 동안은 태교니 뭐니 하며 똑똑하고 건강한 아이를 위해 얼마나 노심초사(勞心焦思)했던가? 아이의 출산 때 혹시 발가락 한 개, 손가락 한 개라도 합지(合止)되어 기형아가 나온다면 어찌할까? 하며 괜한 근심걱정을 하지 않은 부모가 어디 있으랴? 그런데 아이가 태어나면 왜 아이를 부모인 자신들이 키우지 않고 제3자에게 위탁양육하려 하는가?

생계가 어려워서라면 할 말이 없다. 돈을 벌어 아이들을 훌륭하게 공부시키기 위해서라면 생각을 달리해야 한다. 세 살 버릇이 여든까지 간다고 하지 않았던가?

아이가 태어나 세 살이 되기까지는 부모, 특히 아이를 낳은 어머니가 직접 양육하는 것이 가장 이상적이라고 한다. 부득이 맞벌이를 해야 할 환경이라면 주양육자를 바꾸지 않는 것이 중요하다

세 살이 되면 아이들의 행동에 중요한 변화가 나타난다. 처음으로 개체화의 단계가 형성된다. 거울을 보면 웃을 줄 알고, 스스로 뭔가를 하고자 하는 독립된 행동을 보이며, 눈에 보이는 모든 것에 대한 호기심으로 끊임없는 질문을 던진다. 이때 어머니는 아이의 질문을 귀찮아하거나 신경질적인 태도를 보이면 곤란하다. 아이 스스로 생각하고, 스스로 결정할 수 있을 때까지 대화를 계속해야 한다. 끊임없는 질문과 사고(思考)하는 습관은 아이의 창의성을 높이고, 자신감을 키우며, 자신의 의견을 논리적으로 말할 수 있도록 교육하는 가장 확실한 방법이다.

우리 조상들은 아이들 교육을 위하여 왜 매(枚, 梅=회초리)를 들었을까? 매(梅)는 열매를 맺는 가지다. 신약성경(요한복음 15장 2절)에는 "무릇 내게 붙어 있어 열매를 맺지 아니하는 가지는 아버지께서 그것을 제거해 버리시고 무릇 열매를 맺는 가지는 더 열매를 맺게 하려 하여 그것을 깨끗하게 하시니라"고 기록되어 있다. 매(梅)는 나무에서 열매를 맺는 가장 중요한 부분이다. 어릴 때 올바른 교육을 받지 못하면 어른(=열매)이

될 수 없다는 것을 깨우쳐 주기 위해서 일 것이다. 세 살이 넘어서면 부모 혼자 더 이상 양육하기 곤란한 시기가 된다. 아이들은 친구들과 함께 놀기를 좋아하고 스스로 초기단계의 사회화과정에 접어들게 된다. 이때가 되면 아이들을 체계적이고 논리적으로 교육하는 전문교육기관(어린이집, 유치원, 초등학교)의 전문가(선생님)에게 아이교육을 위탁한다. 그 이전까지는 부모(어머니)가 전적으로 아이 양육에 최선을 다해야 한다. 이때까지가 아이 인생의 씨앗을 뿌리는 시기이기 때문이다.

J군과 어머니

J군의 어머니는 올해 40살 직장인이다. 그는 아들 2명을 두고 있다. 큰아이는 올해 10살로 초등학교 3학년이며, 둘째 J군은 올해 7살이다.

부부가 맞벌이하여 아이들은 출산휴가가 끝난 때부터 지방에 있는 시댁어른(아이의 할머니)들이 돌보아 주었고, 주말이 되어야 시댁에 들러 아이들과 시간을 보내고 일요일 늦은 시간에 직장이 있는 곳으로 돌아오곤 했다.

큰아이는 별 탈 없이 초등학교 입학할 때가 되어 어머니가 있는 도시에 와서 학교생활에 잘 적응하고 있다.

둘째인 J군은 큰아이와 달리 인지발달능력이 지체되었다. 일주일에 한 번 만나 아이에 대한 관찰이 제대로 되지 못한 상태에서 자기 아이가 다른 아이에 비해 좀 늦는구나 하고 무심히 보낸 시간이 4년이 경과되었다. 5살이 되었을 때야 비로소 아이의 행동이 이상하다는 것을 인지하고, 전문가의 도움을 받기로 했다.

아동심리학을 전공한 전문가의 진단결과 어머니는 하늘이 무너지는 충격을 겪어야 했다. 아이가 '애착실패로 인한 정서불안으로 발달장애'까지 가지고 있는 중증의 상태라는 진단을 받았다. 이대로 두면 아이가 정상적으로 생활하지 못한다는 말도 했다.

그동안 맞벌이 직장생활을 통하여 아이들의 장래를 좀 더 풍요롭게 해주겠다는 어머니의 꿈이 송두리째 무너지는 충격이었다. 직장에서 1년간 휴직하고 아이와 함께 시간을 보내며, 그동안 함께 하지 못한 것을 반성하며 아이를 돌보기 시작했다. 씨를 뿌려야 할 시기를 놓친 농부의 후회는 1년이면 다시 때가 오지만, '사람다운 사람'으로 키우기 위한 씨앗을 뿌리는 시기는 1년이 아니라 그보다 훨씬 많은 시간을 후회해도 되돌릴 수 없다는 안타까움뿐이다.

7살이면 초등학교에 입학해야 하지만 아직 한글도 모르고, 자기 이름도 쓰지 못한다. 신체적으로는 멀쩡하지만 '인지발달능력'은 이제 겨우 3살 정도라고 하니 정상적인 초등학교에 보낼 엄두가 나지 않는다고 했다. 15년 정도 직장생활을 하며 아이들을 위한 크고 아름다운 꿈을 꾸었지만 둘째 아이의 상태와 함께 모든 것이 무너지는 아픔을 겪고 있다. 평생을 짊어지고 가야 할 어머니와 아이의 모습이 보이지 않는가?

2 인성모형과 의식단계

인성(人性)은 인간관계(人間關係)에서만 나타나는 특징이다. 인성이 머물고 모습을 보이는 곳은 사람과 사람 사이이며, 성장단계에 따라 모형이 다르게 나타나게 된다. 이러한 모형을 보고 개인의 인성가치를 평가하기도 하며, 교육의 방향이나 내용을 설정하기도 한다.

인성의 모형을 인간의 욕구충족(欲求充足)과정과 비교하여 네모(□), 세모(▲), 동그라미(○)로 구분하기도 한다.

네모(□)의 유형은 전 생애를 거쳐 지속적으로 나타나는 채우고 쌓아가는 욕구(needs)에 해당된다. 세모(▲▼)의 유형은 상향의지(▲)의 열정과 하향의지(▼)의 갈등이 상충하며 내면적 자아를 형성해 가는 욕구에 해당된다. 동그라미(○) 유형은 인간의 내면적 욕구와 외면적 욕구가 끊임없는 갈등을 겪으며 마침내 진정한 어른(장=리더)으로서 완성단계에 접어드는 유형이다.

이들 인성모형을 시기별로 좀 더 구체적으로 살펴보면 다음과 같다(앞의 인성인재의 성장 사이클, p.184 도표 참조).

10세까지의 인성모형은 네모(□) 유형이다

이 시기는 반복적 모방으로 전적으로 부모의 행동을 따라 배우고 익히게 된다. 스스로 옳고 그름을 판단하고 행동으로 옮기는 것이 아니라 부모의 행동은 전적으로 옳다고 믿는 것이 학습(學習)이라고 생각한다.

훈습(薰習)을 통하여 마치 향나무의 향기를 맞거나, 모닥불에 연기를 쪼

이는 것처럼 부모의 행동이나 말씨를 아무른 비판 없이 있는 그대로 온 몸으로 받아들이며 배우고 익혀 따라 하는 시기다. 그래서 부모의 행동 하나하나, 말씨 한 마디 한 마디가 아이에게 더하기(+) 형태로 학습되어 차곡차곡 내면적(內面的) 특성으로 축적되어 언젠가는 밖으로 나올 준비를 하게 된다.

10세~30세까지의 인성모형도 네모(□) 유형이다

가정과 학교에서 부모와 선생님의 가르침을 통하여 새로운 가치관을 형성하게 되며, 친구들과의 사회적 활동을 통하여 마침내 자기 생각이 포함된 비판적 사고를 형성하는 시기라고 할 수 있다. 이 시기에 중요한 것은 새로운 학문(學文)에 대한 호기심과 관심을 갖게 되며, 질문(質問)을 통하여 자기 생각을 중심으로 역량을 극대화시키는 시기라고 할 수 있다. 이 시기의 욕구충족방법 역시 더하기(+) 형태로 이루어지며, 단순 모방에서 자기 생각을 더하여 지식의 폭을 넓히고, 스스로 행동하며 홀로서기를 준비하는 단계라고 할 수 있다.

이 시기에는 다양한 경험을 통하여 인간관계의 폭을 넓혀가며 나와 다름을 이해하고 경청(傾聽)과 배려(配慮)의 인성행동을 통하여 내공을 쌓아가는 것이 중요하다. 이러한 과정을 통하여 이립(而立)의 홀로서기와 자기 자신의 삶을 준비하는 것이 필요하다.

30세부터의 인성모형은 삼각형(▲) 유형이다

그동안 쌓아온 내공으로 부가가치를 생산하는 행동에 적극적으로 나서는 시기이다. 이 시기의 욕구충족방법은 곱하기(×) 형태로 이루어지며 새로운 가치와 성과창출을 통하여 있으나 마나 한 존재가 아니라 반드시 필요한 인재로서의 존재감을 나타낼 수 있어야 한다.

긍정적인 자세와 언행일치를 통한 신뢰성을 확보하고 어떠한 유혹에도 흔들리지 않는 불혹(不惑)의 가치기준을 정립하여야 하며, 직장상사에게는 성과로 보답하고, 후배에게 본보기가 되는 역량을 꾸준히 쌓아가는 것이 중요하다.

마음속에 솟아나는 일에 대한 열정을 스스로 다스리며 성공적인 삶을 준비하기 위해 수평적, 수직적 인간관계(人間關係)를 구축하는 것이 중요하다.

40세부터의 인성모형은 역삼각형(▼) 유형이다

이 시기부터는 불혹(不惑)의 단계로서 직장생활 전반을 통하여 가장 열정적으로 일할 수 있는 시기다. 자신만의 가치기준을 명확히 설정하고 선(善)과 악(惡)을 구분할 수 있는 판단기준을 설정하되 자기 자신의 범주를 넘어 조직과 사회, 국가, 인류까지 생각할 수 있는 안목을 가지는 것이 중요하다.

이 시기는 상향의지(▲)의 열정과 하향의지(▼)의 갈등이 상충하여 내면적 자아를 형성하는 Needs를 적절히 조절하는 것이 필요하다. 자신의 생각과 다른 사회현상에 대하여 간간히 반발하여 갈등을 초래하기도 한다.

일부에서는 다른 직장으로 이직히는 경우도 이 시기에 집중된다. 직업생활을 통하여 스스로 이직하거나 스카우트를 통하여 이직하는 경우는 이 시기의 연령대에서 가장 많이 이루어진다.

흔히 직장생활 성공의 기준으로 믿을 수 있는 후배 세 명이 있다면 그는 직장생활에 성공한 사람이라고 한다. 조직의 장으로서 실천을 통하여 그동안 쌓아온 일과 삶의 지혜를 후배들에게 전해 줄 수 있는 빼기(−)의 방법과 빈자리를 더해(+)가는 삶의 방식이 중요하다.

50세부터 60세까지의 인성모형도 역삼각형(▼) 유형이다

50세를 흔히 지천명(知天命)의 나이라고 한다. 이제야 하늘의 뜻을 알아가는 나이라는 의미이다. 그동안 살아온 경험과 지혜를 통하여 형성된 습관으로부터 자신의 삶을 정리하는 시기이다. 그래서 더 많이 베풀고 더 많이 빼기(−)를 해야 한다. 특히 위를 바라보는 것보다 아래를 바라보며 힘들고 어려워하는 후배들에게 일과 삶에 대한 지혜를 아낌없이 주어야 한다.

자식들에게도 그동안의 경험을 눈높이에 맞게 주어야 한다. 완고한 아버지가 아니라 삶의 경륜이 묻어나는 인생 선배로서 대화의 상대가 되는 어른으로 인정받는 것이 중요하다. 직장에서도 마찬가지다. 후배들의 사기를 높여주고, 그들의 어려움을 해결해 주는 조언자로서의 역할이 무엇보다 중요하다. 그들의 일과 역할을 차지하는 것이 아니라 그들에게 도움이 되는 조력자로서의 참된 어른(리더)이 되는 것이 중요하다.

61세부터의 인생모형은 동그라미(○)로 표현된다

나이 60을 이순(耳順)이라 한다. 흔히 귀가 순해져서 어떠한 말을 들어도 다 이해하고 소화할 수 있는 나이라는 뜻이다. 회갑을 맞이하면 진정한 어른으로 대접받는 행동을 해야 하며, 사회적 · 윤리적 책임도 함께 져야 한다. 지금부터의 삶은 철저히 나누는 삶을 살아야 한다.

무엇인가를 채우는 삶이 아니라 가진 것을 나누며 비우는 삶을 살아야 한다. 더 이상 위로 올라가는 삶이 아니라 내려가는 여유 있는 삶을 살아야 한다. 그동안 쌓아온 덕(德)을 나누며, 본보기가 되는 삶을 사는 것이 중요한 삶의 가치다.

3 학교교육과 인성교육

아이들이 7세가 되면 새로운 변화의 시기가 다가온다. 이때는 이성(異性)이 최초로 발로되는 과정으로 나와 부모가 다르다는 것을 스스로 인식하고, 그동안 친하게 놀던 이성친구가 자기와 다른 구조를 가지고 있다는 것도 알게 된다. 이 시기부터 무엇이든지 자기 주장이나 자기 생각대로 하고 싶어 하는 고집을 피우게 된다. 이 시기를 미운 7살이라고 하는 이유도 여기에 있다. 그러나 이 시기 또한 아이의 성장과정에서 대단히 중요하다. 그래서 아이들을 학교라는 정규 교육제도의 틀 속에서 동년배의 다른 아이들과 함께 공동생활을 통하여 양보하며, 타협할 줄 아는 사회성을 배울 수 있도록 해야 한다.

이 시기의 교육이 중요하기 때문에 국가에서는 초등교육이라는 제도를 통하여 중학교까지 아이들에게 의무교육을 받도록 법으로 규정하고 있다.

아이들을 의무적으로 교육하도록 하고, 비용을 국가에서 부담하고 있는 것이다.

학교에서의 교육이란 본래 아이들이 모르는 것을 전문가인 선생님에게 질문을 통하여 배울 수 있도록 하는 교육을 말한다. 그래서 학문(學問)이라는 말에 물을 문(問)자가 포함되어 있는 것이다.

유대인의 교육방법을 살펴보면 왜 질문이 중요한가를 여실히 증명하고 있다. 유대인교육의 특징은 질문과 토론을 중시하는 '하브루타' 교육방법이다. 유대인의 자녀교육은 철저한 질문으로부터 시작된다. 이 점이 우리나라 교육과 차이 나는 점이다. 이스라엘과 우리나라의 각종 지표를 비교해 보아도 우리나라의 여건이 결코 불리한 것은 아니다. 국토의 면적(한국 22만 제곱킬로미터, 이스라엘 2만2천 제곱킬로미터)은 한반도가 약 10배 넓다. 인구(남한 5천1백만, 이스라엘 6백만 명)도 약 8배 이상 많다. 대학 진학률(한국 72%, 이스라엘 36%)은 2배 이상 높다. 국민 IQ수준(한국 106, 이스라엘 94)도 우리나라 국민이 높다.

유대인의 미국 아이비리그대학의 재학생 비율을 보면 하버드대 29.6%, 예일대 26.7%, 펜실베이니아대 30.8%, 프린스턴대 10.6%, 다트머스대 10.7% 등 평균 23.6% 수준을 보이고 있으나, 우리나라는 통계가 작성되지 않아 평균 1% 수준에 머문다는 것이 정설이다. 2014년도 선진 40개국의 만 15세 이상 교육수준 평가시험인 PISA지표에서도 우리나라 중학생이 1위를 차지했다. 이스라엘은 28~29위를 차지하고도 대학교 이후의 성적은 월등히 우수하다.

그러나 1901년부터 2019년까지 유대인의 노벨상 수상자 수를 보면 전체의 24%를 차지하고 있다. 유대인의 IQ가 높아서 그런 것도 아니다. 그들이 우리나라 아이들보다 더 열심히 공부해서도 아니다. 부모의 교육열이나 아이들의 학습시간 등을 비교해도 우리나라가 훨씬 높다. 다만, 우리나라 교육과 비교할 수 없는 요인이 하브루타 교육방법에서 차이가 나는 것이 아닌가 생각된다.

우리나라 학교교육의 실상

학급당 30명 이상의 학생을 1명의 선생님이 맡고 있으니 학생들의 개별적인 질문에 답하는 교육이 어떻게 가능하겠는가? 부득이 학교에서는 표준 교재를 만들어 1시간 이내의 단위시간을 정하여 선생님이 일방적으로 가르치는 평준화교육을 실시하고 있다. 이러한 교육제도를 통하여 아이들이 특성을 개발하고, 창의적이고, 개성을 갖춘 차별성을 키울 수 있는 교육은 불가능하다.

부모들이 중심이 되는 가정교육은 어떠한가? 학교 선생님이 일방적으로 전달하는 지식(知識)교육에만 관심 있고, 지혜(知慧)교육은 안중에도 없다. 단순한 영어단어 암기나 수학공식 한 가지 더 외우는 교육에만 관심이 있는 것이다. 내 아이의 절대적인 가치가 아닌 다른 아이들과 상대적 비교를 통하여 점수 몇 점으로 아이를 평가하는 잘못을 일상적으로 범하고 있다. 그럴 수밖에 없는 것도 지금까지 우리 교육제도의 현실이었다. 모든 것이 점수로 구별되고, 마침내 점수로 대학 입학이 결정되며, 세칭 일류대학을 나와야 제대로 된 사람 행세를 할 수 있고, 사람다운 삶을 살 수 있다고 믿는 사회가 우리들이 살고 있는 현실이기 때문이다.

우리들의 아이가 '사람다운 사람'으로 성장하여 성공하기를 원한다면 그에 따른 교육은 빠를수록 좋다. 뇌 과학자들의 연구결과에 의하면 뇌에서 도덕적인 추론능력, 즉 '사람다운 행동을 하게 만드는 것'은 뇌의 '전두엽'에서 담당한다. 그런데 어릴 때 '전두엽'에 손상을 입느냐, 성인이 되고 난 후 '전두엽'에 손상을 입느냐에 따라 엄청난 차이가 있다고 한다.

어릴 때 전두엽에 문제가 발생하면 사회적으로 용납이 안 되는 행동을 서슴없이 하게 되고, 원하는 것이 있으면 법을 어기고서라도 아무 거리낌 없이 살인도 저지를 수 있다고 한다.

오늘날 OECD 국가 중 자살률 1위, 출산율 최하위, 성폭력, 가정폭력범 등 각종 사회적 병리현상의 근본적 이유가 3살부터 7살까지의 아이들 가정교육의 붕괴에 근원이 있다고 주장하는 사람들의 논리에 수긍이 간다. 하지만 성인이 되고 난 뒤에 전두엽에 손상을 입은 사람은 상식에 어긋나는 행동을 할지라도 남을 해치는 짓은 하지 않는다고 한다. 어릴 때부터 어머니로부터 가정교육을 받고 실천에 옮기고, 그것이 이미 습관화되어 있기 때문에 문제를 덜 일으킨다는 것이다. 어릴 때부터 어머니가 도덕적 인성교육을 시켜야 할 이유가 여기에 있다. 이 시기를 놓치면 그에 따른 부작용은 사회적 문제로 나타나게 된다.

수학, 영어 등 지식과 관련된 공부는 때를 놓쳤다 해도 어느 정도 노력하면 만회할 수 있다. 하지만 전두엽의 특성에서 보는 바와 같이 어릴 때 사람됨의 가치를 배우지 못하면 그 뒤에 배운다 해도 그것이 습관화되기는 어려우며 그 영향이 평생을 지배하게 된다는 것이다. 그럼에도 불구하고 부모들은 맞벌이라는 삶에 잡혀 아이들의 가정교육을 방관하고 교육시기를 놓치고 있는 것은 아닌가?

영어단어는 남보다 빨리 한 개라도 더 가르치려고 열성을 보이면서 왜 아이의 올바른 버릇과 가치관(價値觀)을 세우는 데는 그렇게 무관심한 것인가?

나쁜 버릇을 제때 바로 잡지 못하면 아이의 인생은 불행해질 수밖에 없다. 집에서든 밖에서든 제 뜻대로만 하려고 하다가 친구도 없고 선생님 사랑도 못 받는 외톨이가 되고 말 것이기 때문이다. 그러다 보면 사랑스런 아이가 다른 사람들과 어울려 살 수 없는 기피 인물이 되어 있을지도 모른다.

최근 군인들의 인성일탈행위가 국민들 사이에 핫이슈로 등장하고 있다. 20%가 넘는 사병이 관심병사라고 한다. 최전방 GOP에서 동료를 총으로 사살하고도 관심병사라는 이유로 잘못된 인성행동의 결과를 단죄하지 못하고 동정하는 사회적 분위기는 또 다른 문제를 야기하고 있다.

L모 축구선수의 아픔

2002 한일 월드컵 때 4강 신화의 주역이며 청소년들의 우상이 되기도 했던 L모 선수! 그는 한때 온 국민으로부터 존경받고 사랑받는 전도가 유망한 축구선수였다. 군복무도 면제받았으며, 축구실력의 우수성도 인정받아 유럽 축구 선진국의 유명 구단에 입단하여 개인적인 성취와 국위를 선양할 것으로 누구도 의심하지 않았다. 국내의 스포츠 중계 전문방송에서는 그의 일거수일투족을 정리하여 국내 팬들에게 소식을 전해 주었다.

그러나 그는 외국생활에 적응하지 못하고 1년도 못 되어 국내의 다른 팀으로 되돌아왔다. 그의 축구실력은 많은 전문가도 인정하지만, 그는 축구실력 못지않게 인간사(人間事)에서 더 중요한 부분을 배우지 못했다. 초등학교 때부터 축구선수가 되어 책보다는 축구공과 더 친하게 지냈으며, 중학교 때부터는 합숙생활을 계속해 왔다. 오직 최고의 축구선수가 되어야 한다는 일념으로 가득 찬 그는 다른 사람과 협조하며 공존하는 방법은 물론 예의범절을 배워 익힐 수 있는 기회가 없었다. 성인이 되었음에도 자신의 위치를 냉정하게 인식하지 못할 뿐 아니라, 냉혹한 프로세계에서 스스로가 상품으로서의 가치를 높여야 하는 자기 성찰(自己 省察)의 기회도 갖지 못했다.

프로선수로서 직업인(職業人)으로서 다른 사람과 더불어 살아가며 자기를 관리하는 방법을 배우지 못했기 때문에 자기 감정을 조절할 줄 몰랐다. 오직 이기심과 자신이 최고라는 우월감에 사로잡혀 국내 K리그에서 오프사이드를 선언하는 선심을 향해 볼썽사나운 말과 몸짓을 해 징계를 받고 그라운드에서 밀려났다. 어릴 때부터 전문지식(축구놀이)에만 전념한 나머지 다른 사람들과 더불어 살아야 한다는 인간관계의 중요성을 배우지 못했기에 그의 인생이 달라진 것이다.

교양교육과 인성교육

고등학교를 졸업하고 대학에 진학하면서 공부에 대한 부담감이 확 줄어드는 기분을 느낀다. 고등학교까지의 보편화된 평준화교육이 끝나고, 개성과 적성에 맞는 학문영역을 찾아 진정한 어른으로 성장하기 위한 대학교육이 시작된다.

대학교육은 자율과 책임이라는 말로 대표된다. 대학교육의 진정한 의미는 어디에서 찾을 수 있을까? 자신의 인생 설계에 맞는 전공을 찾아 전문가로 성장할 수 있는 기반을 다지고, 사회가 원하는 진정한 어른으로 성장할 수 있도록 교육하는 것이 대학교육이 가지는 진정한 의미일 것이다. 대학교육은 고등학교까지의 주입식 교육의 틀을 벗어나 자신이 학습의 주체가 되어 스스로 문제를 해결하는 과정에서 전문가의 지도를 받는 자율적 학습형태로 이루어지며 자율과 책임이라는 말로 대표될 수 있다. 대학교육이 전문성을 갖추고 사회가 원하는 진정한 어른됨을 가르치는 교육이라면 전문성과 함께 강조되어야 할 영역이 교양교육(=인성교육)일 것이다.

대학에서의 교양교육(=인성교육)은 어떠한 형태로 이루어지고 있는가? 대학교육의 1학년 과정은 고등학교교육의 연장선상에 있다. 대부분의 교과목도 고등학교에서 배운 내용이 교양(教養)과정이라는 이름으로 개설되고 있다. 학습자 주도의 학습은 찾아볼 수 없고, 교수중심의 주입식 교육이 또 다른 형태로 진행된다.

대학 1학년 과정의 교육과정을 보면 수강신청단계부터 학습자 개인의 의사는 철저히 배제된다. 학교에서 지정하는 교양과목을 필수교과목이라는 이유로 조건 없이 이수해야 한다. 이러한 교과목을 왜 수강해야 하는가에 대한 설명은 아예 없다.

교양과정이 1학년 필수교과목으로 지정되어 있기 때문에 학생들도 어느 교수가 학점을 잘 주는가에 관심이 있다. 운 좋은 학생(?)은 전임교원에게 배우고, 그렇지 못한 학생들은 시간강사에게 배운다. 교수의 신분에 따른 학점이나 교육비(등록금) 차별도 없다. 학부모 입장에서 보면 불만스러울 일이다. 전임교수로부터 교육받는 학생과 시간강사로부터 교육받는 학생 사이에는 수강료에 차등을 주는 것이 당연한 이치 아닌가? 전임교원과 시간강사의 시간당 인건비 환산지수(=월평균임금/주당 교육시간)는 5대 1의 수준을 넘는다.

대학교육과정에 인성(人性)교육이라는 과목은 아예 없다. 무엇이 인성교육의 영역인지도 구분되어 있지 않다. 최근 들어 국내 최상위권 일부대학에서 인문학이라는 이름으로 강의가 개설되기 시작하고 있는 정도이다.

우리나라를 대표하는 세계 최고의 기업에서 10년 이상 근무한 엔지니어가 돈의 유혹을 이겨내지 못하고 특허기술을 경쟁상대인 외국기업에 팔아넘기고 구속되는 사례를 얼마든지 찾을 수 있다. 얼마나 한심한 일인가?

적과 아군을 구별하는 기본적인 가치를 배운 바 없어서 그렇다고 치부하기에는 너무 손실이 크다. 나 자신만이 아니라 나와 우리 가족, 내가 소속된 우리 기업 및 조직, 우리 사회 및 우리나라에 대한 자부심을 돈 얼마에 팔아서는 안 된다는 것을 누가 어떻게 교육해야 한다는 것인가?

전문성교육만 갖추면 되는가?

기업은 인성(人性)을 갖춘 인재를 선호한다는 것은 익히 알려져 있다. 대학교육이 그 자체로서 존재하기보다는 기업의 니즈를 반영하는 교육과정이 운영되어야 한다는 것은 수년 전부터 강조되어 왔다.

이미 고인이 된 정주영 현대그룹 회장은 공개토론 프로그램에서 대학졸업생에게 인성교육을 강조하며 “전문교육은 기업에서 알아서 교육할 수 있으니 사람 만드는 교육이라도 대학에서 제대로 해 달라”는 하소연을 공중파 방송에서 강조한 바 있다.

각 기업의 특성에 맞는 전문교육은 기업의 생존을 위해 기업에서 실시하는 것이 당연하다. 대학에서 익힌 전문교육은 기업의 특성에 비추어 볼 때 너무나 범용적인 수준에 불과하다. 환경변화에 적응하기 위해서는 기업의 특성을 감안한 교육과정을 기업이 주도적으로 실시해야 한다. 물론 그 대상은 사람이다. 인성을 기본적으로 갖춘 사람을 대상으로 각 기업의 특성에 맞는 전문교육을 실시할 때 그 기업이 원하는 인재가 된다는 것은 자명한 이치다.

유대인의 교육과정은 4성교육(4性教育)을 기반으로 13세까지 인성교육을 완성하는 것으로 되어 있다.

첫 번째는 영성(신앙)교육이다

〈토라(모세5경)〉를 중심으로 철저한 영성교육을 실시한다. "유대인들은 왜 공부하는가?"라는 질문에는 망설임 없이 〈토라〉와 〈탈무드〉를 배우기 위해서라고 답변한다. 그들이 〈토라〉와 〈탈무드〉를 배우는 것은 '삶' 그 자체라고 할 수 있다.

두 번째는 인성(人性)교육이다

영성교육을 근본으로 가정교육을 통하여 율법(인성)을 배우며 익힌다. 5세까지는 주로 어머니를 통해 배우며, 6~13세까지는 아버지를 통해 7년간 율법(인성)을 배운다.

율법에는 613가지의 계율이 있으며 이에는 248가지의 반드시 지켜 행하여야 할 계율과 365가지의 하지 말아야 할 계율이 있다. 이러한 율법을 7년을 주기로 일생을 통하여 반복적으로 배운다. 13세가 지나면 성인식과 함께 성인으로 인정받으며 하브루타를 통하여 친구와 함께 스스로 율법을 배우며 인성을 함양하게 된다.

세 번째는 전문성(專門性)교육이다

영성과 인성을 바탕으로 인간관계와 삶에 필요한 전문성을 배우게 된다. 주로 정규 학교과정을 통하여 다양한 전문성을 배우게 되며, 다양한 인문학적 소양은 물론 전공분야에 대한 소양도 함께 배우게 된다. 모든 학습은 하브루타 방식으로 질문과 토론을 통하여 진리(眞理)를 탐구하는 학습을 하게 된다.

네 번째는 창의성(創意性)교육이다

창의성교육은 전문성교육과 함께 주로 학교교육에서 이루어진다. 특히 관심을 끄는 것은 군복무를 통하여 직업생활에 필요한 창의성을 배우는 것이다. 남녀가 공히 고등학교를 졸업하면 의무적으로 군복무를 수행해야 한다. 군복무가 대충 시간을 보내는 것이 아니라 국방의 의무를 완수하면서도 앞으로 사회에서 직업생활을 하며 살아가기 위한 준비를 하는 기간으로 활용한다는 것이다.

이스라엘의 대학교육과정은 군복무 이후에 본인들의 선택에 따라 결정하게 된다. 대학 진학률을 평균 40% 미만이다. 대학 졸업자의 70~80%가 창업을 하는 것도 우리나라 대학교육과 다른 현상이라고 할 수 있다.

〈탈무드〉에는 "인간의 생활에 필요한 전문 기술(기능)교육을 시키지 않으면 자녀가 도둑질을 하도록 방치하는 것과 같다"는 말이 있다. 따라서 유대인 부모들은 자녀들에게 남들이 하기를 기피하는 전문기술(기능)을 한 가지 이상 반드시 익히도록 가르치는 것도 특이한 현상이다. 지정학적으로 사방에 적들의 공격에 노출된 그들의 역사적 전통에서 기인된 생존을 위한 학습의 결과라고 이해된다.

4 인성인재의 실천과제

자존심을 회복하라

자존심(自尊心)이란 '인간관계에서 부딪히는 각종 문제를 스스로 해결할 수 있고, 자신은 행복을 누릴 가치가 있다고 믿는 것', 즉 자신을 스스로 존중할 줄 알고 스스로 평가할 줄 아는 것을 자존심이라고 한다. 자존심은 왜 중요할까? 자존심은 생존(生存)을 위해 필요하다.

흔히 삶과 행복이 마음먹기에 달려 있다고 한다. 우리의 마음은 스스로 가장 중요한 문제에 집중하도록 프로그래밍되어 있지 않다. 우리의 마음은 선택에 따라 수동적으로 작동한다. 예를 들어, 자존심이 강한 사람은 아무리 어려운 문제에 직면하더라도 최적의 방법으로 스스로 선택하며 슬기롭게 극복한다. 그래서 인생을 'B(Birth)와 D(Death) 사이의 C(Choice)' 즉 태어날 때부터 죽을 때까지 선택의 연속이라고도 한다.

물론 자존심이 강한 사람이 모든 문제를 극복할 수 있는 것은 아니지만 실패보다는 성공할 가능성이 훨씬 높다는 것이다. 그리고 성공의 경험이 많아질수록 자존심도 높아진다고 한다. 나다니엘 브랜든(Nathaniel Branden)은 자존심을 높여주는 여섯 가지 원칙을 다음과 같이 제시하고 있다.

첫째, 자신이 무엇을 하고 있는지 인식하며 살아라

자신이 어떤 행동을 하고 있는지 의식하고, 그 순간에 집중하는 삶을 살아야 한다. 예를 들어, 고객, 상사, 부하직원, 동료와 대화를 하고 있는 중이라면 그 순간과 상대방에게 집중해야 한다. 회사나 조직의 목표달성을 위해 열정을 보이면서 가족과 자기 자신에 대해 잘 알지 못하는 삶은 곤란하다. 스스로 자아(自我)를 의식하며 돌아봄으로써 인생의 목적에 한 걸음 가까이 다가갈 수 있기 때문이다.

둘째, 자신을 있는 그대로 인정하며 살아라

스스로를 있는 그대로 수용하면 자신이 항상 심판대 위에 놓여 있다는 생각에서 자유로울 수 있다. 그러면 상대방이 무엇을 지적하거나 다른 의견을 내놓더라도 적대적인 마음을 품지 않고 상대방의 말을 경청할 수 있다.

셋째, 자신의 선택과 행동에 책임을 져라

현재 자신이 살아가는 모습은 자신이 내린 선택과 그에 따른 행동의 결과라는 사실을 인식해야 한다. 한 사람의 인생이 한 권의 책이라면 그 책을 쓰는 사람은 다름 아닌 자기 자신이기 때문이다.

넷째, 자신의 의견을 당당히 드러낼 줄 알아라

상대방을 대할 때 예의에 어긋나서는 안 되지만 동시에 자신이 추구하는 가치를 속여서도 안 된다. 자신이 추구하는 가치대로 살아갈 용기를 발휘해야 한다. 그리고 스스로를 위해 일어설 줄 알아야 한다. 다른 사람들의 시선이나 비판이 두려워 진정한 자신의 모습을 숨기거나 가장하면서 사는 것은 당당한 삶이 아니다.

다섯째, 목적을 가진 삶을 살아라

목적의식 없이 흘러가는 대로 살지 말고 분명한 목적을 가지고 살아야 한다. 목적의식이 있으면 하루하루 살아가면서 어디에 우선순위를 두어야 할지 잘 알 수 있다. 목적의식을 가지고 사는 것은 외부적인 성공만을 의미하는 것은 아니다.

자존심의 뿌리는 본질적으로 외부에서 이루어 낸 무언가가 아니라 우리가 무언가를 성취할 수 있도록 동기를 부여하는 내면적인 힘과 가치이다. 그 내면적인 힘과 가치를 모은 것이 바로 자존심이다.

여섯째, 정직한 인격을 갖추도록 노력해야 한다

언행일치를 위해 힘쓰라. 진실만을 말하고 자신이 내뱉은 말에 반드시 책임을 질 줄 알아야 한다. 중요하다고 생각하는 가치를 몸소 행동으로 실천하며, 모든 사람들을 공정하게 대하고 친절을 베풀어라. 자신의 가치를 저버리는 것은 양심을 배신하는 행동이며 자존심에 상처를 입힌다. 인격(人格)은 자존심의 근원이면서 동시에 자존심의 표현이기도 하다.

의미 있는 일을 찾아라

나는 바둑을 취미로 갖고 있다. 프로수준은 아니지만 내가 둔 바둑을 완전히 복기할 수 있다. 복기란 바둑이 끝난 뒤, 양 대국자가 그동안 두었던 한 판의 바둑을 처음부터 끝까지 다시 되풀이하며 성찰(省察)하는 것을 의미한다. 그것은 바둑 돌 한 점 한 점이 모두 의미를 가지고 있으며, 그때 그 순간에 내가 선택할 수 있는 최선의 결과로 그 돌을 그 위치에 놓았기 때문에 가능하다. 이와 같이 바둑수준이 일정수준에 도달하면 그때는 "의미 있는 돌들만을 놓게 되며 그때는 누구든지 복기를 할 수 있다."

오스트리아의 정신심리학자이며 대학교수였던 빅터 프랭클은 유대인이라는 이유 하나 때문에 3년이라는 세월을 나치의 집단수용소에서 지내야 했고, 그곳에서의 경험을 바탕으로 '로고테라피(의미요법)'라는 심리치료 이론을 만들어 냈다.

이 '의미요법'이란 어떤 상황에서도 그 나름대로 고유한 의미를 찾기만 하면 결코 삶을 포기하지 않는다는 것이다. 그는 그것을 확인이라도 하듯이 같은 수용소 동료들에게 "이렇게 고통스러운 삶을 살아가면서도 죽지 않는 이유는 무엇인가?"라고 물어보곤 했다. 그들의 대답은 평범한 것이지만 나름대로 고유한 것(아내를 만나기 위해서, 아이들이 보고 싶어서, 내가 하던 일을 마무리해야 하는 등) 때문에 살아남는다는 것을 알아낸 것이다.

한 대기업에 입사한 젊은 신입사원의 직장생활 사례가 의미하는 바가 크다. 입사 2년 차 때 그는 세탁기 성능 실험 담당자 역할을 맡았다. 그는 어느 날 세탁기 3대를 가지고 시험 가동 중 주체할 수 없는 눈물을 흘리며 2시간 동안 내내 울었다고 한다. 실컷 울고 나서 왜 그렇게 울었나 하고 그 상황을 되돌아보았더니, 우선 그 시험 가동 일에서 아무 의미를 찾지 못했고, 또한 그 의미 없는 일에서 탈출할 수 없을 것 같은 자신의 절박함 때문이었다고 한다. 그런 일이 있은 후 그는 의미 있는 일을 찾으려 애썼고, 결국 해당 분야의 박사학위를 취득하였으며, 한 걸음 더 나아가 지금은 다른 사람을 성장시키는 코치의 길을 열심히 걸어가고 있다.

건축현장에서 일하는 3명의 벽돌공에게 신부님이 다가가 한 명의 벽돌공에게 "당신은 지금 무슨 일을 하고 있습니까?"라는 질문을 했다. 그는 바쁘다는 표정을 지으며 "예, 지금 벽돌을 쌓고 있습니다"라고 말했다.

두 번째 벽돌공에게 똑같은 질문을 했다. 그는 짜증을 내며 보고도 모르겠소? "난 지금 벽을 쌓기 위해 벽돌을 다듬고 있소"라고 퉁명스럽게 말했다.

마지막 세 번째 벽돌공은 "당신은 지금 무슨 일을 하고 있습니까?"라는 질문에 환한 얼굴로 바라보며 "예, 저는 지금 성전을 건축하는 일에 참여하고 있습니다"라고 즐거운 마음으로 대답했다.

세 명의 벽돌공이 하는 일은 동일하지만 그들이 생각하는 바에 따라 일하는 의미는 전혀 다르게 나타난다.

니체는 "삶의 의미를 아는 사람은 삶을 의미 있는 목적지로 데려갈 수 있다. 그리고 그 의미는 이미 '어떻게' 할 것인가를 품고 있다"라고 말했다. 그렇다. 오늘을 살고 있는 우리 모두는 자신에게 물어보아야 할 것이다.

내가 복기하고 싶은 내 삶의 가장 의미 있고 설레는 순간은 언제였으며, 나는 왜 오늘의 삶을 이어가고 있는가? 취업을 준비하고 있는 대학생으로서 나에게 직업은 어떤 의미를 가지며, 나아가 그러한 직업이 나의 가족, 내가 속한 직장에는 어떠한 의미를 가지며, 아울러 내가 살고 있는 사회와 국가에는 어떠한 의미가 있는가를 되새겨 볼 때 진정한 의미 있는 일을 발견하게 될 것이다.

꿈의 패러다임을 바꿔라

어느 초등학교 교정에 "큰 사람이 되자"라는 표석이 높이 세워져 있는 것을 보았다. 익히 듣던 교훈이다. 인격적으로 포용력 있고 호연지기(浩然

之氣)를 가진 대인(大人)이 되라는 말이다. 무엇이 큰 꿈인가? 호랑이를 꿈꾸어야 고양이라도 그릴 수 있다는 지혜인가?

"Boys be ambitious!(소년이여 야망을 가져라)"라는 말도 일맥상통하는 말이다. "꿈은 내가 꾸며낸 이야기다." 나의 미래 모습을 내가 아는 글로 써보는 것이다. 자신이 가져야 할 가장 소중한 것을 스스로 꾸며가는 이야기가 꿈이 되는 것이다. 이 꿈은 화초 기르기와 같은 것이다. 나팔꽃같이 단 하루라도 물을 주지 않으면 시들어버리고, 선인장같이 너무 많은 물을 주면 뿌리부터 썩어버린다.

꿈은 지속적인 관심을 가져야 한다. 단 하루도 뒤돌아보고 가까이 하지 않으면 서서히 멀어지는 것이 꿈이다. 우리 자신을 뒤돌아보면 초등학교 때까지는 누구나 꿈을 가지고 있었다.

내 아이들의 경우를 살펴보니 아이들의 초등학교 4~5학년 5월 가정의 달 일기장에 '나의 꿈'이라는 제목의 일기가 있었다. 어린이날을 맞아 담임 선생님이 숙제로 낸 것 같았다. 그러나 그들이 중학교, 고등학교에 진학하면서 나의 꿈은 사라지고 상급학교에 진학하는 것으로 꿈이 바뀐다. 하지만 이제 큰 꿈을 꾸기 전에 '남다른 꿈'을 가져보라고 권하고 싶다. 우리의 청소년, 청년들이 뛰어야 할 무대를 한반도에 머물게 할 수는 없다.

전 세계 각계각층의 무대에서 활약하기를 꿈꾸는 젊은이들이 경쟁자들을 이겨 낼 덕목(德目)은 그 크기를 재단할 수는 없다. 한국의 새싹들이 가져야 할 경쟁력은 지금까지와는 달리 크기나 사이즈가 아닌 독창적인 그 무엇이어야 한다.

시대의 변화는 빨라지고 수많은 새로운 것들이 이 변화를 더욱 가속화시키고 있다. 시대는 이미 남과 다른 것으로 이길 수 있을 뿐, 큰 것으로 이길 수 있는 세상이 아니다. 큰 것에 감격해하는 시대는 지났다. 그래서 다른 것, 차별화된 것으로 감동을 주어야 하는 것이다. 독창성과 개성은 미래 세대가 살아남을 수 있는 생명 같은 키워드다. 하물며 우리의 자라나는 신록들에게 여전히 추상적인 큰 꿈을 가지라고 주문할 수만은 없다.

"소년이여 남다른 꿈을 가져라"라고 외치고 싶다. 남과 다름으로써 더욱 커 보이는 것 아니겠는가? 취업을 준비 중인 학생들에게도 다른 지원자와 차별화된 특성이 있을 때 취업 경쟁력이 생기게 되는 것이다. 그것이 인성(人性)이라는 요소일 때 가장 큰 역량을 발휘하게 될 것이다.

어떤 꿈을 그리는가는 사람에 따라 진로에 엄청난 차이를 가져온다. 꿈을 이야기할 때 비록 그것이 소위 목표와는 달라서 구체적이지도, 계획적이지도 않은, 그래서 단지 막연한 '꿈'에 불과한 것이라 할지라도, "무엇이 되고 싶다"라는 꿈과 "무엇을 하고 싶다"라는 꿈, 또한 '큰 꿈'과 '남다른 꿈'은 꿈의 패러다임 자체가 다르다. 꿈의 패러다임이 바뀌면 인생의 패러다임이 바뀔 것이다

무엇을 하고 싶은가를 꿈꿔라

미래학자들이 30년 후의 사회를 예측할 때 조사하는 것은 바로 중 · 고등학교 청소년들의 꿈을 조사하는 것이다. 중 · 고등학교 청소년들이 어떤 꿈과 이상을 갖는가가 바로 30년 후 그 사회의 모습이다.

이들이 꾸는 꿈은 우리 모두의 현실이 된다. 세상에 이보다 더 중요한 꿈이 있을까? 이들은 지금 어떤 꿈을 꾸고 있을까? 아니 무슨 꿈을 꾸게 할 것인가? 초등학교 시절부터 담임선생님은 물었다. "장래 커서 무엇이

될 것이냐?"

초롱초롱한 어린이를 보면 어른들은 누구나 묻는다. "나중에 크면 무엇이 되고 싶냐?" 그들이 꾸는 꿈이 궁금했고, 또 꿈을 그리게 하려는 질문이었다. 언제부터인가 나는 학생들에게 꿈을 물을 때 "무엇이 되고 싶나"가 아니라 "무엇을 하고 싶나"라고 물어야 한다고 생각했다. '되고 싶은 꿈'은 지위에 대한 꿈같이 들리고, '하고 싶은 꿈'은 '업적과 역할에 대한 꿈'같이 들리기 때문이다. 엄밀히 따지자면 안일하게 자리를 누릴 생각이 아니라면, 무엇이 된다는 것은 무엇을 하기 위한 수단일 수밖에 없다. 따라서 꿈의 최종적 이상(理想)은 무엇을 하는 것 바로 그것이다.

"남북통일을 이루고 싶다"라는 꿈과 "대통령이 되고 싶다"라는 꿈은 목표의 열정이 다르고, "타임머신을 만들고 싶다"와 "위대한 과학자가 되겠다"는 것은 꿈의 박력이 다르다. 노벨상은 무엇이 된 사람에게 주는 상이 아니라 무엇을 한 사람에게 주는 상임을 잊지 말자.

> 내게는 꿈이 있습니다. 언젠가는 조지아의 붉은 언덕 위에 옛 노예와 주인의 아들들이 함께 형제의 테이블에 앉게 되리라는 꿈이 있습니다. 내게는 꿈이 있습니다. 언젠가는 골짜기마다 돋워지며 모든 언덕과 산들이 낮아지며 고르지 않은 곳이 평탄케 되며 험한 곳이 평지가 될 것이요, 하나님의 영광이 나타나며 모든 육체가 그것을 함께 보리라는 꿈이 있습니다. 뉴햄프셔의 광활한 언덕 위에서 자유의 종이 울리게 합시다. 뉴욕의 웅장한 산맥 가운데 자유의 종이 울리게 합시다.
>
> – 마틴 루터 킹 목사의 'I have a dream(나에게는 꿈이 있습니다)'에서 –

노벨평화상을 받은 킹 목사의 "내게는 꿈이 있습니다"라는 유명한 연설 속에 무엇이 되겠다는 꿈은 한 구절도 없다. 내가 무엇이 되는 것보다 더 중요한 꿈! 무엇이 되는 것보다 더 깊은 생각이 요구되는 꿈! "무엇이 되는 것보다 더 열정적인 꿈, 그것은 무엇을 할 것이다"라는 꿈이다.

우리나라에서 고등학교를 졸업하고 곧바로 미국의 유명대학(세칭 아이비리그대학)에 진학한 학생들에 관한 내용의 글을 신문에서 본 적이 있다.

대학 1학년 때는 대단히 우수한 성적으로 시작하지만, 대학 1학년 과정을 마치고 2학년에 진급할 때쯤에는 상당히 많은 학생들이 낙제를 한다고 한다. 이들 중 40~50%의 학생이 대한민국 국적을 가진 학생이라는 내용의 글이었다. 그 이유를 분석한 글은 충격적이었다. 고등학교를 졸업하고 미국의 유명대학에 진학한 한국학생들은 이미 자신들의 꿈을 이루었기 때문에 더 이상 꿈으로 도전할 대상을 설정하지 못했다는 것이다. 즉, 꿈 넘어 꿈을 찾지 못하고 있다는 분석이었다.

직장인의 68%가 꿈이 없으며, 졸업을 앞둔 대학 4학년생의 34%가 대학 졸업 후에 이루고 싶은 일에 대한 구체적인 꿈이 없다고 한다. 심각한 문제가 아닐 수 없다. 그들에게도 무엇이 될 것인가를 묻지 말고, 무엇을 할 것인가라고 물어야 한다. 그리고 그들이 꿈을 갖도록 가르쳐야 한다. 그 다음에 무슨 일을 하며 그것을 통해 무엇을 남기고 싶은가를 진지하게 고민하게 해야 한다. 노벨상은 그 고민의 끝자락에 놓여 있으며, 그들이 살아야 할 의미를 찾는 시발점이기 때문이다.

CHAPTER 07

하브루타 러닝의 효과

1. 하브루타 러닝의 교육적 효과
2. 하브루타 러닝의 강점
3. 의사소통 유형 진단
4. 유대인의 열 가지 엑설런스(Excellence) 행동원칙 진단

하브루타 러닝의 효과

우리는 겉으로 드러나는 행동을 통해서 자신의 생각과 의지를 표현한다. 우리가 외부로 표현하는 행동에는 우리의 마음이 작용하여 행동의 형태를 결정한다. 우리의 행동을 결정하는 데에는 '생각의 힘'이 작용하게 된다. '생각의 힘'을 어떻게 형성하고, 어떻게 표현하는가에 관심을 갖는 노력을 '교육'이라고 할 수 있다.

생각의 힘을 기르기 위해서는 자기 자신과 타인을 이해하려는 노력이 선행되어야 한다. '하브루타 러닝'은 이러한 노력을 가장 잘 구체화한 학습방법으로 평가된다. 유대인의 하브루타 러닝에 활용되는 텍스트는 탈무드 예화가 주로 활용된다.

〈탈무드〉는 유대인의 오랜 역사에서 등장하는 지혜를 모아서 편찬한 기록이다. 각 권은 첫 페이지를 백지상태로 두고 두 번째 페이지부터 시작된다. '첫 페이지에 자신의 경험을 적을 수 있게' 하여 자신의 지혜를 평가하게 한다. 동시에 마지막 페이지를 남겨 둠으로써 후손들이 지혜를 모을 수 있게 했다. 유대인은 자녀들이 지혜의 보고(寶庫)인 탈무드를 평생 공부하면서 생활 속에서 실천하도록 가르친다. 다음과 같은 탈무드 예화는 평생 동안의 배움을 물고기가 물에서 사는 것으로 비유하고 있다.

어느 날 여우가 시냇가를 걷다가 물고기가 급하게 헤엄쳐 다니는 것을 보고 질문했다.
"왜 그렇게 급하게 헤엄쳐 다니느냐?"
물고기가 대답하였다.
"우리들을 붙잡으러 오는 그물이 무서워서 그래요."
그러자 여우가 또 질문했다.
"그렇다면 이리로 나오려무나! 언덕에 올라오면 내가 지켜줄 테니 걱정하지 않아도 돼!"
물고기가 말했다.
"여우님! 당신은 대단히 머리가 좋다고 하는데, 왜 그렇게 바보같이 굴죠? 우리들이 늘 살아왔던 물속에서조차 이렇게 무서운데, 언덕에 올라가면 어떤 해를 입을지 어떻게 알겠어요?"

유대인에게 있어서 학문은 물과 같은 것이어서 그곳을 떠나 언덕에 올라가면 죽어버린다. 유대인은 어떻게 해서든지 배우지 않으면 안 된다는 뜻이다(Marvin Tokayer, 1997).

탈무드는 토론학습을 통해서 학습효과의 향상과 배움의 연속성을 유지한다. 일방적인 주입식 교육보다는 탈무드의 예화를 중심으로 두 사람이 토론을 통해서 배워나가게 한다. 탈무드를 공부하기 위해서 두 사람이 짝을 이루어 토론하는 과정을 '하브루타 러닝'이라고 한다.

두 사람이 토론하는 데에는 다양한 유형의 사람들로 짝을 이루게 된다. 가장 대표적으로는 자신의 연령과 동일하거나 유사한 사람들이 짝을 이루어 토론하게 된다. 선생님 자격의 랍비와 학생, 부모와 자녀, 상사와 부하 직원 등 여러 가지 유형의 짝을 이루어 토론을 할 수 있다.

토론을 하는 과정에서는 두 사람이 치열한 논쟁을 하게 된다. 실제적인 교육에서는 논쟁에 대한 찬성과 반대의 입장을 바꾸어서 토론하게 한다. 이러한 과정을 통해서 이루어지는 토론은 교사가 주도하는 주입식 교육과는 확연한 차이를 보여준다. 짝과의 토론을 통해서 이루어지는 하브루타 러닝은 다음과 같은 교육적 효과가 있다.

1 하브루타 러닝의 교육적 효과

예화에 포함되어 있는 깊은 의미를 깨달을 수 있다

예화의 내용에 포함되어 있는 교훈을 손쉽게 발견하는 결과보다는 토론을 통해서 교훈을 찾아가는 과정을 중시함으로써 교훈의 의미를 더욱 깊게 파악할 수 있다.

창의적 사고를 할 수 있는 계기가 된다

상대방과 토론하는 과정에서는 자신의 논리를 주장하는 논쟁을 하기 마련이다. 자신의 주장에 대한 논쟁의 정당성을 주장하기 위해서는 창의적인 사고를 하지 않을 수 없다. 논쟁을 준비하는 과정에서 색다른 사고를 하게 된다.

교학상장(教學相長)의 계기를 마련할 수 있다

교수-학습의 과정에서 수동적 교수법에서는 학습 후 24시간 이후 학습 내용 기억수준을 평가한 자료에 의하면, '강의 5%, 독서 10%, 시청각교육 20%, 시범학습 30%'의 효과가 있다고 한다.

그렇다면 능동적 교수법의 학습효과는 어떠할까? 헤츠키 아리엘리는 '그룹토의 50%, 연습 75%, 다른 사람을 가르치는 것은 90%'의 학습효과가 있다고 한다.

토론하는 과정 자체가 자신의 의견을 주장함으로써 상대방을 가르치려는 태도로 이해할 수 있다. 상대방을 가르치려면 더욱 많은 지식이나 지혜는 물론 더 많은 생각과 더 깊은 판단을 해야 한다. 이러한 과정을 통해서 자신은 많은 것을 배우게 된다.

다양성과 유용성 있는 지식과 지혜를 배울 수 있는 계기가 된다

교수-학습의 바람직한 유형은 스스로 학습하고자 하는 열정을 심어 주는 것과 동시에 스스로 공부할 수 있는 도구를 마련해 주는 것이다. 마치 어린 자녀에게 물고기를 잡아서 주는 것보다 물고기를 잡을 수 있는 그물 사용법을 전해 주는 것이 자녀의 인생에 더욱 도움이 되는 것과 동일하다.

두 사람이 짝을 이루어 하는 토론에서는 자신의 방식을 개발하지 않고는 상대방을 설득하여 자신의 주장을 관철시킬 수 없다. 주장의 정당성을 유지하기 위해서는 자신이 개발한 방식을 활용해야 한다. '하브루타 러닝'은 단순한 주입식 교육이 아닌 배우려는 열정과 함께 자신만의 방식을 개발하게 한다.

인성(人性)역량을 함양할 수 있다

짝을 이루어서 토론을 하는 과정에서는 상대방에 대한 이해와 함께 자신의 가치관과 외부로 드러나는 태도에 대해서 민감한 관심을 보여주기 마련이다. 겉으로 드러나는 말과 행동은 자신의 인간성을 타인에게 보여주는 과정이다. 타인에 대한 이해와 함께 자신의 말과 행동에 대한 신중(愼重)함이 요구된다. 바람직한 인성은 타인에 대한 이해와 함께 자신에 대한 이해를 통해서 실천된다. 짝을 이루어서 토론을 하는 과정에서 이와 같은 이해의 과정을 터득하게 된다.

'하브루타 러닝'에서는 학습효과를 높이기 위해서 다음과 같은 세 가지 방식을 보완적으로 제시하고 있다.

첫째, 제시된 텍스트의 내용을 정확하게 이해해야 한다

토론을 잘하지 못하는 이유 중의 한 가지는 토론자료로 제시되는 텍스트 내용 자체를 이해하지 못하는 경우가 있다. 하브루타 러닝의 핵심 텍스트는 탈무드 예화가 주로 활용된다. 탈무드 예화를 토론자료로 활용하면서 다양한 상황에서 주어진 주제의 내용을 이해하는 데에 도움을 줄 수 있는 방안을 제공한다.

둘째, 제시된 텍스트에서 감성적인 요소를 파악할 수 있어야 한다

토론을 하는 과정에서는 지적인 판단능력과 함께 감성역량을 지니고 있어야 한다. 자기 자신과 토론 상대편의 감성의 흐름을 파악할 수 있을 때에 효과적인 토론을 할 수 있기 때문이다. 탈무드 예화를 토론자료로 활용하면서 토론자료에서 감성적인 요소를 파악하는 데에 도움을 줄 수 있는 방안을 제공한다.

셋째, 탈무드를 통해서 얻어진 교훈을 지혜롭게 활용하여 리더십을 발휘할 수 있다

탈무드를 통해서 많은 지식과 지혜를 습득하였다면 이를 생활 속에서 실천할 수 있어야 한다. 실천할 수 있는 가장 큰 동인(動因)은 리더로서의 역량을 발휘할 수 있을 때 가능하다. 인성리더십은 탈무드가 추구하는 교육적 목표가 될 수 있을 뿐만 아니라 탈무드에서의 배움을 실천할 수 있는 구체적인 계기가 된다.

2 하브루타 러닝의 강점

두 사람이 짝을 이루어 질문하고 대화하고 토론하는 학습방법이 어떻게 특별한 유대인 자녀를 만들었는가? 하브루타 러닝의 결과가 어떻게 유대인으로 하여금 인구 대비 노벨상 수상자가 월등히 많고, 아이비리그대학 입학비율이 우수하며, 의사, 변호사, 교수, 과학자 같은 전문가집단에 많이 진출하고, 특히 미국의 정치, 경제, 사회 전반에 두각을 나타내는 리더로 진출하게 되었는가?

우리나라와 여러 가지 사회적 지표를 비교해 본 결과 공부방법에서 차이가 나는 것을 제외하면 우리나라가 모든 영역에서 우수한 것으로 분석

되었다. 이스라엘은 질문, 대화 및 토론중심의 하브루타 러닝이 주를 이루고 있다. 유대인 자녀를 성공적으로 이끈 하브루타 러닝의 주된 강점 요인을 살펴보면 다음과 같다.

학습자의 뇌를 격동시키고 사고력(思考力)을 향상시킨다

하브루타 러닝은 학습자의 뇌를 격동시키는 학습방법이다. 왜 그런가? 생각을 기반으로 한 질문과 토론, 논쟁만큼 뇌를 움직이게 하고 사고력을 요구하는 것은 없기 때문이다.

법정에서의 변호사와 검사의 논쟁을 생각해 보라. 그들의 논쟁은 동일한 상황을 두고 가장 격렬한 두뇌 싸움이다. 법정논쟁에서 이기기 위해서는 철저히 준비해야 하고, 상대방의 주장을 정확하게 청취하고, 논리적 주장을 파악해야 하며 자신의 주장이 왜 옳은지에 대해 치밀한 논리로 주장하여 상대방을 설득시켜야 한다. 상대방이 예상하지 못한 질문을 하거나 증거를 제시할 때 그것에 대해 제대로 반박하지 못하거나 대응하지 못하면 판결에서 패배하게 된다.

토론과 논쟁은 뇌를 개발하는 가장 효율적인 방법이다. 사고력을 기르는 최고의 방법이다. 이렇게 변호사와 검사가 논쟁하듯이 어렸을 때부터 짝을 지어 질문, 대화, 토론, 논쟁으로 학습한다면 뇌가 개발되지 않는 것이 오히려 이상할 것이다.

뇌를 격동시킨다는 것은 생각하게 만드는 것이다. 질문은 사람이 생각할 수밖에 없게 한다. 상대방의 말을 들으면서 동시에 그것에 반박할 말과 논리를 치열하게 생각해야만 한다. 하브루타는 세상의 모든 대상과 사물에 대해 호기심을 갖고 질문을 던지며 생각하게 만든다.

창의적인 사고를 하게 한다

하브루타는 생각을 기반으로 질문으로 말문을 터는 학습방법이다. 질문은 다양한 견해, 관점, 시각을 갖게 한다. 창의성이란 기존의 고정관념이나 프레임을 뛰어넘어 새롭게 생각하는 능력이다. 창의성을 가장 잘 계발할 수 있는 방법이 하브루타 러닝이다. 하브루타는 본질적으로 질문을 통하여 다른 생각, 새로운 방법을 요구하기 때문이다.

〈탈무드〉 자체가 랍비와 현자들의 토론과 논쟁을 기술한 책이다. 토론과 논쟁은 객관적인 사실에 대해서도 질문을 하게 만든다. 당연하게 생각하는 것까지도 뒤집어 생각하게 한다. 상대방의 의견과는 다른 나만의 견해를 가져야 토론이 가능하기 때문이다. 일반적인 상식을 가지고 토론에서 이길 수는 없다. 하브루타는 나만의 생각, 새로운 생각, 상대와 다른 생각을 하는 창의적인 사고를 하게 한다.

자기주도 학습역량이 향상된다

학생들에게 가장 중요한 학습방법은 자기주도학습이다. 학생들이 스스로 공부할 수 있다면 많은 문제가 해결될 수 있기 때문이다. 학습에 대한 동기요인이 없고, 선생님의 지식을 일방적으로 전해 듣고 외우는 주입식 교육방법은 창의적 문제해결이 불가능하다.

교육의 본래 의미는 학생들의 내면에 잠재되어 있는 역량을 밖으로 끌어내는 것이다. 하브루타는 학생들이 미리 공부하고, 토론을 준비해야 원활한 학습이 가능하다. 이런 과정을 통하여 자기주도학습이 이루어진다. 유대인은 부모들이 아이들에게 공부하라고 말하지 않아도 되는 이유는 자녀들이 스스로 자료를 찾고, 고민하고, 부모에게 질문하면서 토론을 준비하기 때문이다.

커뮤니케이션 역량이 향상된다

하브루타 러닝은 의사소통능력, 경청능력, 설득능력을 함양하는 데 가장 효과적인 방법이다. 인간관계가 중요시되는 현대사회에서 커뮤니케이션 역량이 더욱 강조되고 있다. 좋은 스펙과 실력을 갖추어도 다른 사람과 공유하거나 소통하지 못하면 진정한 역량이 될 수 없다. 아무리 좋은 아이디어와 생각을 가졌다 해도 말이나 글로 표현하지 못하면 무용지물이 된다.

하브루타 러닝 자체가 질문, 대화, 토론하는 것이기 때문에 커뮤니케이션 역량이 저절로 함양된다. 토론과정을 통하여 상대방 말을 경청하게 되고, 상대를 설득하는 역량이 저절로 함양된다.

평생 친구를 얻게 된다

어떤 사람에게 진정한 친구가 있다는 것은 삶을 통하여 행복한 일이다. 그것도 힘들고 어려울 때나 즐거울 때 함께할 수 있는 친구가 있다면 행복한 삶의 기반을 마련한 것이라고 할 수 있다. 유대인들은 하루에 회당에 두 번 가며, 세 번의 기도회를 갖는다. 회당에서 하브루타 친구를 매일 만날 수 있다. 그것이 유대인의 휴먼 네트워크의 기본이다.

하브루타 러닝은 학생들의 기본적인 휴먼 네트워크를 구축하며 사회성을 함양하는 기초가 된다(Nurit Stadler, 2009). 유대인들의 인간관계가 그 어떤 민족보다 돈독하며, 휴먼 네트워크를 통하여 지식, 정보, 아이디어를 공유한다. 이러한 인간관계는 평생지우(平生知友)관계를 형성하게 된다.

3 의사소통 유형 진단

작성요령

■ 주관적 생각점수 부여

다음 의사소통 유형 진단 휠(wheel)의 각 덕목에 자신이 생각하는 점수를 괄호 상단에 기입하고, 지표와 관련된 휠에 점으로 표기한다. 8개의 덕목을 나타내는 점을 연결하여 8각형을 그린다.

■ 객관적 진단점수 부여

의사소통 유형 진단지의 해당 문항을 체크하여 산정된 점수를 다음 그림의 휠 괄호 하단에 기입하고, 지표와 관련된 휠에 점으로 표기한다. 8개의 덕목을 나타내는 점을 연결하여 8각형을 그린다(주관적 생각 점수와 다른 색상으로 작성).

■ 토론하기

- 자신이 주관적으로 부여한 지표의 점수와 진단지를 이용하여 객관적으로 산정된 점수를 비교하여 왜 다르게 나타나는가를 생각해 본다.
- 짝과 비교하여 질문 만들기를 통하여 높게 나타난 덕목과 낮게 나타난 덕목을 비교하며 토론을 이어간다.

의사소통 유형 진단 휠

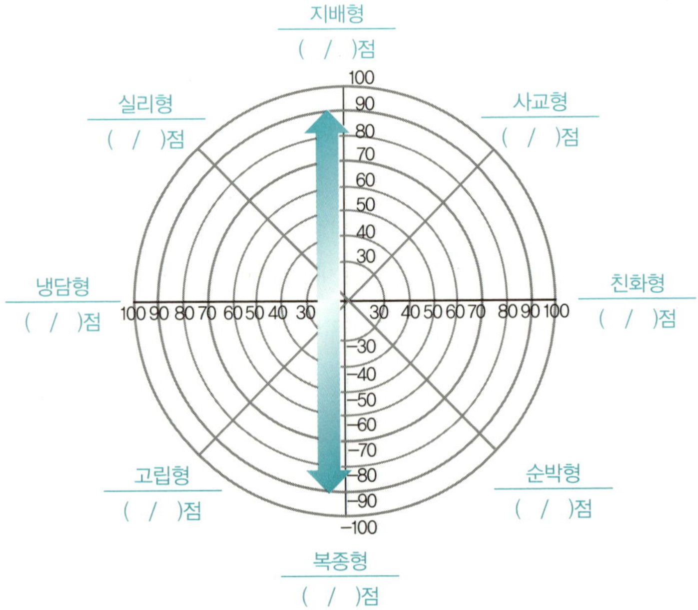

의사소통 유형별 해설

제시된 활동은 학습자들의 대인관계 의사소통 스타일을 진단해 보는 활동이다. 이는 학습자 스스로 자신의 대인관계 의사소통 스타일을 확인하고 작성하는 것이므로 정답은 없다.

지배형	자신감이 있고 지도력이 있으나 논쟁적이고 독선적이며 대인관계에서 갈등을 겪을 수 있다. → 타인의 의견을 경청하고 수용하는 자세가 필요하다.
실리형	이해관계에 예민하고 성취지향적으로 경쟁적이며 자기중심적이다. → 타인의 입장을 배려하고, 관심을 갖는 자세가 필요하다.
냉담형	이성적인 의지력이 강하고 타인의 감정에 무관심하고 피상적인 대인관계를 유지하려 한다. → 타인의 감정상태에 관심을 가지고 긍정적 감정을 표현하는 것이 필요하다.
고립형	혼자 있는 것을 선호하고 사회적 상황을 회피하며 지나치게 자신의 감정을 억제하는 편이다. → 대인관계의 중요성을 인식하고 타인에 대한 비현실적인 두려움의 근원을 성찰해 볼 필요가 있다.
복종형	수동적이고 의존적이며 자신감이 부족한 편이다. → 적극적인 자기 표현과 자기 주장이 필요하다.
순박형	단순하고 솔직하며 자기 주관이 부족한 편이다. → 자기 주장을 하는 노력이 필요하다.
친화형	따뜻하고 인정이 많고 자기 희생적이나 타인의 요구를 거절하지 못하는 편이다. → 타인과의 정서적인 거리를 유지하는 노력이 필요하다.
사교형	외향적이고 인정욕구가 강하며, 타인에 대한 관심이 많아서 간섭하는 경향이 있고 흥분을 잘하는 편이다. → 심리적으로 안정하고 지나친 인정욕구에 대한 성찰이 필요하다.

다음에 제시된 키슬러의 대인관계 의사소통 유형 진단지의 해당 문항을 체크하여 자신의 대인관계 스타일을 알아보자.

문항	1	2	3	4	문항	1	2	3	4
1. 자신감이 있다.					21. 온순하다.				
2. 꾀가 많다.					22. 단순하다.				
3. 강인하다.					23. 관대하다.				
4. 쾌활하지 않다.					24. 열성적이다.				
5. 마음이 약하다.					25. 지배적이다.				
6. 다툼을 피한다.					26. 치밀하다.				
7. 인정이 많다.					27. 무뚝뚝하다.				
8. 명랑하다.					28. 고립되어 있다.				
9. 추진력이 있다.					29. 조심성이 많다.				
10. 자기 자랑을 잘한다.					30. 겸손하다.				
11. 냉철하다.					31. 부드럽다.				
12. 붙임성이 없다.					32. 사교적이다.				
13. 수줍음이 많다.					33. 자기 주장이 강하다.				
14. 고분고분하다.					34. 계산적이다.				
15. 다정다감하다.					35. 따뜻함이 부족하다.				
16. 붙임성이 있다.					36. 재치가 부족하다.				
17. 고집이 세다.					37. 추진력이 부족하다.				
18. 자존심이 강하다.					38. 솔직하다.				
19. 독하다.					39. 친절하다.				
20. 비사교적이다.					40. 활달하다.				

※ 전혀 그렇지 않다: 1, 약간 그렇다: 2, 상당히 그렇다: 3, 매우 그렇다: 4

■ 채점과 해석

유형	정답	취득점수
지배형	1, 9, 17, 25, 33	
냉담형	3, 11, 19, 27, 35	
복종형	5 ,13 ,21, 29, 37	
친화형	7, 15, 23, 31, 39	
실리형	2, 10, 18, 26, 34	
고립형	4, 12, 20, 28, 36	
순박형	6, 14, 22, 30, 38	
사교형	8, 16, 24, 32, 40	

각 유형별 문항에 대한 응답을 아래 칸에 합산하고 5를 곱하여 점수를 기입한다. 그리고 위 진단 표에 자신의 점수를 표기하고 점수를 연결하여 8각형을 그린다. 8각형의 모양이 중심으로부터 특정 방향으로 기울어진 형태일수록 그 방향의 대인관계 의사소통 양식이 강하다고 해석할 수 있다.

이 결과는 대인관계에서 의사소통 유형에 대하여 살펴본 것으로 실제와 다를 수도 있으므로 고정관념을 갖지 않도록 유의하기 바란다.

4 유대인의 열 가지 엑설런스(Excellence) 행동원칙 진단

- 편안하게 깊은 심호흡을 한 후 천천히 설문을 읽고 점수를 적는다.
- 점수는 1~10점 사이에서 본인이 자신을 평가한다.
- 본인과 거리가 멀면 1~3점, 중간 정도면 4~7점, 본인의 이야기라고 생각하면 8~10점을 적는다.
- 시간은 충분히 갖되 너무 오래 생각하지 말고 직관적으로 떠오르는 점수를 적는다.
- 점수표의 흰색 빈칸에 생각했던 점수를 적는다.
- 잘 이해되지 않는 것이 있더라도 추측을 해서 점수를 적는다.
- 이 질문은 단 하나의 정답이 있는 것이 아니니 편안하게 적는다.
- 50개의 문항을 마쳤으면 행동원칙의 점수를 아래로 더해서 소계를 완성한다.
- 소계를 더해서 각 행동원칙별 총계점수를 낸 후 곱하기 2를 한 숫자를 해당 행동원칙의 ( )에 적는다.
- 총계점수를 Excellence Wheel에 표시하고 선을 이어준다. 그러면 나만의 Excellence Wheel이 완성된다.

작성요령

■ 주관적 생각점수 부여

다음 진단 휠의 각 덕목에 자신이 주관적으로 생각하는 점수를 괄호 상단에 기입하고, 지표와 관련된 휠에 점으로 표기한다. 8개의 덕목을 나타내는 점을 연결하여 8각형을 그린다.

■ 객관적 진단점수 부여

체크리스트의 해당 문항을 체크하여 산정된 점수를 다음 진단 휠 괄호 하단에 기입하고, 지표와 관련된 휠에 점으로 표기한다. 8개의 덕목을 나타내는 점을 연결하여 8각형을 그린다(주관적 생각 점수와 다른 색상으로 작성).

■ 토론하기

- 자신이 주관적으로 부여한 지표의 점수와 진단지를 이용하여 객관적으로 산정된 점수를 비교하여 왜 다르게 나타나는가를 생각해 본다.
- 짝과 비교하여 질문 만들기를 통하여 높게 나타난 덕목과 낮게 나타난 덕목을 비교하며 토론을 이어간다.

유대인의 열 가지 엑셀런스 행동원칙 진단 휠

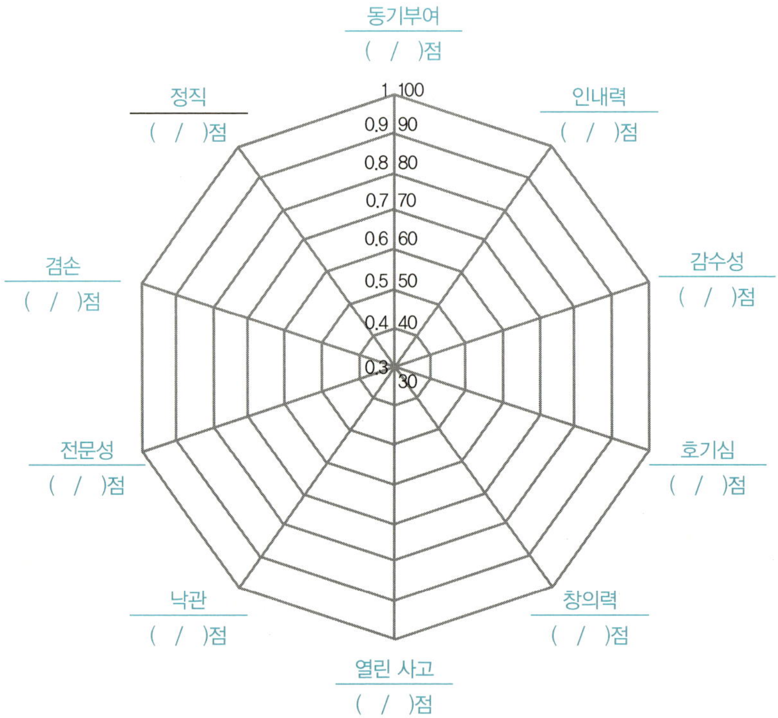

※ 주관적 점수/객관적 점수

체크리스트

번호	질문내용	선택 항목									
1	하고자 하는 의지를 어느 정도 가지고 있는가?	1	2	3	4	5	6	7	8	9	10
2	삶의 비전과 목표를 어느 정도 설정하고 있는가?	1	2	3	4	5	6	7	8	9	10
3	모든 감각을 이용하여 사물, 사건, 문제를 면밀히 관찰하는 편인가?	1	2	3	4	5	6	7	8	9	10
4	어느 정도 '왜'라고 질문을 자주 하는 편인가?	1	2	3	4	5	6	7	8	9	10
5	어느 정도 생각을 자유롭게 하는 편인가?	1	2	3	4	5	6	7	8	9	10
6	열심히 배우고자 노력하는 편인가?	1	2	3	4	5	6	7	8	9	10
7	자신의 변화능력을 어느 정도 믿는 편인가?	1	2	3	4	5	6	7	8	9	10
8	"이만하면 됐어"라고 만족하지 않으려고 어느 정도 노력하는가?	1	2	3	4	5	6	7	8	9	10
9	성취는 나뿐 아니라 타인에 의한 것이라고 어느 정도 생각하는가?	1	2	3	4	5	6	7	8	9	10
10	자기 자신에게 어느 정도 당당한 행동을 하는 편인가?	1	2	3	4	5	6	7	8	9	10
11	스스로 성공할 수 있는 요소를 어느 정도 찾는가?	1	2	3	4	5	6	7	8	9	10
12	어느 정도 탐구하기를 좋아하고 즐기는 편인가?	1	2	3	4	5	6	7	8	9	10
13	어느 정도 실수를 두려워하지 않고 도전하는 편인가?	1	2	3	4	5	6	7	8	9	10
14	많은 지식을 열린 사고로 받아들이려 어느 정도 노력하는 편인가?	1	2	3	4	5	6	7	8	9	10
15	타인의 변화능력을 어느 정도 믿는 편인가?	1	2	3	4	5	6	7	8	9	10
16	자기 역량을 뛰어넘는 일을 어느 정도 하고 있다고 생각하는가?	1	2	3	4	5	6	7	8	9	10
17	의지를 어느 정도 실천에 옮기는가?	1	2	3	4	5	6	7	8	9	10
18	어려움에 굴하지 않고 어느 정도 용기를 갖고 실천하는 편인가?	1	2	3	4	5	6	7	8	9	10

19	타인과 조화를 어느 정도 잘 이루는 편인가?	1	2	3	4	5	6	7	8	9	10
20	어느 정도 새로운 것을 배우기를 좋아하는 편인가?	1	2	3	4	5	6	7	8	9	10
21	어느 정도 실수를 너그럽게 허용하는 편인가?	1	2	3	4	5	6	7	8	9	10
22	모든 사람에게 배우려고 어느 정도 노력하는 편인가?	1	2	3	4	5	6	7	8	9	10
23	긍정적 효과를 어느 정도 믿는 편인가?	1	2	3	4	5	6	7	8	9	10
24	스스로 최고가 될 때까지 어느 정도 노력하는 편인가?	1	2	3	4	5	6	7	8	9	10
25	타인의 훌륭한 점을 어느 정도 찾는 편인가?	1	2	3	4	5	6	7	8	9	10
26	하고자 하는 의지를 어느 정도 즐겁게 실천하는가?	1	2	3	4	5	6	7	8	9	10
27	어려움에 굴하지 않고 어느 정도 용기를 갖고 실천하는 편인가?	1	2	3	4	5	6	7	8	9	10
28	어느 정도 가슴 뛰움을 느끼고 행동하는가?	1	2	3	4	5	6	7	8	9	10
29	답을 찾아가는 과정을 어느 정도 중요시 여기는 편인가?	1	2	3	4	5	6	7	8	9	10
30	어느 정도 다양한 아이디어를 공유하는 편인가?	1	2	3	4	5	6	7	8	9	10
31	타인의 의견을 어느 정도 적극적으로 듣는 편인가?	1	2	3	4	5	6	7	8	9	10
32	열악한 환경에서 어느 정도 결실을 맺고 있는가?	1	2	3	4	5	6	7	8	9	10
33	타인에게 어느 정도 당당한 행동을 하는 편인가?	1	2	3	4	5	6	7	8	9	10
34	타인의 의견을 어느 정도 적극적으로 듣는 편인가?	1	2	3	4	5	6	7	8	9	10
35	주어진 일을 어느 정도 주도적으로 실천하는 편인가?	1	2	3	4	5	6	7	8	9	10
36	타인의 강점을 보고 분발시키는 정도는 어느 정도인가?	1	2	3	4	5	6	7	8	9	10
37	어느 정도 두뇌를 적극적으로 활용하는 편인가?	1	2	3	4	5	6	7	8	9	10
38	어느 정도 다양한 아이디어를 공유하는 편인가?	1	2	3	4	5	6	7	8	9	10
39	타인의 의견에 대해 어느 정도 긍정적으로 생각하는 편인가?	1	2	3	4	5	6	7	8	9	10

40	절대 긍정으로 될 수 있다고 어느 정도 믿고 행동하는가?	1	2	3	4	5	6	7	8	9	10
41	어느 정도 주인의식을 갖고 일하는 편인가?	1	2	3	4	5	6	7	8	9	10
42	타인의 명예를 어느 정도 높여 주는 편인가?	1	2	3	4	5	6	7	8	9	10
43	어느 정도 정직한 성취, 성공을 하는 편인가?	1	2	3	4	5	6	7	8	9	10
44	어제의 지식, 경험을 오늘 미래에 어느 정도 활용하는 편인가?	1	2	3	4	5	6	7	8	9	10
45	자신에게 주어진 몫에 어느 정도 만족해하고 기뻐하는 편인가?	1	2	3	4	5	6	7	8	9	10
46	타인과 어느 정도 보완적으로 행동하고 성취(성공)하는 편인가?	1	2	3	4	5	6	7	8	9	10
47	어느 정도 내적, 외적 보상이 하고자 하는 일에 더 큰 의미를 가지는가?	1	2	3	4	5	6	7	8	9	10
48	내가 잘 모른다고 하는 점을 어느 정도 인정하는 편인가?	1	2	3	4	5	6	7	8	9	10
49	될 때까지 포기하지 않고 어느 정도 지속적으로 실천하는 편인가?	1	2	3	4	5	6	7	8	9	10
50	힘, 권력보다 정직을 어느 정도 중요시하는 편인가?	1	2	3	4	5	6	7	8	9	10

※ 이 체크리스트는 헤츠키 아리엘리의 유대인의 성공코드 Excellence(2015)의 열 가지 행동원칙을 종합하여 새롭게 편집한 것임

체크리스트 점수기입 표(객관적 진단)

구분	동기부여	인내력	감수성	호기심	창의력	열린 사고	낙관	전문성	겸손	정직
1										
2										
3										
4										
5										
6										
7										
8										
9										
10										
11										
12										
13										
14										
15										
16										
17										
18										
19										
20										
21										
22										
23										
24										
25										
소계										

26										
27										
28										
29										
30										
31										
32										
33										
34										
35										
36										
37										
38										
39										
40										
41										
42										
43										
44										
45										
46										
47										
48										
49										
50										
소계										
총점	동기부여	인내력	감수성	호기심	창의력	열린 사고	낙관	전문성	겸손	정직

※소계를 더한 점수에 곱하기 2를 하여 총계 난에 기입한다.

Appendix

하브루타 스토리텔링

APPENDIX **01**

하브루타 스토리텔링

스토리(Story)란?

어떤 사건이 특정한 사연을 가지고 시간과 공간 속에서 연결된 사건의 집합체라고 할 수 있다. 그러나 단순히 사건들의 결합만으로는 이야기로서의 존재가치가 부각되기 어렵다. 이야기에는 다른 사람의 마음을 움직일 수 있는 힘이 있어야 한다. 또한 사람들의 상상력을 자극하고 삶의 좌표에 영향을 줄 때 생명력을 갖게 된다.

좋은 이야기(Good Story)란?

좋은 이야기는 잔잔한 감동에서 행하는 깨달음에 이르기까지 읽는 사람의 마음에 파동을 만들어 낸다. 좋은 이야기는 “이렇게 살아야 하겠구나”, 또는 “이렇게 하면 안 되겠구나”와 같은 삶의 방향을 제시하기도 하며, “이런 사람이 우리에게 필요해”와 같은 판단의 기준을 제시하기도 한다.

스토리 텔링(Storytelling)이란?

스토리(Story)+텔링(Telling)의 합성어로서 다른 사람에게 알리고자 하는 바를 재미있고, 공감할 수 있는 내용으로 설득력 있게 전달하는 것을 말한다. 누구나 자신이 경험하였거나 자신에게 감동을 준 이야기는 다른 사람에게 자신 있게 전달할 수 있다. 스토리텔링은 바로 이러한 이야기를 소재로 서로의 경험과 생각을 나누는 과정을 통해 공감대를 넓히는 대화와 토론방법이다. 하브루타 본문 학습은 스토리텔링방법이 활용된다.

하브루타 스토리텔링 프로세스

제1단계: 내용분석	스토리를 읽고 사실적 내용을 파악한다.
제2단계: 본질적 질문	스토리를 읽고 다양한 질문을 만들어 본다.
제3단계: 상상과 추론	마음껏 상상하고, 자기의 생각과 경험에 비춰 보며, 핵심 주제가 무엇인지 찾아본다.
제4단계: 적용방안	스토리에서 얻은 교훈을 삶에서 실천할 수 있는 방안을 구상해 본다.
제5단계: 종합발표	다양한 사례를 종합 정리하고 발표를 통하여 사례를 확장시킨다.

제1단계: 내용분석

텍스트를 읽고 사실적 내용을 파악하고, 사용된 단어의 개념을 파악한다. 개념을 파악하지 않고는 내용을 파악할 수 없으며, 상대와 의사소통을 할 수 없다. 하브루타는 질문을 통하여 궁금한 점을 스스로 해소하거나 친구와 공유하는 학습방법이다.

제2단계: 본질적 질문

스토리나 텍스트를 읽고 다양한 질문을 만들어 본다. 질문은 개념질문에서 시작하여 맥락질문으로 이어진다. 개념을 이해하지 못하면 맥락(context)을 이해할 수 없으며, 맥락을 이해하지 못하면 스토리나 텍스트의 본질을 파악할 수 없다. 하브루타 러닝의 핵심은 텍스트나 스토리의 본질을 이해하는 것이다.

제3단계: 상상과 추론

마음껏 상상하며 자기 생각과 경험에 비춰 핵심 내용이 무엇인지를 파악한다. 상상과 추론은 사고를 확장시키며 유사한 경험을 통하여 스토리나 텍스트의 핵심 내용을 파악할 수 있다.

제4단계: 적용방안 강구

스토리나 텍스트를 읽고 얻은 교훈을 삶에 적용할 수 있는 방안을 강구하는 단계이다. 단순히 아는 것과 이는 것을 실천하는 것은 다르다. 탈무드에는 아는 것을 말로 표현하지 못하면 모르는 것이라고 한다. 아는 것을 행동으로 실천하는 것은 지혜를 확장하는 계기가 된다.

제5단계: 종합발표

하브루타는 말로 하는 공부방법이라고 했다. 제1단계에서 제4단계까지 진행된 학습 프로세스를 통하여 다양한 사례를 종합적으로 정리하고, 발표하는 기회를 통하여 다양한 사례를 스스로 체험하는 기회를 확장하는 것이다.

1. 하브루타 실습: 질문 만들기

> "나의 장점은 변화와 성장을 두려워하지 않으며, 긍정적으로 생각하고 도전하는 것이다."

위 문장을 읽고 다양한 질문을 만들어 보자.

■ 개념 질문

- 변화란 어떤 의미인가?
- 성장이란 어떤 의미인가?
- 변화와 성장은 어떤 관계인가?
- 긍정적이란 어떤 의미인가
- 도전이란 어떤 의미인가?
- 긍정적인 것과 도전은 어떤 관계가 있는가?

■ 문맥(Context) 질문

- 변화하려면 어떻게 해야 하는가?
- 변화했다는 것을 어떻게 알 수 있는가?
- 성장하려면 어떻게 해야 하는가?
- 성장했다는 것을 어떻게 알 수 있는가?
- 긍정적 생각과 도전하는 것은 변화와 성장에 어떤 영향을 미치는가?

■ 글 전체의 핵심 주제

- 변화와 성장을 위해 어떤 도전을 하였는가?

■ 상상 및 유추 질문

- 만약에 변화하지 않는다면 어떻게 될까?
- 당신이 성장하기를 멈춘다면 어떤 일이 생길까?
- 만약 당신이 원하는 변화가 생긴다면 어떻게 할 수 있을까?
- 만약 당신에게 기회가 생긴다면 어떻게 변화하고 싶은가?
- 어떤 방법으로 성장할 수 있을까?
- 변화하지 않는다면 어떤 일이 생길 것 같은가?
- 성장과 변화를 통해서 당신은 무엇을 얻을 수 있는가?
- 성장, 변화할 때와 그렇지 않을 때를 어떻게 알 수 있는가?

■ 논리적 질문

- 당신 자신에게 나타난 최근의 변화는 어떤 내용이었는가?
- 당신은 그 변화에 어떻게 대응했는가?

- 삶에 있어서 성장과 변화는 어떻게 추구되어야 하는가?
- 변화와 성장을 통한 삶의 목표는 무엇인가?

■ 핵심 질문

Q. 변화와 성장이 구체적으로 성과로 나타난 것은 무엇인가?

■ 종합 질문 및 답변(예시)

Q. 성장, 변화할 때와 그렇지 않을 때를 어떻게 알 수 있는가?

A. 성장이나 변화가 없을 때는 열정이나 삶에 대한 의욕이 떨어진다. 그러나 성장하거나 변화할 때는 생동감이 넘치고 하고자 하는 의욕이 높아진다.

2. 휘파람 불던 9세 홍준이

뇌사로 쓰러진 아홉 살 제주 소년이 7명에게 장기를 주고 세상을 떠났다. 코로나19로 학교에 가지 못해 친구들이 보고 싶다던 어린 생명의 숭고한 나눔이 주변을 숙연케 하고 있다.

제주도에 사는 고 홍준 군은 지난 1일 집에서 저녁식사 후 갑자기 뇌출혈로 쓰러져 제주대 병원으로 옮겨졌으나 끝내 의식을 찾지 못하고 지난 5일 뇌사판정을 받았다. 홍준 군이 기증한 장기는 심장, 폐, 간, 신장(좌우), 각막(좌우) 등 7개다. 심장과 폐, 간, 신장은 지난 6일 장기이식을 학수고대하던 또래 아이 5명에게 옮겨졌다. 각막도 조만간 대기자에게 이식될 예정이다.

3형제 중 막내인 홍준 군은 휘파람 부는 것을 좋아해서 멀리서 휘파람 소리가 들려오면 아이가 오는구나 하고 알 수 있을 정도로 흥이 많았다고 부모는 전했다. 음악적으로도 재능이 많아 초등학교 관악부와 오케스트라에서 호른을 연주했다. 또 여느 아이들처럼 친구들과 축구를 하며 노는 것을 좋아했고, 맛있는 과자는 꼭 나눠 먹고 재미난 게임기가 있으면 친구들과 함께 즐기곤 했다. 논리적인 말로 친구들을 이끌어주는 인기 있는 아이였다.

가족들은 꿈 많은 홍준이를 떠나보내는 것이 너무나 큰 고통이었지만 누군가의 몸에서 살아 숨 쉬고 있을 것이라고 믿고 기증을 결심했다. 부모는 "장기기증이 처음에는 무섭고 두렵게 느껴졌는데, 의료진과 코디네이터가 정성으로 보살펴줘 감동했다"면서 "홍준이의 마지막 길을 외롭지 않게 지켜준 의료진에 감사를 전하고 싶다"고 했다. 엄마는 홍준 군에게 마지막 말을 남겼다.

"내 아들로 태어나 줘서 고마워. 엄마는 앞으로도 홍준이를 사랑할 거고 평생 기억하고 있을게. 멀리서 휘파람 소리가 들려오면 네가 오는 거라 믿으며 살아갈게. 사랑하고 고마워."

■ 제1단계: 내용분석 – 스토리를 읽고 사실적 내용을 파악한다.

- 문장이나 텍스트를 읽고 용어의 개념을 질문하기

〈예시〉

1. 휘파람은 어디서 나는 소리인가?
2. 뇌사는 어떤 상태를 말하는가?
3. 장기란 무엇인가?
4. 뇌출혈은 어떤 질병인가?
5. 심장은 어떤 기능을 하는 장기인가?

■ 제2단계: 본질적 질문 – 스토리를 읽고 다양한 질문을 만들어 본다.

- 문장이나 텍스트를 읽고 문맥(context)의 흐름을 질문하기

〈예시〉

1. 휘파람을 어떻게 불 수 있는가?(휘파람 불기)
2. 뇌사 판정은 누가 하는가?
3. 장기이식이 왜 중요한가?
4. 뇌출혈은 어떻게 예방할 수 있는가?
5. 심장이 멈추고 뇌가 살아 있으면 사망한 것인가?

■ 제3단계: 상상과 추론 – 마음껏 상상하고, 자기의 생각과 경험에 비춰 보며, 핵심 주제가 무엇인지 찾아본다.

〈예시〉

1. 만일 내가 그때 그 자리에 있었다면 나는 어떤 행동을 했을까?
2. 만일 당신이 교통사고를 당했다면 당신은 장기를 기증할 것인가?
3. 만일 당신이 수혈을 해야 한다면 누구에게 부탁할 것인가?
4. 만일 홍준이가 당신의 친동생이었다면 어떤 결정을 할 것인가?
5. 만일 당신이 홍준이 아빠였다면 어떤 결정을 했을 것 같은가?

■ 4단계: 적용방안 – 스토리에서 얻은 교훈을 삶에서 실천할 수 있는 방안 구상

〈예시〉

1. 이 글이 주는 교훈은 무엇인가?
2. 이 글의 주인공이 행한 행동이 나에게 주는 의미는 무엇인가?
3. 이 글의 주인공이 우리 사회에 던지는 교훈은 무엇인가?
4. 이 글을 읽고 삶에서 실천할 수 있는 방안은 무엇인가?
5. 4차 산업혁명을 통한 인공장기 기술수준은 어느 정도인가?

■ 5단계: 종합 발표 – 다양한 사례를 종합 정리하고 발표를 통한 사례 확장

〈예시〉

1. 이 글을 읽고 종합적으로 느낀 점을 말해 본다.
2. 우리나라의 장기기증 실태는 선진국과 비교해 어느 정도 수준인가?
3. 우리나라 장기기증자의 연령대별 실태는 어떠한가?
4. 우리나라 장기기증제도의 실상과 과제는 무엇인가?
5. 우리나라에서 장기기증을 받기 위해 기다리는 환자의 현황은 어떠한가?

■ 종합학습

- 나는 이 이야기가 ______________________에 관한 것이라고 생각한다.
- 이 이야기는 나에게 ______________________라고 말해준다.

3. 죄에 대한 생각

한 남자가 도둑질을 하다가 교수형을 선고받았다. 교수대로 끌려가면서 사형집행관에게 자기는 아주 놀라운 비밀을 알고 있으며, 그것을 지닌 채 죽는다면 유감이니 왕에게 가서 말하고 싶다고 싶다는 뜻을 전했다. 그는 자기가 땅에 석류나무 씨를 심으면 자기 아버지에게서 배운 비밀스러운 방법을 통해 하룻밤 사이에 그것이 자라나 열매를 맺게 할 수 있다고 사형집행관에게 말했다. 사형집행관이 왕에게 가서 이 말을 하자, 왕은 다음 날 여러 중신들을 거느리고 도둑이 있는 곳으로 왔다. 그곳에서 도둑은 구멍 하나를 파고 나서 말했다.

"이 씨는 오직 지금까지 아무것도 훔치거나 자기에게 속하지 않은 물건을 취한 적이 없는 사람만이 땅에 심을 수 있습니다. 저는 도둑이니 이 씨를 땅에 심을 수 없습니다."

그가 총리대신에게 심으라고 말하니, 총리대신은 겁에 질린 표정으로 자기가 젊었을 때 남의 것을 가진 적이 있다고 말했다. 재무담당관리를 돌아보자 그는 자기가 많은 돈을 다루고 있으므로 너무 많은 금액을 써넣거나 너무 작은 금액을 써넣었을지 모른다고 대답했다. 심지어 왕마저도 자기가 아버지의 목걸이를 슬쩍 한 적이 있다고 실토했다. 그러자 도둑이 말했다.

"여러분 모두 권력 있고 힘 있는 분들이요, 아무것도 부족한 것이 없는 분들인데도 씨를 심을 수 없습니다. 그러나 배가 고파 굶어 죽을 지경에 이른 저는 작은 빵 한 조각을 훔치다가 교수형을 당하게 되었습니다."

■질문 만들기

〈예시〉

1. 왕은 도둑이 한 말을 듣고 무슨 생각을 했을까?
2. 왕은 도둑이 한 말을 믿었을까?
3. 사람들이 지은 죄는 다 같은 죄일까?
4. 더 무거운 죄라면 그 이유는 무엇인가?
5. 그 씨를 뿌릴 수 있는 사람이 있을까?
6. 그게 정말 놀라운 비밀인가?
7. 도둑은 살고 싶어 말한 것인가? 깨달음을 주기 위해 말한 것인가?
8. 지은 죄를 다 용서받을 기회는 있을까?
9. 죄의 기준은 무엇인가?
10. 죄를 용서해 줄 수 있는 행동은 무엇인가?
11. 도둑은 그 다음에 도둑질을 했을까?
12. 죄를 지은 사람이 다른 죄지은 사람을 처벌할 수 있을까?

■종합학습

- 나는 이 이야기가 ______________________________에 관한 것이라고 생각한다.
- 이 이야기는 나에게 ______________________________라고 말해준다.

4. 진정한 부자란?

항해하는 배 안에서 있었던 이야기다. 배 안의 승객들은 자신이 큰 부자라고 생각하고 있었다. 그들은 서로 자기가 가진 재산을 자랑하기에 바빴다. 그때 그 속에 끼어 있던 랍비 한 사람이 말했다. "나는 내 재산을 당신들에게 보여줄 수는 없지만 부자로 치면 내가 제일 부자라고 생각하오"라고 말했다. 그때 마침 해적들이 나타나 배를 습격했고, 부자들은 금은보석과 모든 재산을 해적들에게 빼앗겨 버렸다. 해적들이 가버린 뒤 배는 가까스로 한 항구에 도착했다. 거기서 랍비는 높은 교양과 학식을 인정받아 학생들을 모아놓고 가르치며 생계를 유지할 수 있었다.

얼마 지난 뒤 랍비는 함께 배를 타고 여행했던 부자들을 만났다. 그들은 모두가 비참한 가난뱅이로 전락해 있었다. 그들은 랍비에게 이렇게 말했다.

"당신의 말이 옳았소. 지식과 지혜를 가지고 있는 사람은 모든 것을 다 가지고 있는 것과 같소."

지식과 지혜는 어디서라도 누구에게 빼앗기는 일이 없다. 교육이 가장 중요한 재산이라는 사실이 입증되었다.

■ 질문 만들기

〈예시〉

1. 교육이 과연 가장 중요할까?
2. 부자들은 교육에 관심이 있을까?
3. 모든 부자들은 교육을 제대로 받았을까?
4. 랍비는 지식을 통해서 부자가 될 수 있었을까?
5. 지식과 지혜를 어떻게 자랑할 수 있을까?
6. 부자들은 나중에 어떻게 변했을까?
7. 해적에게 돈과 재산을 다 잃은 부자들의 기분은 어떠했을까?
8. 어떤 사람들에게는 교육이 쓸모없을 수도 있을까?
9. 랍비는 지식이 없으면 생계를 못 꾸릴까?
10. 부자들이 해적을 만나지 않았다면, 지식과 지혜가 소중한 것이라는 것을 깨달았을까?

11. 지식과 지혜는 보여줄 수 없는 것일까?
12. 부자도 지식이 있어야 하지 않을까?
13. 지혜를 가지려면 어떻게 해야 할까?
14. 부자이면서 지식과 지혜를 가질 수는 없을까?
15. 부자들이 재물을 빼앗길 때 랍비의 기분은 어떠했을까?

■종합학습

- 나는 이 이야기가 ______________________________에 관한 것이라고 생각한다.
- 이 이야기는 나에게 ______________________________라고 말해준다.

5. 내가 실천할 수 있는 효는?

고대 이스라엘의 디머라는 마을에 한 사내가 살고 있었다. 그는 금화 3,000개의 값어치에 해당하는 커다란 다이아몬드를 하나 가지고 있었다.

어느 날 랍비가 그것을 사원 건물의 장식으로 쓰기 위해 값의 두 배인 금화 6,000개를 가지고 다이아몬드를 사러 갔다. 그런데 하필이면 사내의 아버지가 다이아몬드 보관함 금고 열쇠를 베개 밑에 넣은 채 곤히 낮잠을 자고 있었다.

사내는 이렇게 말했다. "아무리 두 배의 값을 주신다 해도 주무시는 아버지를 깨게 할 수는 없습니다. 다이아몬드를 팔지 못하겠습니다."

랍비는 대단한 효도라고 생각하며 감탄하였고, 이 이야기를 다른 사람들에게 널리 알렸다.

■ 질문 만들기

〈예시〉

1. 다이아몬드로 성전을 어떻게 꾸밀 수 있을까?
2. 다이아몬드가 들어 있는 금고 열쇠를 왜 베개 밑에 두었을까?
3. 사내의 아버지는 왜 다이아몬드가 들어 있는 금고 열쇠를 베개 밑에 두고 주무실까?
4. 예배를 드릴 때 다이아몬드가 필요할까?
5. 랍비는 다이아몬드를 사는 결정을 혼자 했을까?
6. 사내의 아버지는 돈에 욕심이 없는 사람일까?
7. 사내의 아버지가 돈에 욕심이 많았다면 아들의 행동을 나무라지 않았을까?
8. 만약, 사내가 아버지를 깨웠다면 아버지는 어떤 반응을 보였을까?
9. 랍비가 감탄한 효의 기준은 무엇일까?
10. 만일 내가 그 사내였다면 나는 어떤 행동을 했을 것 같은가?
11. 만약 사내 아버지가 랍비의 제안을 사전에 알고 있었다면 아들의 행동은 어떠했을까?
12. 효도는 타고 나는 것일까? 학습되는 것일까?
13. 효도는 왜 필요한가?
14. 꼭 효도를 해야 하는가?
15. 최근에 내가 부모님께 효도한 일은 무엇인가?

■ 종합학습

- 나는 이 이야기가 ________________________에 관한 것이라고 생각한다.
- 이 이야기는 나에게 ________________________라고 말해준다.

6. 약속은 생명과도 같다.

아름다운 아가씨가 가족과 함께 여행을 하고 있었다. 그런데 아가씨가 잠깐 혼자 산책을 즐기다 그만 길을 잃고 말았다. 어떤 우물가에 이르렀을 때, 목이 몹시 마른 아가씨는 두레박을 타고 우물 속으로 내려가 물을 실컷 마셨다. 그런데 다시 올라갈 생각을 하니 앞이 캄캄했다. 그녀는 구출을 호소하기 위해 큰 소리로 울음을 터뜨렸다. 때마침 그 옆을 지나던 한 젊은이가 소리를 듣고 그녀를 구해 주었다. 그것이 인연이 되어 두 사람은 사랑을 맹세하는 사이가 되었다. 며칠이 지나 그 젊은이는 아가씨와 작별을 하고 다시 길을 떠나지 않으면 안 되었다.

그들은 자신의 사랑을 성실히 지킬 것을 서로 굳게 약속하였다. 아가씨는 그와 결혼하게 될 그날까지 기다리겠노라 했다. 하지만 젊은이는 자기들의 언약에 대한 증인이 필요하다고 생각했다. 때마침 족제비 한 마리가 숲속을 향해 가고 있었다.

아가씨가 말했다. "됐어요. 저 족제비 한 마리와 이 우물이 우리 약속의 증인이에요." 그리고 두 사람은 헤어지게 되었다. 그 후 아가씨는 이 약속을 지키기 위해 결혼도 하지 않은 채 젊은이를 기다렸다. 하지만 젊은이는 멀고먼 타향에서 다른 여자와 결혼하여 아이를 낳고 행복하게 살았다. 몇 년의 세월이 지나자 아이가 또 태어났고, 그들은 행복한 날을 즐겼다. 아이가 조금씩 걸을 수 있게 되었을 때, 아이는 우물가에서 놀다가 그만 우물에 빠져 죽고 말았다.

젊은이는 그때야 비로소 아가씨와 맹세했던 약속이 생각났다. 족제비와 우물을 증인으로 삼았던 일도 기억했다. 그녀는 아내에게 지난 일들을 고

백하고 헤어진 후 아가씨가 살고 있는 마을로 되돌아왔다. 그녀는 그때까지도 혼자서 젊은이를 기다리고 있었다. 마침내 두 사람은 결혼하여 행복하게 살았다.

■ 질문 만들기

〈예시〉

1. 약속을 잘 지키는 사람은 어떤 사람이 될까?
2. 지키지 못할 약속을 왜 하는 것일까?
3. 그 후 이 젊은이는 어떤 삶을 살았을까?
4. 내가 이 아가씨였다면 나는 어떤 행동을 했을까?
5. 약속을 잘 지키는 사람은 어떤 성격을 가지고 있을까?
6. 약속을 잘 지키면 어떤 이득이 있을까?
7. 약속을 지키지 않으면 어떻게 안 좋을까?
8. 좋지 못한 약속을 여겨도 될까?
9. 무턱대고 약속을 하면 어떤 일들이 일어날까?
10. 약속을 한다는 것은 무엇을 의미할까?
11. 약속은 얼마나 중요할까?
12. 개인 간의 약속과 국가 간의 약속 중 어떤 것이 더 중요할까?
13. 약속이라는 것이 없다면 어떤 일이 일어날까?
14. 약속과 법칙 중 어떤 것을 더 먼저 지켜야 할까?

■ 종합학습

- 나는 이 이야기가 ______________________에 관한 것이라고 생각한다.
- 이 이야기는 나에게 ______________________라고 말해준다.

7. 정의란 무엇인가?

한 랍비가 알렉산더 대왕에게에게 물었다. "우리가 가진 금은보화가 탐이 나십니까?" 왕이 랍비에게 대답했다. "나는 금은보화를 많이 가지고 있기 때문에 그런 것은 탐나지 않아. 나는 유대인의 습관과 정의를 알고 싶어 이스라엘에 왔다네." 알렉산더 대왕은 한동안 이스라엘에 머물러 있었다. 그런데 어느 날 두 사나이가 어떤 일을 상의하기 위해 랍비를 찾아왔다. 두 사나이 중 한 사나이가 말했다.

"제가 이 사람에게서 넝마더미를 샀습니다. 그런데 넝마더미에서 많은 금화가 나왔습니다. 그래서 나는 이 사람에게 금화를 돌려주면서 말했습니다. '나는 넝마를 산 것이지 금화를 산 것이 아니다. 그러니 이 금화는 당신 것이요'라고요." 그러자 다른 사나이가 받은 금화를 다시 돌려주면서 말했다.

"당치 않소. 나는 당신에게 넝마더미를 판 것이니 그 속에 있는 것도 모두 당신 것이요. 그러니 이 금화를 받을 수 없소." 그래서 두 사나이는 금화의 주인을 가려 달라고 랍비를 찾아온 것이다.

랍비가 두 사람에게 물었다. "자식은 몇 명이나 있습니까?

첫째 사나이는 딸이 있다고 대답했고, 둘째 사나이는 아들이 있다고 대답했다. 그러자 랍비가 판결했다. "당신들의 딸과 아들을 결혼시키고 금화를 그들에게 주면 될 것이오. 그것이 정의라는 것이오."

두 사내는 만족하며 돌아갔다. 랍비는 알렉산더 대왕에게 물었다.

"만약, 같은 경우가 생긴다면 대왕께서는 어떻게 판결하시겠습니까?"

알렉산더 대왕이 껄껄 웃더니 마음과 같이 말했다.

"나라면 두 사나이를 죽이고 돈은 내가 갖겠소. 그것이 내게 있어서 정의요."

질문 만들기

〈예시〉

1. 알렉산더 대왕은 왜 이스라엘에 갔을까?
2. 랍비에게는 금은보화가 있을까?
3. 알렉산더 대왕은 이스라엘에 얼마나 있었을까?
4. 알렉산더 대왕은 실제 인물일까?
5. 나라면 이런 경우에 어떤 결정을 했을까?
6. 알렉산더 대왕은 지혜로운가?
7. 두 사나이는 왜 랍비를 찾아갔을까?
8. 두 사나이는 왜 서로 양보하는 것일까?
9. 만약에 두 사람에게 아들과 딸이 없었다면 어떻게 했을까?
10. 만약에 두 사람의 아이가, 각각 딸이나 아들이었다면 어떻게 했을까?
11. 알렉산더 대왕이 웃은 까닭은 무엇일까?
12. 알렉산더 대왕이 결정한 정의의 기준은 무엇인가?
13. 랍비가 생각하는 정의의 기준은 무엇인가?
14. 알렉산더 대왕의 정의와 유대인 랍비의 정의의 차이는 무엇인가?

종합학습

- 나는 이 이야기가 ______________________________에 관한 것이라고 생각한다.
- 이 이야기는 나에게 ______________________________라고 말해준다.

8. 충성의 대가

어느 부자가 섣달 그믐날에 종들을 불러놓고 볏짚 10단씩 주며 새끼를 꼬라고 했다. 새끼를 꼬되 새끼손가락보다 가늘게 꼬라고 했다. 종들은 모두 투덜거렸다.

"아무리 지독한 주인이지만 섣달 그믐날까지 이렇게 새끼를 꼬라고 할게 뭐람? 그것도 굵은 새끼가 아니라 손가락보다도 더 가늘게 꼬라고 하니 밤새도록 꼬아도 이 볏짚을 어떻게 다 꼴 수 있담?"

어느 종은 새끼를 꼬다 말다 하는가 하면, 어느 종은 손가락의 몇 배나 굵게 꼬아서 빨리 볏짚을 없애려 했다. 그러나 한 충성스러운 종은 아무 불평 없이 주인이 꼬라는 대로 가느다랗게 그리고 보기 좋게 꼬았다. 그는 다른 종들이 요리조리 요령을 부려 일찍 끝내고 자는 것에 신경을 쓰지 않고 혼자서 밤새도록 새끼를 꼬았다.

다음 날 아침, 주인은 커다란 자루를 하나 들고 나왔다.

"모두들 들어라. 작년 한 해는 다 나를 위하여 너무나 수고가 많았다. 이제 너희들이 꼰 새끼줄로 이 엽전을 마음껏 끼워 가져가거라. 돈은 얼마든지 있으니 가져가도록 하라. 단, 새끼줄에 끼워 가는 것에 한한다."

이 말을 들은 종들은 당황했다. 자기들이 꼰 새끼로는 돈을 끼워 가져갈 수 없었기 때문이다. 종들은 후회가 막심하였으나 이제는 별 도리가 없었다. 그러나 주인이 하라는 대로 충직하게 밤새도록 가느다랗게 새끼를 꼰 종은 그가 충성스럽게 한 만큼 많은 엽전을 가져갈 수 있어서 마침내 종살이를 면했다고 한다.

■ 질문 만들기

〈예시〉

1. 이 글의 핵심은 무엇인가?
2. 새끼는 어떻게 꼬는 것인가?
3. 어느 종은 왜 새끼를 굵게 꼬았을까?
4. 왜 어떤 종은 새끼 꼬기에 요령을 부렸을까?
5. 충성스러운 종은 왜 가느다랗게 새끼를 꼬았을까?
6. 새끼를 꼬아 본 경험이 있는가?
7. 종들은 왜 당황했는가?
8. 어느 종은 왜 자기가 꼰 새끼에 돈을 끼워 갈 수 없을까?
9. 종들은 왜 후회를 했는가?
10. 충직하게 새끼를 꼰 종은 어떻게 되었는가?
11. 우리나라 옛날 돈 중 엽전의 종류는 어떤 것이 있는가?
12. 엽전을 본 경험이 있는가?
13. 엽전으로 무엇을 만들 수 있는가?
14. 충직하게 새끼를 꼰 종은 처음에 무슨 생각을 했을까?

■ 종합학습

- 나는 이 이야기가 ______________________________에 관한 것이라고 생각한다.
- 이 이야기는 나에게 ______________________________라고 말해준다.

9. 맹모단기(孟母斷機)

중국 전국시대의 사상가 맹자(孟子)가 어린 시절에 겪었던 일이다. 맹자는 공자의 손자이자 당대의 덕망가였던 자사(子思)의 문하에서 배웠다. 학문에 정진하기 위해 집을 떠나 있었던 것이다. 그런데 어느 날 맹자가 소식도 없이 갑작스레 집으로 돌아왔다. 마침 집에서 베를 짜고 있던 맹자의 어머니는 아들을 보고 깜짝 놀랐다. 스승 밑에서 열심히 공부하고 있어야 할 아들이 눈앞에 나타난 것이었다.

어머니가 맹자에게 물었다. "너는 공부를 다 마치고 집으로 돌아왔느냐?" 맹자는 아직 공부를 다 마치지 못했노라고 답했다. 그 말을 들은 어머니는 칼을 들어 베틀에서 짜고 있던 베를 끊어버렸다. 놀란 맹자에게 어머니가 말했다.

"네가 공부를 끝마치지 않고 집에 돌아온 것은 내가 아직 다 짜지 않은 베를 중간에 끊어버린 것과 다르지 않다. 내가 오늘 중도에 베를 버림으로써 옷감을 완성하지 못한 것처럼 공부를 중도에 그만두면 너는 군자가 아니라 남의 심부름꾼이나 될 것이다."

어머니의 말을 듣고 크게 깨우친 맹자는 곧바로 스승에게로 돌아가서 더욱 열심히 공부했고, 훗날 공자와 어깨를 나란히 하는 훌륭한 학자가 되었다.

■ 질문 만들기

〈예시〉

1. 이 글의 핵심은 무엇인가?
2. 맹자 어머니는 아들 맹자를 보고 왜 깜짝 놀랐는가?
3. 맹자의 어머니는 왜 베를 중간에 끊었는가?
4. 이 글 속의 어머니가 당신의 어머니라면 어떤 행동을 했을 것 같은가?
5. 맹자는 왜 소식도 없이 어머니를 찾아왔을까?
6. 이 글 속의 맹자가 당신이었다면 당신은 어떤 행동을 했을 것 같은가?
7. 지금까지의 삶 속에서 이와 유사한 사례를 찾아 이야기해 봅시다.
8. 맹자가 깨달은 것은 무엇인가?
9. 이 글이 우리들의 삶에 주는 교훈은 무엇인가?

■ 종합학습

- 나는 이 이야기가 ______________________________에 관한 것이라고 생각한다.
- 이 이야기는 나에게 ______________________________라고 말해준다.

10. "얘야, 너 삼만원 만 주고 가거라."

"얘야, 삼만 원만 주고 가거라." 80살이 넘은 아버지가 회사 출근하는 아들에게 사정을 했건만 아들은 박정하게 거절을 했다. 늙은 아버지는 이웃 노인들과 어울리다 얻어만 먹어 온 소주를 한 번이라도 사주고 싶었다. 설거지를 하다 부자 간의 대화와 시아버지의 그늘진 얼굴을 훔쳐본 며느리는 한참 만에 버스를 막 타려는 남편을 불러 세워 숨찬 소리로 손을 내밀었다.

"여보, 돈 좀 주고 가요." "뭐 하게?" "애들 옷도 사 입히고, 여고동창생 계모임도 있어요." 안주머니에서 오만 원 가량을 꺼내 헤아리며 담뱃값이 어쩌니, 찻값이 어쩌니, 대포값이 어쩌니 하는 것을 몽땅 빼앗아 차비만 주고 집으로 돌아왔다. 그리고는 아파트 양지바른 벽에 기대 하늘만 바라보는 시아버지께 돈을 몽땅 내밀었다. "아버님, 이 돈으로 드시고 싶은 소주 잡수시고, 친구들과 대공원에도 가시고 하고 싶은 대로 하세요."

연신 눈물이 쏟아지는 시아버지는 며느리가 고마워서 말을 잊은 채 어찌할지 모르는 표정이었다. 그날 저녁에 남편이 퇴근하고 돌아왔다. 그리고는 왜 애들 얼굴에 구정물이 이렇게 더럽냐고 물었다.

그 이튿날도 또 그 다음 날도 애들 꼴이 더러워져 가고 있었다. 새까만 손등이며, 며칠 전까지만 해도 반드레하던 애들이 거지꼴로 변해 갔다. 남편은 화를 벌컥 내어 고함을 쳤다. "여편네가 하루 종일 뭐 하길래 애들 꼴을 저렇게 만들어놓았어?" 남편의 화난 소리를 듣고 있던 아내도 화를 내어 남편에게 소리를 질렀다.

"저 애들을 곱게 키워봐야 당신이 아버지께 냉정히 돈 삼만 원을 거절했듯이 우리가 늙어서 삼만 원 달래도 안 줄 거 아녜요? 당신은 뭣 때문에 애들을 깨끗이 키우려고 해요?" 아내에게 기가 질려버린 남편은 고개를 들지 못하고 늙은 아버지의 방문을 열었다. 늙은 아버지는 아들의 무정함을 잊은 채 어서 방으로 들어오라고 했다. 늙은 아버지는 "회사 일이 고되지 않느냐?" "환절기가 되었으니 감기에 조심해야 한다"고 어린애처럼 타이르는 것이다. 아버지의 더 없는 사랑에 아들은 그만 엎드려 엉엉 울고 말았다. 독일의 속담에도 "한 아버지는 열 아들을 키울 수 있으나 열 아들은 한 아버지를 봉양하기 어렵다"는 말이 있다. 자식이 배부르고 따뜻한가를 부모는 늘 묻지만, 부모가 배고프고 추운 것은 자식들은 마음에 두지 않는다.

자식들의 효성이 아무리 지극해도 부모의 사랑에는 미치지 못한다.

■ 질문 만들기

〈예시〉

1. 이 이야기를 읽고 느낀 점은 무엇인가?
2. 이 이야기 속의 아버지가 당신이었다면 어떤 행동을 했을 것 같은가?
3. 이 이야기 속의 며느리가 당신이었다면 당신은 어떤 행동을 했을 것 같은가?
4. 이 이야기 속의 아들이 당신이었다면 어떤 행동을 했을 것 같은가?
5. 지금까지의 삶 속에서 이와 유사한 사례를 찾아 이야기해 봅시다.
6. 이 이야기가 주는 교훈은 무엇인가?

■ 종합학습

- 나는 이 이야기가 ______________________에 관한 것이라고 생각한다.
- 이 이야기는 나에게 ______________________라고 말해준다.

APPENDIX **02**

하브루타 본문(Text) 학습 예화

1. 세 왕자의 말을 듣고 있던 임금은 누구를 공주와 결혼시켰을까?

임금님에게 외동딸이 있었다. 그 공주가 원인 모를 중병에 걸려 백약이 무효였다. 의사는 신약을 쓰지 않으면 살아날 가망이 없다고 말했다. 그래서 임금님은 딸의 병을 고쳐 주는 사람에게 공주를 시집보내고 임금 자리도 물려 주겠다고 포고문을 발표했다.

먼 나라에 각기 보물을 가지고 있는 세 왕자가 살고 있었다. 첫째 왕자는 아주 먼 곳까지 볼 수 있는 망원경을 가지고 있었다. 둘째 왕자는 하늘을 날아다닐 수 있는 요술양탄자를 가지고 있었다. 그리고 막내 왕자는 어떤 병도 고칠 수 있는 마법의 사과를 가지고 있었다.

어느 날 첫째 왕자가 망원경으로 멀리까지 보던 중 궁궐 앞에 붙어 있는 포고문을 보며 무릎을 치며 두 왕자에게 말했다. 우리가 힘을 모아 공주를 구해 주자고 했다. 세 왕자는 의견의 일치를 모으고, 막내 왕자가 가진 마법의 사과를 가지고 둘째가 가진 요술양탄자를 타고 궁궐에 도착하여 임금님을 뵙고 공주에게 마법의 사과를 먹였더니 공주의 병이 깨끗이 나아 모두들 매우 기뻐했다.

임금님은 큰 잔치를 베풀고 새로운 왕위 계승자를 발표하려 했다. 그러자 세 왕자 중 첫째는 "내가 망원경으로 포고문을 보지 않았다면 우리는 이곳에 올 수 없었을 것이다"라고 주장했고, 둘째는 "요술양탄자가 없었다면 이곳까지 올 수 없었을 것이다"라고 주장했다. 셋째는 "마법의 사과가 없었다면 병이 낫지 않았을 것이다"라고 말했다.

Q1 이 이야기를 간략하게 요약해서 다시 이야기해 보자.
Q2 이 이야기를 읽고 느낀 점은 무엇인가?
Q3 이 이야기를 읽으면서 가장 크게 드는 의문은 무엇인가?
Q4 당신이 임금님이라면 공주를 누구에게 시집보낼 것인가?
Q5 나는 이 이야기가 ____________________에 관한 것이라고 생각한다.
Q6 이 이야기는 나에게 ____________________라고 말해준다.

2. 세 명의 친구

어느 날 왕이 한 사람에게 전령을 보내 즉시 궁전으로 출두할 것을 명령했다. 그런데 이 사람에게는 세 명의 친구가 있었다. 그는 첫 번째 친구를 가장 소중하게 여기고 있었기에 그 친구를 가장 믿을 만한 친구라고 생각하고 있었다. 두 번째 친구 역시 소중하게 생각하고 있었으나 첫 번째 친구만큼 신뢰하고 있지는 않았다. 세 번째 친구는 친구이기는 했지만 별로 큰 관심을 가지고 있지는 않았다.

왕의 부름을 받자 그는 자신이 어떤 잘못을 하여 벌을 받는 것이 아닌가 싫어 두려웠다. 그래서 세 명의 친구에게 동행해 줄 것을 부탁했다.

첫 번째 친구를 찾아 부탁했지만 그 친구는 아무 이유도 묻지 않고 거절했다.

두 번째 친구에 부탁했더니 궁전 입구까지는 동행할 수는 있지만 그 이상은 곤란하다고 했다.

세 번째 친구에게 부탁했더니 흔쾌히 응해 주었다. "그러지, 자네는 아무런 짓도 하지 않았으니 조금도 두려워할 것이 없네. 함께 가서 임금님께 잘 말씀드려 주겠네"라고 말했다.

Q1 이 이야기를 간략하게 요약해서 다시 이야기해 보자.
Q2 이 이야기를 읽고 느낀 점은 무엇인가?
Q3 이 이야기를 읽으면서 가장 크게 드는 의문은 무엇인가?
Q4 이 이야기 속 주인공을 자기 자신으로 해서 이야기를 재구성해 보자.
Q5 나는 이 이야기가 ____________________에 관한 것이라고 생각한다.
Q6 이 이야기는 나에게 ____________________라고 말해준다.

3. 포도밭에 갇힌 여우

어느 날 여우 한 마리가 포도밭의 풍성한 포도를 보고 울타리를 들어가려고 했으나, 살이 많이 쪄서 울타리 구멍을 통과할 수 없었다. 그 여우는 결국 3일을 굶어 홀쭉해진 후 포도밭에 들어갔다. 포도밭에 들어간 여우는 신이 나서 포도를 실컷 먹었다. 포도를 먹는 데 한창 열중하던 여우는 충분히 배가 부르자 이제 돌아가기 위해 울타리 구멍으로 갔다. 그런데 이게 웬걸? 너무 배가 불러 구멍을 통과할 수가 없었다.

결국 여우는 들어왔을 때와 똑같은 방법으로 3일을 굶은 후에 울타리 밖으로 나갈 수 있었다.

Q1 이 이야기를 간략하게 요약해서 다시 이야기해 보자.
Q2 이 이야기를 읽고 느낀 점은 무엇인가?
Q3 이 이야기를 읽으면서 가장 크게 드는 의문은 무엇인가?
Q4 이 이야기 속 주인공을 자기 자신으로 해서 이야기를 재구성해 보자.
Q5 나는 이 이야기가 ____________________에 관한 것이라고 생각한다.
Q6 이 이야기는 나에게 ____________________라고 말해준다.

4. 천사의 선물

하루는 당신이 공원을 산책하다가 천사를 만난다. 그 천사는 당신에게 두 가지 중 한 가지를 선택하라고 한다.

첫 번째 선택은 당신은 부자가 되지만 행복은 보장할 수 없는 것이고, 두 번째 선택은 평생 동안 매우 행복할 것이지만 가난하다는 것이다.

어느 쪽을 선택하든지 천사는 당신에게 당신이 원하는 것을 제공할 것이다.

Q1 이 이야기를 간략하게 요약해서 다시 이야기해 보자.
Q2 이 이야기를 읽고 느낀 점은 무엇인가?
Q3 이 이야기를 읽으면서 가장 크게 드는 의문은 무엇인가?
Q4 이 이야기 속 주인공을 자기 자신으로 해서 이야기를 재구성해 보자.
Q5 나는 이 이야기가 ____________________에 관한 것이라고 생각한다.
Q6 이 이야기는 나에게 ____________________라고 말해준다.

5. 손과 발, 눈과 입, 이 중에서 가장 중요한 부분은 어디일까?

어느 나라 왕이 불치병에 걸려 자리를 보전하고 누워 있게 되었다. 아무리 유능한 의사도 이 왕의 병을 고칠 수 없었고, 왕은 점점 쇠약해져 갔다. 그때 주술사가 찾아와 왕의 병을 살펴보고 "이 병의 치료방법은 한 가지밖에 없습니다. '바로 세상에서 가장 사납기로 소문난 어미 사자의 젖을 마시는 것'입니다"라고 말했다.

그래서 왕은 어미 사자의 젖을 가져온 자에게 어마어마한 포상을 내리겠다는 포고문을 내렸다. 많은 사람들이 젖을 구하러 사자가 있는 곳으로 갔지만, 새끼를 지키려는 어미 사자는 자신에게 다가오는 모든 사람들을 무참히 죽여 버렸다. 포상은 매력적이었지만 사람들은 공포에 떨며 어미 사자의 젖을 구하러 가지 않았다. 그러나 시골에 살고 있는 한 젊은 사내가 어미 사자에게 도전장을 내밀었다.

사내의 눈과 귀가 힘을 모아 어미 사자를 발견했고, 이런저런 생각 끝에 어미 사자에게 매일 양고기를 주면서 한 걸음씩 다가가는 방법이 떠올랐다. 사내는 용기를 내어 이 방법을 실행에 옮기기로 마음을 먹었다. 며칠 동안 어미 사자에게 양고기를 주면서 손과 두 다리, 두 눈은 어미 사자에게 가까이 갈 수 있었다. 사내는 마침내 어미 사자의 경계심을 풀고, 따뜻하고 신선한 어미 사자의 젖을 짜는 데 성공했다.

Q1 이 이야기를 간략하게 요약해서 다시 이야기해 보자.

Q2 이 이야기를 읽고 느낀 점은 무엇인가?

Q3 이 이야기를 읽으면서 가장 크게 드는 의문은 무엇인가?

Q4 이 이야기 속 주인공을 자기 자신으로 해서 이야기를 재구성해 보자.

Q5 나는 이 이야기가 ____________________에 관한 것이라고 생각한다.
Q6 이 이야기는 나에게 ____________________라고 말해준다.

6. 아버지의 유언장

예루살렘에서 멀리 떨어진 곳에 사는 한 현명한 유대인이 아들을 예루살렘의 학교에 입학시켰다. 아들이 학교에서 공부하는 동안에 병석에 눕게 된 아버지는 죽기 전에 도저히 아들과 만날 수 없을 것 같아서 유서를 썼다.

그는 "전 재산을 한 사람의 노예에게 물려준다." 다만, 그중에서 아들이 원하는 것 하나만은 아들에게 주도록 하라는 내용이었다. 마침내 부친은 죽고, 노예는 자신이 현명하고 고마운 주인을 섬겼고 운도 좋았다는 것을 기뻐하면서 예루살렘으로 달려가 아들에게 부친의 사망소식을 알리고 유서를 전해 주었다. 아들은 대단히 실망하고 놀라워하며 아버지의 죽음을 슬퍼했다.

Q1 이 이야기를 간략하게 요약해서 다시 이야기해 보자.
Q2 이 이야기를 읽고 느낀 점은 무엇인가?
Q3 이 이야기를 읽으면서 가장 크게 드는 의문은 무엇인가?
Q4 이 이야기 속 주인공을 자기 자신으로 해서 이야기를 재구성해 보자.
Q5 나는 이 이야기가 ____________________에 관한 것이라고 생각한다.
Q6 이 이야기는 나에게 ____________________라고 말해준다.

7. 폐지 수거 노인

오늘도 어김없이 빈 상자며 빈 병을 현관 앞에 내놓자마자 그 할머니가 다녀가신다. 이 동네에 이사 와서 바로 오시기 시작했으니까 벌써 수년째 마주치는 할머니다.

처리하기 곤란한 재활용품을 치워 주니 고맙다는 생각도 들지만 남루한 옷차림의 할머니에게서 지저분함이 묻어올 것 같아 아이들에게 접근조차 하지 말라고 일렀다. 수년째 마주치면서 인사 한 번 하지 않았다.

빈 병, 빈 상자로 생계를 이어가는 할머니가 혹시나 다른 것을 요구할까 봐 하는 걱정이 앞서서였다. 그러던 어느 날이었다. 초인종 소리가 나서 문을 열어보니 그 할머니였다. "무슨 일이세요?" 나는 앞뒤 상황을 알지도 못한 채 불편한 기색부터 드러냈다.

"이거" 할머니는 만 원짜리 지폐 한 장을 내밀었다. 물끄러미 쳐다보는 나에게 할머니는 말했다. "아까 가져간 상자 안에 이게 들어있더라고, 이 집 거 같아서…"

정신없이 청소하다 흘린 만 원이 빈 상자 안으로 들어갔나 본다. 나는 고맙기도 하고 측은한 마음도 들어 할머니께 말했다. "할머니 괜찮으니 그냥 쓰세요." 그러자 할머니는 먼지로 뒤덮인 손을 흔들며 "아냐, 난 공짜는 싫어, 그냥 빈 상자만 팔면 충분해." 하시며 만 원을 내 손에 쥐여 주며 손수레를 끌고 떠나셨다. 순간, 머릿속이 하얘졌다.

Q1 이 이야기를 간략하게 요약해서 다시 이야기해 보자.

Q2 이 이야기를 읽고 느낀 점은 무엇인가?

Q3 이 이야기를 읽으면서 가장 크게 드는 의문은 무엇인가?

Q4 이 이야기 속 주인공을 자기 자신으로 해서 이야기를 재구성해 보자.
Q5 나는 이 이야기가 ____________________에 관한 것이라고 생각한다.
Q6 이 이야기는 나에게 ____________________라고 말해준다.

8. 서울대생의 꿈

서울대에서 말하기 과목을 가르치는데 수업시간에 한 음대생이 이런 이야기를 했다. 엄마의 소망대로 서울대에 합격했으니 이제 음악을 그만두겠다는 것이다. 엄마가 서울대만 들어가면 그 이후부터는 하고 싶은 대로 해도 된다고 했단다.

〈대한민국 부모〉라는 책에 보면 삼수를 시켜 아들을 의대에 보낸 한 엄마의 사연이 나온다. 아들이 초등학교에 다닐 때부터 의사로 만들겠다고 생각한 엄마의 성화에 못 이겨 적성은 무시된 채 의대에 다녔던 아들은 졸업 후 의사 국가고시도 통과하고 나서 엄마와 연락을 끊는다. "당신의 아들로 산 것은 지옥이었습니다"라는 문자를 남기고.

Q1 이 이야기를 간략하게 요약해서 다시 이야기해 보자.
Q2 이 이야기를 읽고 느낀 점은 무엇인가?
Q3 이 이야기를 읽으면서 가장 크게 드는 의문은 무엇인가?
Q4 이 이야기 속 주인공을 자기 자신으로 해서 이야기를 재구성해 보자.
Q5 나는 이 이야기가 ____________________에 관한 것이라고 생각한다.
Q6 이 이야기는 나에게 ____________________라고 말해준다.

9. 어느 95세 노인의 수기

"나는 젊었을 때 정말 열심히 일했습니다. 그 결과 나는 실력을 인정받았고 존경도 받았습니다. 그 덕에 65세 때 당당한 은퇴를 할 수 있었습니다. 그런 내가 30년 후인 95세 생일 때 얼마나 후회의 눈물을 흘렸는지 모릅니다. 내 65년의 생애는 자랑스럽고 떳떳했지만 이후 30년의 삶은 부끄럽고 후회되고 비통한 삶이었습니다. 나는 퇴직 후 이제 다 살았다. '남은 인생은 그냥 덤이다'라는 생각으로 그저 고통 없이 죽기만을 기다렸습니다. 덧없고 희망이 없는 삶… 그런 삶을 무려 30년이나 살았습니다. 30년의 시간은 지금 내 나이 95세로 보면, 3분의 1에 해당하는 기나긴 시간입니다.

만일 내가 퇴직을 할 때 앞으로 30년을 더 살 수 있다고 생각했다면 난 정말 그렇게 살지는 않았을 것입니다. 그때 나 스스로가 늙었다고, 뭔가를 시작하기엔 늦었다고 생각했던 것이 큰 잘못이었습니다.

나는 지금 95살이지만 정신이 또렷합니다. 앞으로 10년, 20년을 더 살지 모릅니다. 이제 나는 하고 싶었던 어학공부를 시작하려 합니다. 그 이유는 단 한 가지, 10년 후 맞이하게 될 105번째 생일날 95살 때 왜 아무것도 시작하지 않았는지 후회하지 않기 위해서입니다."

Q1 이 이야기를 간략하게 요약해서 다시 이야기해 보자.

Q2 이 이야기를 읽고 느낀 점은 무엇인가?

Q3 이 이야기를 읽으면서 가장 크게 드는 의문은 무엇인가?

Q4 이 이야기 속 주인공을 자기 자신으로 해서 이야기를 재구성해 보자.

Q5 나는 이 이야기가 ______________________에 관한 것이라고 생각한다.

Q6 이 이야기는 나에게 ______________________라고 말해준다.

10. 선녀와 나무꾼

아주 옛날 한 마을에 나무꾼이 홀어머니를 모시고 살고 있었다. 어느 날 나무꾼이 부지런히 나무를 베고 있었는데, 사냥꾼에게 쫓기던 사슴 한 마리가 달려와서는 살려달라고 애원했다. 나무꾼은 쌓아놓은 나뭇더미 속에 사슴을 숨겨서 사냥꾼으로부터 구해 주었다. 무사히 살아난 사슴은 나무꾼에게 산을 돌아 나가면 하늘의 선녀들이 멱을 감는 연못이 있다고 귀띔해 주었다. 그리고 선녀들이 멱 감는 틈을 타서 그중 한 선녀의 날개옷을 감추라고 했다.

하늘로 올라가지 못한 선녀를 집으로 데려와 보살피면 이내 아내가 될 거라고 했다. 그런데 둘이 결혼해서 세 아이를 낳기까지는 날개옷을 깊이 감추고 절대로 보여주지 말라고 했다. 나무꾼은 연못을 찾아가서 사슴이 일러준 대로 했다. 멱을 다 감은 선녀들이 다들 하늘로 돌아가는데, 날개옷을 도둑맞은 막내 선녀는 그러지 못하고 울고만 있었다. 나무꾼은 막내 선녀를 제 집으로 데리고 와서 아내로 삼았다. 나무꾼은 선녀와 수삼 년을 지나는 사이에 아이를 둘 얻었다. 아내는 이제 아이를 둘이나 두었으니 제발 날개옷을 보여달라고 했다. 결국 나무꾼은 날개옷을 꺼내 와서 선녀에게 건네주었다. 아내는 날개옷을 날쌔게 입더니 두 아이의 손을 잡고는 훨훨 날아서 하늘로 올라가 버렸다.

혼자 내버려진 나무꾼에게 사슴이 찾아왔다. 사슴은 연못을 다시 찾아가면 하늘에서 두레박이 내려올 것이라고 했다. 나무꾼은 연못으로 가서 두레박을 타고 하늘로 올라가서 아내와 아이들을 만났다. 그렇지만 나무꾼은 어머니가 걱정이 되어 다시 지상으로 내려가고자 했다. 아내는 천마 한 마리를 내주면서 타고 가서 어머니를 만나되, 무슨 일이 있어도 말에서 내려 땅을 밟지 말라고 했다. 나무꾼은 천마를 타고 지상에 내려와서 어머니를 만났다. 어머니는 아들이 좋아하는 팥죽을 끓여 주었고, 아들은 팥죽이 너무 뜨거운 탓에 먹다가 말 등에 흘리고 말았다.

그러자 말이 기겁하고 뛰는 바람에 나무꾼은 땅바닥에 떨어지고 천마는 하늘로 올라가 버렸다. 다시는 하늘로 못 가게 된 나무꾼은 그 자리에서 닭이 되었다. 그래서는 아침마다 하늘을 향해서 울부짖듯이 울었다.

Q1 이 이야기를 간략하게 요약해서 다시 이야기해 보자.
Q2 이 이야기를 읽고 느낀 점은 무엇인가?
Q3 이 이야기를 읽으면서 가장 크게 드는 의문은 무엇인가?
Q4 이 이야기 속 주인공을 자기 자신으로 해서 이야기를 재구성해 보자.
Q5 나는 이 이야기가 ____________________에 관한 것이라고 생각한다.
Q6 이 이야기는 나에게 ____________________라고 말해준다.

11. 소와 사자의 사랑

옛날에 소와 사자가 한 마을에 살고 있었다. 둘은 너무나 사랑해서 결혼해 같이 살게 되었다. 그리고 둘은 항상 서로에게 최선을 다하기로 약속했다. 소는 사자를 위해 날마다 제일 맛있는 풀을 사자에게 대접했다. 사자는 풀이 싫었지만 사랑하는 소를 위해 참고 먹었다. 사자도 매일 소를 위해 가장 연하고 맛있는 살코기를 소에게 대접했다. 고기를 먹지 못하는 소도 괴로웠지만 참고 먹었다.

하지만 참을성에는 한계가 있었다. 둘은 마주 앉아 이야기를 나누었지만, 결국 소와 사자는 크게 다투고 끝내 헤어지고 말았다. 헤어지면서 서로에게 한 말은 "난 당신에게 최선을 다했어"였다.

Q1 이 이야기를 간략하게 요약해서 다시 이야기해 보자.
Q2 이 이야기를 읽고 느낀 점은 무엇인가?
Q3 이 이야기를 읽으면서 가장 크게 드는 의문은 무엇인가?
Q4 이 이야기 속 주인공을 자기 자신으로 해서 이야기를 재구성해 보자.
Q5 나는 이 이야기가 ____________________에 관한 것이라고 생각한다.
Q6 이 이야기는 나에게 ____________________라고 말해준다.

12. 반쯤 남긴 스테이크

유명한 기업의 CEO가 단골로 자주 가는 호텔 식당으로 손님을 초대했다. 일행은 모두 6명이었고, 그들은 CEO의 권유로 스테이크를 주문했다. 식사를 마친 CEO는 스테이크를 요리한 주방장을 불렀다. 주방장은 몹시 긴장했다. "스테이크에 무슨 문제가 있나?" 테이블에 가보니 CEO의 접시에 스테이크가 반쯤 남아 있는 것이 아닌가.

"혹시 입맛에 안 맞으셨나요?" 하고 떨리는 목소리로 주방장이 묻자 CEO가 대답했다. "아니오, 당신은 정말 훌륭한 요리사요. 오늘 스테이크는 맛이 아주 좋았소." 이어서 CEO는 이렇게 말을 하는 것이었다. "다만 스테이크를 남긴 이유를 알려주고 싶었을 뿐이요. 내 나이가 여든이라 입맛이 예전 같지 않다오. 그래서 오늘은 반쯤 남기게 되었소. 하지만 이렇게 훌륭한 스테이크를 남긴 것을 보면 당신 마음이 편치 않을 것 같아 당신을 불렀소." "………"

- Q1 이 이야기를 간략하게 요약해서 다시 이야기해 보자.
- Q2 이 이야기를 읽고 느낀 점은 무엇인가?
- Q3 이 이야기를 읽으면서 가장 크게 드는 의문은 무엇인가?
- Q4 이 이야기 속 주인공을 자기 자신으로 해서 이야기를 재구성해 보자.
- Q5 나는 이 이야기가 ____________________에 관한 것이라고 생각한다.
- Q6 이 이야기는 나에게 ____________________라고 말해준다.

13. 이등병의 언 손

어느 부대에 한 이등병이 있었다. 그 이등병은 추운 겨울날 밖에서 언 손을 녹여가며 찬물로 빨래를 하고 있었다. 마침 그곳을 지나던 소대장이 그 장면을 보고 안쓰러워하며 한 마디 건넸다. "김 이병, 저기 취사장에 가서 뜨거운 물 좀 얻어다가 하지."

김 이병은 소대장의 말을 듣고 취사장에 뜨거운 물을 얻으러 갔지만 군기가 빠졌다는 야단만 듣고 정작 뜨거운 물은 얻지 못했다.

다시 빨래를 하고 있는 김 이병 옆을 이번에는 중대장이 지나갔다. "김 이병 동상 걸리겠다. 저기 취사장에 가서 뜨거운 물 좀 얻어다가 하지."

김 이병은 그렇게 하겠다고 대답했지만 취사장에 가지 않았다. 가 봤자 뜨거운 물은 고사하고 혼만 날 것이 뻔했기 때문이다.

그렇게 계속 빨래를 하고 있는데 이번에는 행정관이 그의 곁을 지나게 되었다. "김 이병 취사장에 가서 더운 물 좀 받아 와라. 나 세수 좀 하게."

김 이병은 취사장에 뛰어가서 보고를 하고 즉시 더운 물을 받아왔다. 그러자 행정관이 말했다. "그 물로 빨래를 해라. 양은 많지 않지만 손이라도 녹일 수 있을 거야."

Q1 이 이야기를 간략하게 요약해서 다시 이야기해 보자.
Q2 이 이야기를 읽고 느낀 점은 무엇인가?
Q3 이 이야기를 읽으면서 가장 크게 드는 의문은 무엇인가?
Q4 이 이야기 속 주인공을 자기 자신으로 해서 이야기를 재구성해 보자.
Q5 나는 이 이야기가 ____________________에 관한 것이라고 생각한다.
Q6 이 이야기는 나에게 ____________________라고 말해준다.

14. 만득이와 박 서방

옛날에 박만득이라는 백정이 푸줏간을 하고 있었다. 어느 날 두 양반이 그에게 고기를 사러 왔다. 그중 한 양반은 습관대로 "야, 만득아! 고기 한 근 다오"라고 말했다. 만득은 "네" 하고 고기를 한 근 내주었다.

다음에는 다른 양반이 "박 서방, 고기 한 근 주시게" 하고 부드러운 음성으로 말했다. 그런데 그 고기는 언뜻 봐도 먼저 산 양반의 것보다 훨씬 더 커 보였다. 똑같이 한 근이라고 말했는데 차이가 많이 나자 앞의 양반이 화가 나 따졌다.

"이놈아, 같은 한 근인데 이 양반의 것은 많고 내 것은 왜 이렇게 적으냐. 그러자 만득은 당연하다는 듯 이렇게 말했다.

"손님 것은 만득이가 자른 것이고, 저 손님 것은 박 서방이 자른 것이기 때문에 그렇지요.

Q1 이 이야기를 간략하게 요약해서 다시 이야기해 보자.
Q2 이 이야기를 읽고 느낀 점은 무엇인가?
Q3 이 이야기를 읽으면서 가장 크게 드는 의문은 무엇인가?
Q4 이 이야기 속 주인공을 자기 자신으로 해서 이야기를 재구성해 보자.
Q5 나는 이 이야기가 ____________________에 관한 것이라고 생각한다.
Q6 이 이야기는 나에게 ____________________라고 말해준다.

15. 틀림과 다름

얼마 전 수염이 텁수룩하게 난 사람을 만났다. "왜 수염을 기르느냐"라는 물음에 그는 "나는 수염을 기르지 않는다"라고 말했다. 어리둥절해하자 그는 이렇게 덧붙였다. "저는 면도를 하지 않을 뿐입니다."

"수염을 기른다"와 "면도를 하지 않는다"는 같은 말인 것 같지만 다른 말이다. 분명한 시각 차이가 있기 때문이다. 말은 생각에서 나온다. 생각하지 않고 말을 할 수 없다. 그래서 때로는 말이 생각을 지배할 수도 있다.

많은 사람들이 무심코 "네 생각은 내 생각과 틀리다"라는 말을 한다. 그러나 네 생각이 내 생각과 '다른' 것이지 '틀린' 것은 아니다. 틀린 것은 바로 잡아야 하지만 다른 것은 받아들일 수 있다. 오히려 내가 미처 생각하지 못했던 것을 내 생각과 '다른' 사람을 통해 깨달을 수 있다.

만일 털보에게 "말장난하지 마라. 면도를 하지 않는다는 것은 틀린 말이고 너는 수염을 기르는 것이다"라고 강요하려 든다면 이는 어리석은 짓이 된다.

Q1 이 이야기를 간략하게 요약해서 다시 이야기해 보자.
Q2 이 이야기를 읽고 느낀 점은 무엇인가?
Q3 이 이야기를 읽으면서 가장 크게 드는 의문은 무엇인가?
Q4 이 이야기 속 주인공을 자기 자신으로 해서 이야기를 재구성해 보자.
Q5 나는 이 이야기가 ____________________에 관한 것이라고 생각한다.
Q6 이 이야기는 나에게 ____________________라고 말해준다.

16. 2등을 한 마라토너

케냐의 유망한 여성 마라톤 선수가 경기에 출전했다. 경기 도중 그녀는 같이 달리던 중국의 두 팔꿈치 아래가 없는 장애인 선수가 탈수증세를 보이자 속도를 줄여가며 물을 건네주었다. 이 일로 인해 초를 다투는 마라톤 기록이 늦어져 케냐 선수는 1등을 할 수 있었지만 2등으로 들어왔고, 상금도 2만 달러나 놓쳤다.

그 돈은 케냐에서 몇 년은 족히 온 가족을 먹여 살릴 수 있는 엄청난 금액이었다. 그러나 그녀는 "다시 같은 상황이 와도 같은 행동을 했을 것이다"라고 하며 오히려 그 장애인 선수를 걱정했다.

Q1 이 이야기를 간략하게 요약해서 다시 이야기해 보자.
Q2 이 이야기를 읽고 느낀 점은 무엇인가?
Q3 이 이야기를 읽으면서 가장 크게 드는 의문은 무엇인가?
Q4 이 이야기 속 주인공을 자기 자신으로 해서 이야기를 재구성해 보자.
Q5 나는 이 이야기가 ____________________에 관한 것이라고 생각한다.
Q6 이 이야기는 나에게 ____________________라고 말해준다.

17. 마지막 시험문제

개강을 한 지 석 달 정도 지나 시험기간이 되었다. 모든 학생들이 시험 공부를 열심히 한 탓인지 교수님이 강의실에 들어서자 전부 자신 있는 표정을 지었다.

교수님이 시험지를 나눠 주자마자 학생들은 자신 있게 문제를 풀어나갔다. 그러나 마지막 문제는 학생들을 깜짝 놀라게 했다. "강의실 안팎을 청소하시는 아주머니의 이름을 쓰시오." 그것이 마지막 문제였기 때문이다.

40대 후반에 파마머리 그리고 키가 자그마하신 분… 마지막 문제에 자신 있게 정답을 적어낸 학생은 아무도 없었다. 어처구니없는 문제에 화가 난 한 학생이 시험을 마친 후 마지막 문제가 점수에 큰 영향을 미치는지 교수님께 물었다.

그러자 교수님은 이렇게 대답했다. "너희들이 만나는 모든 사람이 사랑과 관심을 받을 자격이 있는 사람들이지. 최소한 주변사람들과 따스한 미소와 감사의 인사 정도는 나눠야 세상이 밝아지지 않겠니?"

Q1 이 이야기를 간략하게 요약해서 다시 이야기해 보자.
Q2 이 이야기를 읽고 느낀 점은 무엇인가?
Q3 이 이야기를 읽으면서 가장 크게 드는 의문은 무엇인가?
Q4 이 이야기 속 주인공을 자기 자신으로 해서 이야기를 재구성해 보자.
Q5 나는 이 이야기가 ____________________에 관한 것이라고 생각한다.
Q6 이 이야기는 나에게 ____________________라고 말해준다.

18. 못생긴 항아리

약간 금이 간 못생긴 항아리가 있었다. 주인은 그 항아리를 물 긷는 데 시용했다. 세월이 오래 지났는데도 다른 것으로 바꾸지 않고 깨지지 않는 항아리와 똑같이 아껴 주었다. 금이 간 항아리가 주인에게 너무 미안해서 물었다.

"주인님, 어찌하여 깨진 저를 버리지 않고 계속 써 주십니까?" 주인은 아무 말도 하지 않고 계속 사용했다. 그러던 어느 날 조용히 말했다. "얘야 우리가 걸어온 길을 보아라." 길가는 예쁜 꽃들이 자랑하듯이 싱싱하게 피어있었다.

"주인님, 어떻게 이 산골 길가에 이 많은 예쁜 꽃들이 피어 있을까요?" 주인은 빙그레 웃으면서 말했다. "메마른 길가에서 너의 깨어진 틈으로 새어 나온 물을 먹고 자란 꽃들이란다."

Q1 이 이야기를 간략하게 요약해서 다시 이야기해 보자.
Q2 이 이야기를 읽고 느낀 점은 무엇인가?
Q3 이 이야기를 읽으면서 가장 크게 드는 의문은 무엇인가?
Q4 이 이야기 속 주인공을 자기 자신으로 해서 이야기를 재구성해 보자.
Q5 나는 이 이야기가 ____________________에 관한 것이라고 생각한다.
Q6 이 이야기는 나에게 ____________________라고 말해준다.

19. 간디의 신발 한 짝

인도 건국의 아버지 간디가 어느 날 출장길에 나서서 출발하고 있는 기차에 급하게 올라탔다. 그런데 너무 서두른 나머지 그의 신발 한 짝이 벗겨져 플랫폼에 떨어지고 말았다. 이미 기차가 움직이고 있었기 때문에 간디는 그 신발을 주울 수가 없었다. 그러자 간디는 얼른 나머지 신발 한 짝을 벗어 그 옆에 떨어뜨렸다. 동행하던 사람들은 간디의 그런 행동에 놀라지 않을 수 없었다.

"아니, 무엇 때문에 신발을 떨어뜨렸는지요?"라고 사람들이 물었습니다.

간디는 다음과 같은 답을 했습니다. "신발 한 짝은 아무 소용이 없습니다. 나머지 신발 한 짝이 있어야 제대로 된 신발이 되지요. 이제 누군가는 온전한 신발 한 켤레를 주울 수 있게 되었습니다."

Q1 이 이야기를 간략하게 요약해서 다시 이야기해 보자.
Q2 이 이야기를 읽고 느낀 점은 무엇인가?
Q3 이 이야기를 읽으면서 가장 크게 드는 의문은 무엇인가?
Q4 이 이야기 속 주인공을 자기 자신으로 해서 이야기를 재구성해 보자.
Q5 나는 이 이야기가 ____________________에 관한 것이라고 생각한다.
Q6 이 이야기는 나에게 ____________________라고 말해준다.

20. 할머니의 차비

할머니 한 분이 버스를 타셨는데 짐을 올려놓고 주머니를 뒤지니 돈이 없었다. 그래서 기사분한테 "기사양반, 돈이 없구려…" 하며 계속 미안하다고 하셨는데 기사분은 차도 출발시키지 않고 화를 내면서 "돈도 없는데 왜 타요! 내리세요." 무뚝뚝하게 소리를 지르는 것이었다. 할머니는 무안해서 계속 미안하다고만 하고 있었다.

마침 출근길인 손님들도 많았다. 손님 중에는 운전기사처럼 화를 내며 그냥 출발하라는 사람도 있었고, 할머니더러 내리라는 사람도 있었는데 기사분이 계속 뭐라고 하니까 한 고등학생이 만 원을 꺼내 요금함에 넣으면서 이렇게 말했다. "이걸로 할머니 차비 하시고, 또 이렇게 돈 없는 분이 타시면 아까처럼 화내지 말고 남은 돈으로 그분들 차비해 주세요." 순간 버스 안은 조용해지고 기사분은 말없이 차를 출발시켰다.

Q1 이 이야기를 간략하게 요약해서 다시 이야기해 보자.
Q2 이 이야기를 읽고 느낀 점은 무엇인가?
Q3 이 이야기를 읽으면서 가장 크게 드는 의문은 무엇인가?
Q4 이 이야기 속 주인공을 자기 자신으로 해서 이야기를 재구성해 보자.
Q5 나는 이 이야기가 ____________________에 관한 것이라고 생각한다.
Q6 이 이야기는 나에게 ____________________라고 말해준다.

21. 새옹지마(塞翁之馬)

옛날 중국변방의 한 마을에 노인이 살고 있었다. 하루는 그 집의 말이 북쪽 국경을 넘어 적국으로 도망가 버렸다. 마을사람들이 안 됐다고 위로하자 그는 말했다. "나쁜 일인지 좋은 일인지는 두고 봐야 알지"

그 뒤 그 말은 적국의 말 한 마리와 함께 돌아왔다. 이번에는 마을사람들이 축하를 했다. 그랬더니 노인은 이번에도 말했다. "좋은 일인지 나쁜 일인지는 두고 봐야 안다."

그 뒤에 노인의 아들이 새로 얻은 말을 타다가 떨어져서 다리를 다쳤다. 마을사람들은 다시 노인을 위로했다. 그때도 노인은 두고 보자고 했다. 그 뒤에 적국이 국경을 넘어 쳐들어왔다. 젊은 사람들은 당연히 군대에 불려 가서 많은 사람들이 전쟁통에 죽었다. 노인의 아들은 다리가 성치 않아 출전을 면하게 되어 목숨을 건질 수 있었다.

Q1 이 이야기를 간략하게 요약해서 다시 이야기해 보자.
Q2 이 이야기를 읽고 느낀 점은 무엇인가?
Q3 이 이야기를 읽으면서 가장 크게 드는 의문은 무엇인가?
Q4 이 이야기 속 주인공을 자기 자신으로 해서 이야기를 재구성해 보자.
Q5 나는 이 이야기가 ______________________에 관한 것이라고 생각한다.
Q6 이 이야기는 나에게 ______________________라고 말해준다.

22. 애꾸눈 왕의 초상화

왕은 유명한 화가들을 불러 자기의 초상화를 그리게 했다. 화공들은 난감했다. 애꾸눈을 그릴 수도 없고, 그렇다고 온전한 눈을 가진 얼굴을 그릴 수도 없는 상황이었다. 화가들은 제 나름대로 최선을 다해 왕의 초상화를 그렸다. 그러던 중 한 화공은 있는 그대로 애꾸눈을 가진 모습으로 초상화를 그렸다. 그러자 왕은 화를 내며 그 화공에게 벌을 내렸다. 한쪽 눈이 감겨져 있는 모습이 마음에 들지 않았기 때문이다. 다시 선발된 또 다른 화공은 애꾸눈 대신 온전한 눈을 그려 초상화를 바쳤다.

왕은 이번에도 화를 냈다. 애꾸눈인 본인의 얼굴에 멀쩡한 두 눈이 그려져 있어 어색했기 때문이었다.

이 소문을 듣고 온 세 번째 화가는 엄청난 고민을 할 수밖에 없었다. 오랜 숙고 끝에 그 화공은 기지를 발휘하여 정상적인 왕의 옆모습을 그려 바쳤다.

왕은 그 화가에게 왜 옆모습을 그렸는지 물었다. 그 화가는 "임금님의 가장 아름다운 모습은 미소 띤 옆모습이기 때문입니다"라고 말했다. 왕이 초상화를 보고 고개를 끄덕이며 감탄한 것은 물론이다.

Q1 이 이야기를 간략하게 요약해서 다시 이야기해 보자.
Q2 이 이야기를 읽고 느낀 점은 무엇인가?
Q3 이 이야기를 읽으면서 가장 크게 드는 의문은 무엇인가?
Q4 이 이야기 속 주인공을 자기 자신으로 해서 이야기를 재구성해 보자.
Q5 나는 이 이야기가 ____________________에 관한 것이라고 생각한다.
Q6 이 이야기는 나에게 ____________________라고 말해준다.

23. 봄이 오건만

"저는 태어날 때부터 장님입니다." 그런 팻말을 목에 걸고 프랑스 파리의 미라보 다리에서 구걸을 하고 있는 한 장님이 있었다. 그런데 그 곁을 지나가던 어떤 사람이 그 걸인에게 당신이 이렇게 해서 구걸하는 액수가 하루에 얼마나 되느냐고 물었다. 그러자 그 걸인은 침통한 목소리로 겨우 10프랑 정도밖에 되지 않는다고 대답했다. 그 소리를 들은 행인은 고개를 끄덕이면서 걸인의 목에 걸려있는 팻말을 뒤집어놓으며 다른 어떤 말을 적어놓았다.

그로부터 약 한 달 후, 그 행인이 그곳에 다시 나타났을 때 걸인은 행인의 손을 붙잡고 감격해하며 울었다. "참으로 고맙습니다. 선생님께서 다녀가신 뒤 요사이는 50프랑까지 수입이 오르니 대체 어떻게 된 연유인지 모르겠습니다. 도대체 무슨 글이 쓰여 있기에 이런 놀라운 일이 생기는 겁니까?

그러자 행인은 빙그레 웃으며 이렇게 말했다. "별다른 게 아닙니다. 원래 당신의 팻말에 쓰인 "저는 태어날 때부터 장님입니다"라는 말 대신에 "봄이 오건만 저는 그것을 볼 수 없답니다"라고 써놓았을 뿐입니다."

Q1 이 이야기를 간략하게 요약해서 다시 이야기해 보자.
Q2 이 이야기를 읽고 느낀 점은 무엇인가?
Q3 이 이야기를 읽으면서 가장 크게 드는 의문은 무엇인가?
Q4 이 이야기 속 주인공을 자기 자신으로 해서 이야기를 재구성해 보자.
Q5 나는 이 이야기가 ____________________에 관한 것이라고 생각한다.
Q6 이 이야기는 나에게 ____________________라고 말해준다.

24. 어떤 사과부터 먹을까?

두 아들을 둔 어머니가 장날 시장에서 사과를 한 바구니 사 오셨다. 어머니는 아들들에게 사과 다섯 개씩을 나누어 주었다. 사과 중에는 좋은 것도 있지만 벌레 먹은 것도 있었다. 어머니는 아들들이 어떤 사과부터 먼저 먹는가 하고 유심히 관찰했다. 큰 아들은 다섯 개 중에서 제일 좋은 것부터 골라서 먹고, 나쁜 것은 맨 나중에 먹었다. 그런데 둘째 아들의 사과 먹는 방법은 좀 달랐다. 다섯 개의 사과 중에서 제일 나쁜 것부터 먹고 좋은 것을 나중에 먹는 것이었다.

이 광경을 지켜보던 어머니는 두 아들 중에서 좋은 것부터 먹은 큰 아들을 칭찬해 주었다. 왜냐하면 사과 다섯 개 중에서 처음에 제일 좋은 것을 먹고, 남은 것 중에서 또 제일 좋은 것을 먹고…. 그러면 큰 아들은 사과 다섯 개를 먹을 때마다 좋은 것만 골라 먹기 때문이다. 그런데 작은 아들의 경우 다섯 개의 사과를 먹을 때마다 가장 나쁜 것만을 골라 먹은 셈이 되기 때문이다.

Q1 이 이야기를 간략하게 요약해서 다시 이야기해 보자.
Q2 이 이야기를 읽고 느낀 점은 무엇인가?
Q3 이 이야기를 읽으면서 가장 크게 드는 의문은 무엇인가?
Q4 이 이야기 속 주인공을 자기 자신으로 해서 이야기를 재구성해 보자.
Q5 나는 이 이야기가 ____________________에 관한 것이라고 생각한다.
Q6 이 이야기는 나에게 ____________________라고 말해준다.

25. 황금 초침

시계만을 평생 만지며 살아온 시계방 주인이 있었다. 이 시계방 주인이 자기 아들한테 주기 위해 시계를 만들었다. 시계의 초침은 황금으로 빚었다. 그리고 분침은 은으로, 시침은 동으로 만들었다.

곁에 있던 그의 아들이 물었다. "아버지 시침을 황금으로 하고, 분침을 은으로 하고, 초침은 동으로 빚어야 하지 않은가요?" 아버지가 대답했다. "아니다. 초침이 가는 것이야말로 황금이 가는 것이다. 초를 허비하면 황금을 잃는 것이야." 아버지는 계속해서 말했다. "그리고 분침이 가는 것은 은이 가는 것이다. 분을 아끼는 사람은 그나마 은 정도는 모으게 돼. 하지만 시침을 가지고 말하는 사람은 3등밖에 하지 못한다." 그의 아들이 대꾸했다. "아니, 초가 모여서 분이 되고, 분이 모여서 시간이 되는데 어떻게 그렇게 등급이 나뉠 수 있지요?"

아버지가 말했다. "네가 말한 것은 시간의 공식일 뿐이다. 초를 아끼지 않는 사람한테 어떻게 분이 있을 수 있으며 시간이 있을 수 있겠느냐? 내가 말한 것은 시간 소비에 대한 등급이다."

아버지는 아들의 손목시계에 황금 초침 시계를 채워주면서 말했다. "이 세상의 변화는 초침에 맞춰지고 있다는 것을 잊지 말아라. 동과 은과 금의 나뉨은 초를 어떻게 쓰느냐에 달려 있는 것이야."

Q1 이 이야기를 간략하게 요약해서 다시 이야기해 보자.

Q2 이 이야기를 읽고 느낀 점은 무엇인가?

Q3 이 이야기를 읽으면서 가장 크게 드는 의문은 무엇인가?

Q4 이 이야기 속 주인공을 자기 자신으로 해서 이야기를 재구성해 보자.

Q5 나는 이 이야기가 ______________________에 관한 것이라고 생각한다.

Q6 이 이야기는 나에게 ______________________라고 말해준다.

26. 두 마리 늑대

할아버지가 손자에게 인간의 삶에 대해 가르치고 있었다. "얘야, 사람들의 마음속에는 늑대 두 마리가 살고 있단다. 한 마리는 아주 선한 늑대란다. 그 늑대는 평화롭고, 유쾌하고, 사랑스러우며, 희망적이고, 이해심이 많아 항상 신념에 차 있었단다."

"다른 한 마리 늑대는 아주 사악한 늑대란다. 그 늑대는 분노, 질투, 비애, 탐욕, 오만에 차 있고 아주 거만했단다. 사악한 늑대 속에는 온통 이기심만 가득하단다. 이 두 마리 늑대는 아주 처절한 싸움을 하면서 살아간단다. 같은 싸움이 매일 사람들의 마음속에서 일어나고 있지. 물론 너의 마음속에도 두 마리의 늑대가 매일 싸우고 있지."

어린 손자가 물었다.

" 할아버지, 그럼 어떤 늑대가 이기게 되나요?"

할아버지가 대답했다.

"이기는 건 네가 매일 마음속으로 먹이를 주는 늑대란다."

Q1 이 이야기를 간략하게 요약해서 다시 이야기해 보자.
Q2 이 이야기를 읽고 느낀 점은 무엇인가?
Q3 이 이야기를 읽으면서 가장 크게 드는 의문은 무엇인가?
Q4 이 이야기 속 주인공을 자기 자신으로 해서 이야기를 재구성해 보자.
Q5 나는 이 이야기가 ____________________에 관한 것이라고 생각한다.
Q6 이 이야기는 나에게 ____________________라고 말해준다.

27. 빈대 이야기

현대그룹의 창업주인 고 정주영 명예회장은 젊은 시절 인천 부둣가에서 막노동을 했다. 노동자 합숙소는 여러 사람들이 함께 생활하다 보니 깨끗하기 어려웠고, 빈대들이 들끓고 있었다. 매일 밤 빈대들이 물어뜯는 바람에 잠을 잘 수 없었던 그는 밤마다 빈대를 잡아보려 했지만 매번 실패했다.

긴 나무 탁자 위에 올라가서 자기까지 했건만 빈대들은 상다리를 타고 올라와 물어뜯었다. 궁리 끝에 그는 탁자의 네 다리를 물이 가득 채워진 세숫대야에 담가놓았다. 빈대들이 다리를 타고 올라오더라도 물에 빠질 테니 막을 수 있으리라 생각해서였다. 과연 며칠간은 모처럼 고요한 잠을 이룰 수 있었다.

그런데 며칠이 지난 다음 날, 그는 또다시 빈대들이 물어뜯는 바람에 잠에서 깼다. 도대체 무슨 일인지 의아한 그는 빈대들이 어디에서 왔는지 자세히 관찰해 보았다. 알고 보니 빈대들이 상다리를 타고 올라가기가 불가능해지자, 다른 쪽 벽을 타고 천정으로 기어 올라가 침상에 누운 사람을 향해 뛰어내리고 있는 것이 아닌가!

이후 그는 평생에 걸쳐서 빈대의 끈질김을 상기하면서 살았다. "빈대만도 못한 사람은 되지 않겠다"는 생각에서였다.

Q1 이 이야기를 간략하게 요약해서 다시 이야기해 보자.
Q2 이 이야기를 읽고 느낀 점은 무엇인가?
Q3 이 이야기를 읽으면서 가장 크게 드는 의문은 무엇인가?
Q4 이 이야기 속 주인공을 자기 자신으로 해서 이야기를 재구성해 보자.
Q5 나는 이 이야기가 ____________________에 관한 것이라고 생각한다.
Q6 이 이야기는 나에게 ____________________라고 말해준다.

28. 은퇴 선물

건축회사에 다니던 사람이 정년퇴직을 얼마 앞두고 사장으로부터 "마지막으로 집 한 채를 지어 주시오"라는 부탁을 받았다. 이제 얼마 안 있으면 이 회사도, 하는 일도 그만두게 된다고 생각하던 이 사람은 모든 일을 대충 대충했다.

재료도 좋은 것을 쓰지 않고 감독과 시공도 철저하게 하지 않았다. 그저 겨우 준공검사를 넘길 정도로 지었다. 집이 거의 완성될 무렵, 사장이 이 사람에게 찾아와서 말했다.

"이 집은 바로 당신 것입니다. 당신의 은퇴를 기념하기 위한 나의 선물입니다."

Q1 이 이야기를 간략하게 요약해서 다시 이야기해 보자.
Q2 이 이야기를 읽고 느낀 점은 무엇인가?
Q3 이 이야기를 읽으면서 가장 크게 드는 의문은 무엇인가?
Q4 이 이야기 속 주인공을 자기 자신으로 해서 이야기를 재구성해 보자.
Q5 나는 이 이야기가 ____________________에 관한 것이라고 생각한다.
Q6 이 이야기는 나에게 ____________________라고 말해준다.

29. 다섯 부류의 사람들

한 척의 배가 항해를 하고 있었다. 그때 갑자기 폭풍우를 만나 파도에 밀려 배는 항로를 잃고 말았다. 아침이 되자 바다는 다시 조용해졌고, 멀리 아름다운 포구가 있는 섬이 보였다. 섬으로 다가가 포구에 닻을 내렸고 그곳에 잠시 머무르게 되었다. 그 섬에는 진귀하고 아름다운 꽃들이 만발해 있었고, 먹음직스런 과일들이 주렁주렁 달린 나무들과 온갖 새들이 아름다운 목소리를 자랑하고 있었다. 승객들은 다섯 부류의 사람들로 나뉘어졌다.

첫 번째 부류의 사람들은 그들이 섬에 내린 동안 순풍이 불면 배가 갑자기 떠날 것을 우려하였다. 그래서 아예 그 아름다운 섬을 구경할 생각조차 않고 배가 빨리 목적지로 가 줄 것만을 생각하면서 배에 그대로 남아 있었다.

두 번째 부류의 사람들은 서둘러서 섬으로 내려가 감미로운 꽃향기도 맡고, 시원한 나무 그늘 아래 앉아 맛있는 과일도 실컷 따먹으면서 기운을 되찾은 다음 즉시 배로 되돌아왔다.

세 번째 부류의 사람들은 섬에 내려가 아주 오랫동안 즐겼으나, 갑자기 순풍이 불어오는 것을 알고 배가 떠날 것을 염려하여 허겁지겁 달려왔다.

네 번째 부류의 사람들은 순풍이 불어와 선원들이 닻을 걷어 올리는 것을 바라보면서도 자기들을 놔두고 떠나기야 하겠느냐고 말하면서 그대로 그 섬에서 즐기고 있었다. 그러나 막상 배가 포구로부터 미끄러져 나가기 시작하자 허겁지겁 물에 뛰어들어 헤엄친 다음에야 올라탔다.

마지막 부류의 사람들은 섬에 내려가 그 경치에 도취되어 먹고 즐겼기 때문에 배가 출항하는 것조차 모르고 있었다. 그래서 그들 중 일부는 숲 속 맹수들에게 죽임을 당하기도 했고, 또 일부는 독이 있는 열매를 따먹어 병이 들기도 해서 결국은 죽은 사람도 있었다.

Q1 이 이야기를 간략하게 요약해서 다시 이야기해 보자.

Q2 이 이야기를 읽고 느낀 점은 무엇인가?

Q3 이 이야기를 읽으면서 가장 크게 드는 의문은 무엇인가?

Q4 이 이야기 속 주인공을 자기 자신으로 해서 이야기를 재구성해 보자.

Q5 나는 이 이야기가 ________________에 관한 것이라고 생각한다.

Q6 이 이야기는 나에게 ________________라고 말해준다.

30. 원숭이가 된 여자

메마른 사막에 한 부부와 아들이 살고 있었다. 이 세 사람은 한결같이 좋은 운을 타고나지 못했다. 그들은 이 세상에 태어날 때와 다름없는 벌거숭이 모습으로 모래 먼지를 뒤집어 쓴 채 사막을 돌아다니고 있었다.

어느 날 한 노인이 근처를 지나가다가 그들을 보고 소리쳤다. "내일 예언자 모세님이 이곳을 지나가신다오. 당신들이 그에게 기도를 해 달라고 간청하면, 당신들의 생활이 조금 나아질지도 모르오." 이튿날 예언자 모세가 찾아왔다.

이들 세 사람은 그에게 기도를 해 달라고 간청했다."너희들은 나쁜 운을 가지고 태어났다. 그 운명을 바꿀 수가 없다." 하지만 그들이 계속 애원하자 모세는 그들의 가난함을 보고 이렇게 말했다.

"여기서 멀지 않은 곳에 샘이 한 군데 있다. 아침 일찍 해 뜨기 전에 그곳에 가서 목욕을 하는 거다. 단, 너희 세 사람은 한 사람씩 다른 날에 목욕을 해야 한다. 목욕을 하는 동안 너희들의 소원이 이루어질 것이다." 모세는 자기 갈 길을 갔다.

이튿날 아침, 이들 세 사람은 샘으로 갔다. 누가 먼저 목욕을 하는가를 두고 서로 다툰 끝에 어머니가 먼저 목욕을 하기로 했다. 그녀는 목욕을 하면서 아름다워지게 해 달라고 빌었다. 그리고 샘에서 나왔을 때, 그녀는 눈부시게 아름다운 여인이 되어 있었다. 바로 그때였다. 한 명의 고관이 마차를 타고 그곳을 지나갔다. 그는 그녀의 아름다움에 반하여 남편을 무시하고 그녀를 자신의 집으로 데려갔다. 여자는 자신이 아름다운 여인이 되어 호화로운 생활을 할 수 있게 된 것이 기뻐서 어쩔 줄을 몰랐다.

이튿날 아버지와 아들은 아침 일찍 일어나 샘으로 갔다. 아버지가 목욕을 할 차례였다. 그는 아내에 대한 분노 때문에 아내가 긴 꼬리를 가진 원숭이로 변하게 해 달라고 빌었다. 그날 아침 눈을 뜬 고관은 자신의 옆에 긴꼬리원숭이가 자고 있는 것을 보았다. 그는 기절을 하고 놀라 원숭이를 밖으로 내쫓았다. 여자는 달리고 달려서 사막으로 돌아갔다. 그날 밤 세 식구는 모래 언덕 위에 앉아서 날이 새기를 기다렸다.

사흘째 날 아침 아들은 혼자 샘에 갔다. 그는 목욕을 하면서 어머니가 원래의 모습으로 돌아오게 해 달라고 빌었다. 그러자 그녀는 그 자리에서 원래의 모습으로 돌아왔고, 결국 세 사람은 원점으로 되돌아가게 되었다.

Q1 이 이야기를 간략하게 요약해서 다시 이야기해 보자.

Q2 이 이야기를 읽고 느낀 점은 무엇인가?

Q3 이 이야기를 읽으면서 가장 크게 드는 의문은 무엇인가?

Q4 이 이야기 속 주인공을 자기 자신으로 해서 이야기를 재구성해 보자.

Q5 나는 이 이야기가 ____________________에 관한 것이라고 생각한다.

Q6 이 이야기는 나에게 ____________________라고 말해준다.

31. 반드시 밀물 때는 온다

유명한 강철왕 카네기의 사무실 한가운데 벽에 낡고 커다란 그림 하나가 그의 일생 동안 걸려 있었다. 이 그림은 유명한 화가의 그림이나 골동품의 가치가 있는 그림은 아니었다.

그림의 내용은 커다란 나룻배 하나와 배를 젓는 노가 썰물 때에 밀려서 모래사장에 아무렇게나 던져져 있는 것으로, 무척 절망스럽고 처절하게까지 보이는 그림이었다. 그런데 그 그림 밑에는 "반드시 밀물 때는 온다"라는 글귀가 쓰여 있었다. 어떤 사람이 카네기에게 어째서 이 그림을 그렇게 사랑하냐고 물었더니 그의 대답은 다음과 같았다.

그가 청년 시절에 세일즈맨으로 이 집 저 집을 방문하며 물건을 팔았는데, 어느 노인 댁에서 이 그림을 보게 되었다. 그에게 이 그림이 무척 인상적이었고, 특히 "반드시 밀물 때가 온다"라는 글귀는 오랫동안 그의 뇌리에 잊히지 않았다. 그래서 28세 되던 해에 기어코 그 노인을 찾아가 용기를 내어 청했다. 할아버지께서 세상을 떠나실 때에는 이 그림을 자기에게 줄 수 없겠느냐고 부탁을 드린 것이다. 노인은 그의 청을 들어주었고 카네기는 이 그림을 일생 동안 소중하게 보관했다. 그리고 "반드시 밀물 때가 온다"라는 말을 그의 생활신조로 삼고 살았다.

Q1 이 이야기를 간략하게 요약해서 다시 이야기해 보자.
Q2 이 이야기를 읽고 느낀 점은 무엇인가?
Q3 이 이야기를 읽으면서 가장 크게 드는 의문은 무엇인가?
Q4 이 이야기 속 주인공을 자기 자신으로 해서 이야기를 재구성해 보자.
Q5 나는 이 이야기가 ____________________에 관한 것이라고 생각한다.
Q6 이 이야기는 나에게 ____________________라고 말해준다.

32. 일이 먼저인가, 사람이 먼저인가?

중소기업 영업부에서 수주업무를 담당하는 현 과장은 충실한 직업인이다. 그런데 최근 몇 개월째 수주가 저조하여 회사는 어려움을 겪게 되었고, 회사에서는 모든 영업사원은 각각 고객(회사)을 방문하여 적극적으로 수주를 유치하라고 하였다. 현 과장은 거래처 한 곳에서 큰 프로젝트를 수주할 좋은 기회를 얻게 되었고 이 일을 위하여 전 기술부 직원과 영업부 직원이 며칠 밤을 새우며 프로젝트를 추진했다. 드디어 입찰하는 날(계약일) 현 과장은 뿌듯한 기분으로 운전을 하며 입찰 장소로 향하고 있었다.

그런데 앞에서 달리고 있던 승용차 한 대가 사람을 친 후 뺑소니치는 것을 목격했다. 현 과장은 출혈도 심하고 의식이 없어 그대로 두면 거의 사망할 것 같은 환자를 차에 태우고 인근병원으로 가다 보니 상당한 시간이 지체되었다. 그 후 황급히 입찰 장소로 향했으나 교통체증이 너무 심했다. 현장에 도착하니 입찰은 이미 다 끝나 버렸다. 담당자가 오지 않아서 입찰을 포기한 줄 알고 끝냈다는 것이었다.

Q1 이 이야기를 간략하게 요약해서 다시 이야기해 보자.

Q2 이 이야기를 읽고 느낀 점은 무엇인가?

Q3 이 이야기를 읽으면서 가장 크게 드는 의문은 무엇인가?

Q4 이 이야기 속 주인공을 자기 자신으로 해서 이야기를 재구성해 보자.

Q5 나는 이 이야기가 ____________________에 관한 것이라고 생각한다.

Q6 이 이야기는 나에게 ____________________라고 말해준다.

33. 과도한 승부욕

김 부장은 회사일로 가족에게 소홀했던 것이 마음에 걸려 오랜만에 온 가족이 함께하는 외식을 계획했다. 그런데 레스토랑을 고르는 것이 문제였다. 김 부장은 H한정식당에서 저녁식사를 하고 싶은데, 가족들은 K양식당에서 하고 싶어 했다. 이 문제를 두고 가족과 옥신각신하던 김 부장은

K양식당의 안 좋은 점들에 대해 말했지만, 가족들의 강경함 때문에 결국 내키지 않는 K양식당으로 갈 수밖에 없었다.

그러나 거기서 김 부장이 걱정했던 상황들이 벌어지고 말았다. 김 부장이 한 예약이 취소되어 30분을 기다려야 했고, K양식당은 너무 붐볐으며, 서비스는 엉망이었고, 음식은 맛이 없었다. 그 일 때문에 김 부장은 식사하는 동안 가족들 앞에서 계속 툴툴댔으며, 급기야 가족들과 외식 같은 건 앞으로 하지 않겠다며 화를 냈다.

Q1 이 이야기를 간략하게 요약해서 다시 이야기해 보자.

Q2 이 이야기를 읽고 느낀 점은 무엇인가?

Q3 이 이야기를 읽으면서 가장 크게 드는 의문은 무엇인가?

Q4 이 이야기 속 주인공을 자기 자신으로 해서 이야기를 재구성해 보자.

Q5 나는 이 이야기가 ____________________에 관한 것이라고 생각한다.

Q6 이 이야기는 나에게 ____________________라고 말해준다.

34. 지나친 의견 추가

K씨는 잘 나가는 한 식품회사의 CEO다. 명석하고 부지런하며 자기 분야의 전문가인 그는 공장 밑바닥에서 시작해 세일즈와 마케팅업무를 거쳐 최고의 자리에 올랐다. 뿐만 아니라 사람들을 좋아하며 이야기하기를 즐기는 꽤 매력적인 사람이다. 다만, 말이 생각을 앞서갈 때만 빼다면. 한 달 전 디자인팀에서 새로운 스낵제품의 포장 아이디어를 그에게 제출했다.

K씨는 그 아이디어에 매우 만족했음에도 다음과 같이 자기 의견을 한 가지 덧붙였다. “색깔을 밝은 파랑으로 바꾸면 어떨까? 파랑은 비싸고 고

급스러운 느낌이 드니까 말이야." 디자이너들은 그의 의견을 반영해 다시 결과물을 가지고 돌아왔다. K씨는 이번에도 만족해했다. 그런데 또다시 불쑥 이렇게 내 뱉는 것이었다.

"빨강색이면 더 좋았을 텐데." 디자인팀은 일제히 맥이 빠졌고 혼란스러웠다.

Q1 이 이야기를 간략하게 요약해서 다시 이야기해 보자.
Q2 이 이야기를 읽고 느낀 점은 무엇인가?
Q3 이 이야기를 읽으면서 가장 크게 드는 의문은 무엇인가?
Q4 이 이야기 속 주인공을 자기 자신으로 해서 이야기를 재구성해 보자.
Q5 나는 이 이야기가 ____________________에 관한 것이라고 생각한다.
Q6 이 이야기는 나에게 ____________________라고 말해준다.

35. 잘 난 척하기

5일간의 휴가를 마치고 돌아온 김 부장은 밀린 업무를 처리하느라 정신없이 바빴다. 그런데 부하직원인 이 대리가 찾아와서 워크숍 일정이 연기되었다는 이야기를 해주며 그의 업무 흐름을 방해하는 것 아닌가. 2시간 전에 박 과장으로부터 그 사실을 보고받은 김 부장은 똑같은 보고를 반복해서 듣는 데 살짝 짜증이 났다. 그리고 팀장인 자신이 그런 스케줄 변경에 대해서도 모르고 있을 것이라 생각한 부하직원에게 순간적으로 언짢은 기분이 들었다. 그래서 김 부장은 "이미 알고 있어, 참 빨리도 알려주는군, 바쁘니까 방해하지 말고 가서 자네 일이나 하게"라며 짜증 나는 말투로 대꾸했다.

Q1 이 이야기를 간략하게 요약해서 다시 이야기해 보자.
Q2 이 이야기를 읽고 느낀 점은 무엇인가?
Q3 이 이야기를 읽으면서 가장 크게 드는 의문은 무엇인가?
Q4 이 이야기 속 주인공을 자기 자신으로 해서 이야기를 재구성해 보자.
Q5 나는 이 이야기가 ____________________에 관한 것이라고 생각한다.
Q6 이 이야기는 나에게 ____________________라고 말해준다.

36. 천사 소프트웨어

한 엔지니어가 연구 끝에 "소프트웨어 버그를 해결할 해답을 찾았다"고 소리쳤다. 그의 상사가 달려와서 말했다. "자네가 연구한 것을 보여주게." 엔지니어가 컴퓨터 화면을 상사에게 보여주자 상사는 소리쳤다.

"정말 놀랍군! 우리의 문제가 모두 해결되었어. 사장님도 정말 깜짝 놀라시고 고마워할 거야. 내 생각에는 이 해답의 이름을 천사라고 부르면 좋을 것 같아." 엔지니어는 상사의 말에 무척 기뻐했다. 이날은 자신에게 가장 즐거운 날이었고, 그는 이 연구로 사장이 줄 성과급과 연봉 인상에 대한 상상에 빠졌다.

다음 날 오후 엘리베이터에서 사장을 만났다. 환한 미소를 지으며 인사하는 엔지니어를 보자 사장은 뭐가 그리 즐거운가 하고 물었다. 엔지니어가 사장에게 말했다. "사장님께서는 새로운 연구결과에 대해 아직 못 들으셨습니까?" 사장이 대답했다. "아, 그 천사 말인가? 들었지. 자네 상사가 자기 팀이랑 이뤄낸 놀라운 성과라는 것 말이야."

엔지니어가 설명할 기회도 없이 엘리베이터 문은 열렸고, 사장은 사무실로 들어가 버렸다. 엔지니어는 상사에게 달려가 항의했다. "왜 사장님께 천사를 연구한 사람은 자신이라고 말하지 않으셨나요?" 그의 상사는 "이게 바로 팀워크라는 것 아닌가?"라고 대답했다. 상사는 엔지니어를 충격과 상심에 빠지게 하고 나가 버렸다.

Q1 이 이야기를 간략하게 요약해서 다시 이야기해 보자.

Q2 이 이야기를 읽고 느낀 점은 무엇인가?

Q3 이 이야기를 읽으면서 가장 크게 드는 의문은 무엇인가?

Q4 이 이야기 속 주인공을 자기 자신으로 해서 이야기를 재구성해 보자.

Q5 나는 이 이야기가 ______________________에 관한 것이라고 생각한다.

Q6 이 이야기는 나에게 ______________________라고 말해준다.

에필로그

하브루타가 우리나라에 소개된 것은 (고)전성수 교수의 통찰력에서 비롯되었다. 2014년 전 교수를 처음 만났을 때 그는 다음과 같은 이야기를 했다.

> 우리나라 아이들은 세계 어떤 나라 아이들보다 IQ도 높고, 더 열심히 공부하는 데 그 성과는 왜 우수하지 않은가? 유치원, 초등학교 때 그렇게 많던 호기심과 질문들은 중학교 고등학교에 진학할수록 급격히 줄어든다. 대학에서는 수업시간에 질문하는 것은 다른 학생들 학습에 방해를 준다는 정도로 인식하고 있음을 교육현장에서 직접 확인했다. 이런 교육방법으로 아이들의 미래를 담보할 수 없다는 신념으로 교육방법을 바꾸는 일에 함께하자고 제안했다. 그동안 우리나라의 교육은 주입식 교육으로 한마디로 표현해서 선생님 말씀 잘 듣고, 외우고, 시험 보고 잊어버리는 교육이라고 말하기도 했다. 그동안 여러 나라의 교육방법을 연구한 결과 유대인의 하브루타 교육이 가장 바람직하다는 것을 인식하고 이를 우리나라 교육과정에 도입하는 연구를 2009년부터 본격적으로 시작했다.
>
> – 전성수 –

하브루타는 호기심과 질문으로 시작하는 공부방법이다. 말문을 트는 것이 하브루타의 시작이다. 유대인은 부모들이 중심이 되어 아이들의 호기심을 자극하여 질문으로 말문을 트는 교육을 전통적으로 하고 있다. 뱃속의 아이와도 대화를 시도한다. 5살까지는 어머니가 중심이 되어 아이와 영성교육을 한다. 6살부터 13살까지는 아버지가 중심이 되어 인성교육을 한다.

교재는 〈토라〉와 〈탈무드〉다. 아이들 중심으로 호기심을 기반으로 질문-대화-토론중심으로 이루어진다. 학교에서 정해진 교육과정이 있는 것은 아니다. 가정과 일상생활을 통하여 습관적 · 반복적으로 이루어진다.

유대인사회에서 하브루타는 전통적으로 〈토라〉나 〈탈무드〉를 연구하는 특정한 분야에서 활용되었으나, 최근에는 일반교육분야에도 활용되고 있다. 2014년 하브루타에 대한 첫 공개 세미나에서 전성수 교수는 하브루타를 일반교육에 적용한 것은 이스라엘보다 우리나라가 먼저라고 했다. 이를 뒷받침하는 유대인 랍비들의 글에서도 잘 나타나고 있다. 유대인 정통 랍비 헤츠키 아리엘리는 〈탈무드 하브루타 러닝〉이라는 책에서 하브루타에 '러닝'이라는 단어를 추가하여 사용하고 있으며, 엘리 홀저는 〈하브루타란 무엇인가?〉라는 책에서 하브루타에 'Text(본문)'라는 단어를 추가하여 일반교육에서도 하브루타 학습방법을 적용하는 방안을 제시하며, 하브루타 러닝이 〈토라〉나 〈탈무드〉를 배우는 교육과정에서 일반 교육과정으로 확대될 수 있다고 말하고 있다.

'하브루타'는 '친구, 짝'이라는 명사형 어휘다. 따라서 그 자체로서는 학습의 의미가 없다. 하브루타가 동사형 어휘와 연결될 때 비로소 행동의 변화를 수반하게 된다. 따라서 '하브루타'에 '러닝'이라는 동사형 어휘가 연결될 때 학습이라는 개념이 자연스럽게 수반되어 친구와 짝을 지어 '질문 → 대화 → 토론 → 논쟁'으로 이어지는 유대인의 전통적인 학습방법이라는 개념과 명확하게 어울리게 된다.

하브루타 러닝을 하기 위해서는 구조적으로 '짝 또는 찬구'가 있어야 한다. '짝 또는 친구'와 함께 공통의 주제나 텍스트를 대상으로 학습활동을 하는 것이 하브루타 러닝의 출발이다.

따라서 하브루타 러닝의 핵심 가치는 '생각과 질문'이라고 할 수 있다. 생각하지 않고 말할 수 없으며, 글도 쓸 수 없다. 뿐만 아니라 생각하지 않고는 질문을 할 수도 없다. 필자는 본문에서 하브루타 러닝은 '질문 → 대화 → 토론 → 논쟁 → 협상 → 정리 → 발표'를 통하여 진리에 다가가는 완전학습방법이라고 정의했다. 이는 '질문 → 대화 → 토론 → 논쟁'이 하브루타 러닝의 기본 프로세서라는 개념에 '협상 → 정리 → 발표'라는 과정을 추가하여 한 단계 확장한 개념이다. 〈토라〉와 〈탈무드〉를 공부하며 무한 논쟁으로 이어지는 유대인의 공부방법을 그대로 우리나라 교육현장에 적용하는 것은 현직교사뿐 아니라 학생들로부터 강한 저항에 직면하기도 했다. 대학진학이 중요한 목표인 중등학교교육에 한가롭게(?) 질문하고 토론하는 공부방법에 쉽게 동의하지 못한다는 의견 때문이다. 따라서 우리나라의 하브루타 러닝은 어린이집, 유치원부터 시작하였다.

제2차 진로교육 5개년 기본계획(2016~2020년)에서는 중등교육과정에서 질문과 토론중심의 교육을 강조하고 있다. 하브루타 러닝이라는 구체적인 단어는 사용하지 않지만, 실질적으로 하브루타 러닝을 교육현장에 도입하고 있는 실정이다.

4차 산업혁명의 시대가 성큼 다가왔다. AI, IoT, 빅데이터, 3D프린팅, 로보틱 등의 기술은 단순히 지식만을 요구하는 것이 아니라 다양한 정보가 융합되어 새로운 지식을 만들어 내는 것이 필요하다. 학생은 학습 주체자로 참여하는 토론중심학습으로 환경변화에 적응해야 한다.

본서는 토론과 질문중심의 학습문화에 맞도록 편집하고자 노력했다. 유대인의 교육이 우리나라 교육제도에 비해 모든 면에서 탁월하다고 주장하는 것에는 동의하지 않지만 학습방법 중 우수하다고 평가되는 것은 교육현장에서 적극적으로 도입하여 적용해 보는 것은 바람직하다고 생각한다. 국민교육의 정체성과 역사성을 훼손하지 않는 범위 내에서 학습방법의 변화가 필요하기 때문이다.

하브루타 러닝의 본질적 특성을 유지하며 교육대상, 교육목적에 따라 구체적 적용방법은 다르게 적용할 수 있다. 어린이집, 유치원 수준에서 할 수 있는 하브루타 러닝의 방법과 초등학교 수준에서 할 수 있는 하브루타 러닝의 방법은 다를 수 있다. 물론 중고등학교에서의 하브루타 러닝의 방법과 대학교, 일반인을 대상으로 하는 하브루타 러닝방법 역시 다를 수 있다.

이들 각각에 대한 세부적인 학습방법에 대해서는 추가연구가 필요하며, 각 분야 전문가들의 보다 세부적인 방향 제시가 필요하다고 생각한다. 이러한 관점에서 본서는 하브루타를 처음 접하는 학습자를 위하여 하브루타와 관련된 다양한 이론과 예화를 텍스트로 제공하여 학습효과와 흥미를 제공하고자 노력했다.

유대인의 하브루타 러닝이 우리나라의 가정교육, 학교교육은 물론 평생교육현장에서 새롭게 자리매김하여 학습자의 자기주도학습으로 흥미와 재미를 유발하는 새로운 공부방법을 혁신하는 기틀을 잡는 기회가 되기를 희망한다.

참고문헌

김금선 · 염연경(2016), 생각 근육 하브루타, 매일경제신문사

김옥림(2020), 유대인 대화법, 서래Books

김정완(2018), 질문 잘하는 유대인 질문 못하는 한국인, 한국경제신문

강준민(2000), 꿈꾸는 자가 오는도다, 두란노서원

꿈학관 교육센터(2015), 성찰이야기, 학토재

류종렬(2016), 천재의 생각법, 미다스북스

문용린(2007), 열살전에 사람됨을 가르쳐라, 갤리온

박완순 · 이정근(2012), 인성공부, 벗나래

배철현(2015), 신의 위대한 질문, 21세기북스

배철현(2015), 인간의 위대한 질문, 21세기북스

변순복(2004), 탈무드란 무엇인가?, 로고스

배병삼(2014), 한글세대가 본 논어, 문학동네

신정근 외(2013), 인문학 명강, 21세북스

심정섭(2018), 1% 유대인의 생각훈련, 매일경제신문사

안양옥(2015), 인성을 가르치는 학교, 아르볼

양동일 · 김정완(2016), 질문하고 대화하는 하브루타, 예문출판사

엄도경(2015), '강강수월래 인성리더십' 강의자료

오창기(2017), seriorg, 지식/전문가 SOS

유영만(2017), 나무는 나무라지 않는다, 나무생각

유영만(2016), 공부는 망치다, 나무생각

이동철(2014), 오마이뉴스 기사

이상화(2017), 평범한 아이를 공부의 신으로 만드는 비법, 스노우폭스북스
이성일(2017), 얘들아, 하브루타로 수업하자, 맘에드림
이일우 · 이상찬(2016), 인성하브루타가 답이다, 피스미디어
이지성(2015), 생각하는 인문학, 차이
장성애(2016), 영재들의 비밀습관 하브루타, 매일경제신문사
전성수 · 양동일(2014) 질문하는 공부법 하브루타, 라이온북스
전성수 · 고현승(2015), 질문이 있는 교실, 경향BP
전성수 · 김미자(2016), 아이야 너의 생각은 어때?, 브레멘
전성수(2012), 자녀교육혁명 하브루타, 두란노서원
조정민(2017), 왜 일하는가?, 두란노서원
최영섭(2008), 고운사상의 맥, 심산
최일수(2019), 신중년의 삶, 도서출판 청람
최승필(2018), 공부머리 독서법, 책구루
최희석(2020), 태교신기, 이담북스
하브루타문화협회(2019), 하브루타 네 질문이 뭐니?, 경향BP
홍익희(2013), 유대인의 창의성의 비밀, 행성B
현용수(2006), 유대인 아버지의 4차원 영재교육, 동아일보사
현용수(2008), 현용수의 인성교육 노하우 1~5, 동아일보사

바바라 유넬 지음, 김정현 옮김(1998), 내 아이에게 꼭 가르쳐야 할 20가지 덕목, 소담출판사
릭 워렌 지음, 고성삼 옮김(2004), 목적이 이끄는 삶, 디모데
도로시 리즈 지음, 노혜숙 옮김(2016), 질문의 7가지 힘, 더난출판사
랍비 솔로몬 지음, 박인식 옮김(2012), 유대인의 삶과 지혜, 해피앤북스
랍비 아론 패리 지음, 김정완 옮김(2017), 랍비가 직접 말하는 탈무드 하브루타, 한국경제신문
랍비 조셉 텔루슈킨 지음, 김무겸 옮김(2012), 죽기 전에 한번은 유대인을 만나

라, 북스넛
래리 캐해너 지음, 김정완 옮김(2017), 비즈니스 성공의 비밀 탈무드, 한국경제신문
스티븐 코비 지음, 김경섭 옮김(2017), 성공하는 사람들의 7가지 습관, 김영사
쑤린 지음, 권용중 옮김(2015), 유대인의 생각공부, 마일스톤
앤드루 델반코 지음, 이재희 옮김(2016), 왜 대학에 가는가, 문학동네
앤서니 라빈스 지음, 이우성 옮김(2002), 네 안에 잠든 거인을 깨워라, 씨앗을 뿌리는 사람들
에드워드 기번 지음, 김희용 외 옮김(2008), 로마제국 쇠망사 1, 민음사
엘리 홀저 외 지음, 김진섭 옮김(2019), 하브루타란 무엇인가?, D6 코리아 교육연구원
윌리엄 진서 지음, 서대경 옮김(2017), 공부가 되는 글쓰기, 유유
EBS 제작팀(2015), 왜 우리는 대학에 가는가?, 해냄출판사
제레드 쿠니 호바스 지음, 김나연 옮김(2020), 사람들은 어떻게 생각하고 배우고 기억하는가, 토네이도
제이슨 게위츠 지음, 윤세문 외 옮김(2018), 이스라엘 탈피오트의 비밀, 알에이치코리아
조엘 오스틴 지음, 정성묵 옮김(2017), 긍정의 힘, 두란노서원
캔 베인 지음, 이영아 옮김(2013), 최고의 공부, 와이즈베리
켄 콜먼 지음, 김정한 옮김(2013), 원 퀘스천(내 인생을 바꾸는 한 가지 질문), 홍익출판사
테시마 유로 지음, 홍영의 옮김(2013), 유대인의 최강 두뇌 활용법, 나래북
폴 존슨 지음, 김한성 옮김(2014), 유대인의 역사, 포이에마
헤츠키 아리엘리 · 김진자(2014), 탈무드 하브루타 러닝, 국제인재개발센터
헤츠키 아리엘리 지음, 김진자 편(2013), 유대인의 성공 코드 Excellence, 국제인재개발센터

찾아보기

[ㅌ]

[ㅍ]

[ㅎ]

| 저자 소개 |

최일수(e-mail: chis53@naver.com)

단국대학교 대학원에서 경영학 박사학위를 취득했다. 독일의 Rheinland pfaltz대학교에서 교육경제학을, University of Biellefeld에서 직업교육학을 전공했다.
1989년 9월부터 2013년 6월까지 한국기술교육대학교에서 24년간의 재직기간 중 취업센터장의 직책을 맡아 졸업생 13년 연속 취업률 100% 목표를 달성하여 국무총리 표창을 받기도 했다. 이러한 사례는 국내 많은 대학에서 벤치마킹 대상이 되기도 했다. 2013년 가을 전성수 교수(부천대)를 만나 유대인의 하브루타 공부방법을 소개받고 올해로 7년 동안 유대인의 하브루타 러닝을 대학교육과 진로교육에 적용하고 있다. 하브루타 교육협회를 만들어 부회장의 역할을 수행했으며, 2019년부터 하브루타 문화협회 상임이사로 봉사했다. 본서는 하브루타를 처음 접하는 학부모, 일반인, 하브루타 강사 등과 대학에서 학생들에게 교양과목 교재로 활용할 수 있도록 하기 위해 그동안 경험한 하브루타 러닝을 체계적으로 정리했다.

〈저서〉
대학생활과 취업준비(2008), 진로취업교수법(2013), NCS 기반의 취업전략(2018), NCS 기반의 취업 및 창업전략(2019), 신중년의 삶(2019) 등이 있다.

〈연구논문〉
"대학졸업자의 취업성과 결정 요인에 관한 실증 연구"(2016), "청년장병의 진로 및 일자리 실태연구"(2018) 등이 있다.

〈사회활동〉
진취적인교육협동조합 이사장(현), (사)한국사회공헌연구원 교수(현), (사)한국멘토교육협회 부회장(현), 하브루타 문화협회 교육이사(현), 하브루타 교육협회 부회장(전) 등으로 활동하고 있다.

유대인의 하브루타 러닝

2021년 2월 10일 1판 1쇄 인쇄
2021년 2월 15일 1판 1쇄 발행

저　자 | 최일수
발행인 | 이수영
발행처 | 도서출판 청람
서울시 마포구 독막로 288(대흥동, 세양상가 109호)
전　화 | 02)3272-2601(대)~2
팩　스 | 02)3272~2603
이메일 | crbooks@daum.net
홈페이지 | http://www.crbooks.co.kr
등　록 | 2000년 8월 26일 제6-0509호

ISBN 978-89-5972-792-6 93370 [정가 18,000원]